DESSIN
Toutes les techniques

Stan Smith

DESSIN

Toutes les techniques

FRANCE LOISIRS
123, boulevard de Grenelle, Paris

Table des matières

Outils et matériels

Edition originale

London House, Great Eastern Wharf
Parkgate Road, London SW 11 4NQ

Titre original en anglais : The complete Drawing Course
ISBN 1 85585 211 X (édition reliée)
ISBN 1 85585 212 8 (édition brochée)

Édition française

Traduction : Christian-Martin Diebold
Coordination technique : Claire Svirmickas et Jérôme Bon
Dessins couverture : Stan Smith
Édition : Corinne Booth
Direction éditoriale : Catherine Franck-Dandres
Composition : Empreintes
Edition du Club France Loisirs, Paris
avec l'autorisation des Editions Dessain et Tolra

N.° éditeur : 28294
Dépôt légal : juillet 1997
ISBN 2-7441-0178-8
Imprimé en Espagne par Printer Industria Gráfica, S.A.
D.L.B. : 44192-1996

Notions fondamentales du dessin

Les sujets

Les techniques évoluées

Introduction

La pratique qui consiste à dessiner sur une surface des lignes décrivant des formes tridimensionnelles remonte à l'époque préhistorique et aux hommes des cavernes. Ceux-ci, au moyen de pigments minéraux et de charbons de bois tirés du feu, dessinaient toutes sortes d'animaux avec une dextérité et une vigueur stupéfiantes. Depuis, l'homme n'a cessé de représenter objets et lieux par le truchement de lignes et de traits, en recherchant et en perfectionnant au fil du temps de nouvelles méthodes et techniques pour communiquer à autrui sa vision du monde. C'est une idée en soi très étonnante. Considérons par exemple un nu dessiné par Henri Matisse, ou bien un dessin humoristique de James Thurber ou de Ralph Steadman : en quelques traits de plume habiles, voilà le sujet instantanément identifiable – pourtant, tout ce que nous en voyons, ce ne sont que des lignes tracées sur une feuille de papier.

Ci-dessous : Le mouvement en lignes
Dessin au fusain d'un danseur. Le dessin offre notamment la possibilité de transmettre une vigoureuse impression de mouvement, simplement par quelques lignes habilement tracées sur le papier.

En outre, l'art ne s'attache pas simplement à produire des représentations visuelles exactes du monde qui nous environne. En choisissant de souligner tel élément particulier de leur sujet, les artistes attirent notre attention sur certains aspects que nous n'aurions probablement pas remarqués sans cela ; en développant leur style personnel et en interprétant leur sujet de manière subjective, ils peuvent nous montrer le monde sous un angle nouveau. Les plus talentueux d'entre eux parviennent à exprimer des qualités intangibles, les atmosphères, les émotions et les nuances du sentiment. Telle est la magie du dessin.

Les fonctions du dessin sont multiples. Le plan d'architecte devient bâtiment, le dessin d'ingénieur fait office de modèle de travail pour la construction d'un pont, par exemple ; les cinéastes esquissent sur un *story-board* la progression visuelle du film ; les stylistes de mode jettent sur le papier la forme, la coupe et l'effet d'ensemble de leurs nouvelles créations. Le dessin sous-tend également nombre d'autres formes d'art. La première étape de la conception d'un tableau consiste souvent pour les peintres à dessiner le sujet sur la toile, à esquisser sommairement la composition avant de commencer à appliquer la peinture. De même, les sculpteurs dessinent fréquemment leur sujet avant de le modeler. Sans parler du fait que l'acte de dessiner constitue en soi une intarissable source de satisfactions.

Aux XVIIIe et XIXe siècles, l'apprentissage du dessin faisait partie de l'éducation de base des personnes cultivées. On dessinait des portraits de sa famille et de ses amis, on exécutait des croquis des lieux visités en voyage, tant en guise de souvenirs personnels que pour les présenter au retour. Les journaux et magazines du XIXe siècle publiaient d'innombrables dessins au trait figurant des lieux et des événements les plus divers. Supplanté plus récemment par la photographie en tant que principal moyen de communication des informations visuelles, le dessin est cependant devenu un passe-temps assez rarement pratiqué, perçu aujourd'hui comme sortant de l'ordinaire et souvent considéré comme requérant un talent tout particulier. Or, le dessin n'est en rien différent des autres techniques : comme l'on peut apprendre à lire, à écrire, à cuisiner ou à conduire, l'on peut apprendre à dessiner.

Il s'agit donc de commencer. Vous n'aurez besoin que de quelque chose avec quoi dessiner et de quelque chose

Ci-dessus : *Dans l'omnibus,* Mary Cassatt
Le dessin peut être agrémenté de couleurs, ici sous forme de lavis couvrant en aplats certaines zones. Les contours souples des femmes et de l'enfant, ainsi que ceux des robes, sont cependant tous exprimés en quelques lignes simples. Cette linéarité distingue le dessin de la peinture.

sur quoi dessiner. Certaines personnes qui se lancent dans un nouveau hobby estiment qu'elles doivent d'abord acquérir le meilleur équipement disponible, et donc le plus onéreux. Le choix est étourdissant : un bon magasin de fournitures d'art ressemble à la caverne d'Aladin, regorgeant de trésors du sol au plafond. Avant de succomber à la tentation, accordez-vous le temps de la réflexion. Posséder un atelier équipé d'un attirail impressionnant de plumes, de crayons et d'excellents pinceaux en poil de martre ne fera pas de vous un meilleur artiste. L'un des charmes du dessin, c'est que l'on peut créer des images à l'aide de presque rien : vous pouvez utiliser de banals stylos à bille ou des feutres, et n'importe quel support en papier fera l'affaire, de l'enveloppe usagée au vélin à la cuve le plus pur.

Au début, il vaudra mieux opter pour un matériel restreint : quelques crayons graphite de diverses duretés, par exemple, et une gomme plastique. À mesure que votre technique et votre confiance en vous se développeront, vous pourrez commencer à expérimenter d'autres techniques – fusain, plume et encre de Chine, crayons de couleur, crayons aquarellables ou pastels – qui permettent chacune d'obtenir des traits de qualités et d'aspects divers, et se comportent différemment dans votre main.

En vous habituant à utiliser de nouveaux instruments de dessin, vous accroîtrez progressivement votre répertoire de techniques, car chacun requiert une méthode de travail différente. Si vous dessinez au fusain, par exemple, vous pourrez obtenir des ombres aux subtiles variations en estompant le trait avec le doigt ; à la plume et à l'encre, en revanche, vous devrez appliquer l'une des techniques de hachures et contre-hachures exposées p. 44-45 pour créer un effet analogue.

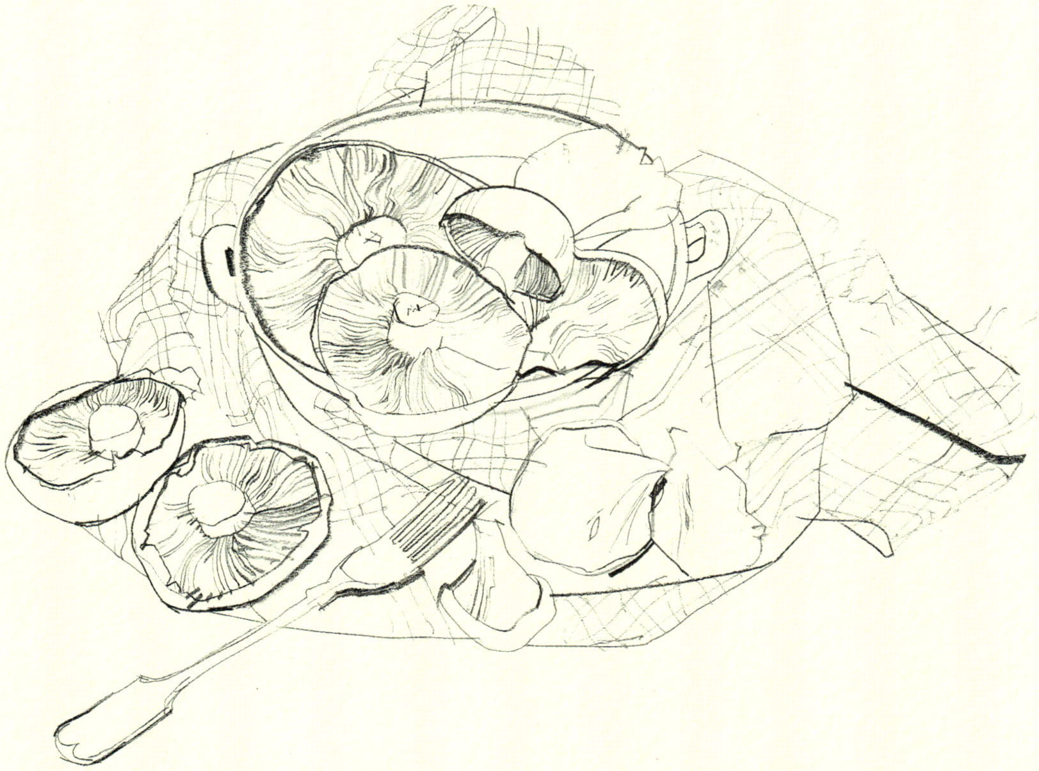

À gauche : Les trois dimensions au trait
Esquisse à grands traits d'un plat de champignons. Nulle couleur ni ombre n'ont été ajoutées ici, mais ce dessin n'en exprime pas moins un puissant effet tridimensionnel obtenu en variant la pression et l'épaisseur des traits de crayon, et en portant une attention toute particulière aux contours du sujet.

À gauche : Papier de couleur
Ne vous restreignez pas au papier blanc. Ce papier gris mi-teinte atténue les contrastes entre les zones très claires et très sombres, ce qui convient à l'atmosphère romantique et introspective de la pose.

À droite : Ombres et espaces
Les ombres et les espaces situés entre les objets dessinés sont tout aussi importants que le sujet principal de la composition.

N'espérez pas obtenir de bons résultats dès vos premiers essais. Vous ne pourriez remporter une médaille olympique ni jouer le rôle titre sur les planches d'un théâtre sans entraînement préalable, mais, curieusement, c'est précisément ce à quoi semblent s'attendre certaines personnes en matière de dessin, comme s'il existait un mythe selon lequel les artistes, qu'ils soient écrivains, musiciens ou peintres, ne produiraient leurs œuvres que sous l'effet de l'inspiration divine. Rien ne saurait être plus éloigné de la vérité : tous, quel que soit leur domaine d'activité, doivent y consacrer un dur labeur.

Appliquez-vous à maîtriser les principes fondamentaux avant de vous lancer dans quoi que ce soit d'autre. Les exercices techniques, conçus dans un but bien précis, ne sont pas un stratagème inventé par des professeurs des beaux-arts pour gâcher votre plaisir et vous empêcher de créer des œuvres plus intéressantes. De même qu'un pianiste doit travailler ses gammes, vous devrez pratiquer les disciplines fondamentales du dessin afin d'acquérir une technique qui constituera la base sur laquelle reposera tout votre travail ultérieur. Efforcez-vous de consacrer chaque jour un peu de temps au dessin, ne serait-ce que dix minutes. Si vous ne dessinez qu'une heure ou deux par semaine à l'occasion d'un cours de dessin, vous risquez d'oublier ce que vous aurez appris la semaine précédente. La pratique régulière du dessin vous permettra d'en maîtriser plus rapidement les principes fondamentaux. Conservez toujours sur vous un petit carnet de croquis, et dessinez dès que vous disposez de quelques instants de liberté – dans le train ou le bus vous menant à votre travail, ou durant la pause du déjeuner.

Demandez-vous toujours pourquoi l'on vous conseille d'exécuter tel exercice précisément de cette manière. La moitié du travail d'apprentissage consiste à comprendre exactement ce qu'une technique particulière vous permet de réaliser ; ainsi, lorsque dans le futur vous serez confronté à une situation comparable, vous pourrez feuilleter mentalement votre répertoire de techniques et choisir celle qui sera le mieux adaptée au travail. Peu à peu, vous serez en mesure de saisir quasi instinctivement les difficultés en jeu. C'est un point fondamental, car si vous deviez interrompre votre travail et vous demander quel type de crayon utiliser pour obtenir telle ligne particulière, ou quelle proportion du visage réserver aux yeux, vos dessins y perdraient en spontanéité.

L'acquisition de ces principes de base n'est cependant qu'un moyen de parvenir à ses fins : dès lors que vous estimerez les maîtriser et aurez pris confiance en vous, commencez à dessiner en déterminant quels sont les tech-

Ci-dessous : Les techniques et leurs traits
Chaque instrument de dessin produit un trait et une touche différents, et se comporte de façon particulière dans votre main. Expérimentez-les tous pour connaître précisément leurs possibilités intrinsèques.

Ci-dessus : Un procédé inattendu
Une tache de couleur donne vie à ce dessin. La peinture acrylique utilisée ici peut sembler inhabituelle dans le cadre d'un dessin, mais nulle règle intangible ne saurait dicter quel instrument de travail utiliser ou non.

niques et les procédés les mieux adaptés au sujet. Il est rare qu'un artiste commence un travail en pensant : « Aujourd'hui, je vais exécuter un dessin à la plume et à l'encre, avec un lavis d'aquarelle. » Au contraire, choisissez un sujet qui vous séduise puis réfléchissez aux qualités et à l'atmosphère que vous souhaitez exprimer. Votre sujet sera-t-il mieux rendu par de fines lignes tracées à la plume ou au crayon, ou bien de larges traits au fusain seront-ils plus appropriés ? Quelle devra être la densité des ombres et des tons ? Passez mentalement en revue les instruments de travail et les techniques dont vous disposez, puis choisissez ceux que vous jugez mieux adaptés à cette situation particulière.

Il va sans dire que les styles individuels varient considérablement d'un artiste à l'autre. Arrêtons-nous un instant sur quelques exemples : un beau portrait au trait d'Ingres, les dessins à la craie épaisse du Tintoret, les dessins à la plume incisive d'un Picasso ou d'un Hockney, ou bien les esquisses préparatoires d'un Goya ou d'un Rembrandt. Le seul point commun de ces dessins, c'est que leurs auteurs ont réellement observé leurs sujets. L'erreur la plus commune consiste à consacrer davantage de temps à regarder ce qui prend forme sur le papier, plutôt qu'à examiner ce que l'on dessine. Comment pourrait-on espérer recréer quoi que ce soit, et encore moins y imprimer sa marque personnelle, si l'on ne scrute pas attentivement son sujet ?

De fait, l'observation attentive est le secret de l'art du dessin. En vous exerçant à voir correctement les choses, en vous arrêtant sur chaque détail, tout le reste s'ensuivra. Prenez l'habitude, partout où vous allez, de rechercher ce qui pourrait constituer un sujet de dessin : vous constaterez vite que votre mémoire visuelle s'aiguisera et que vous remarquerez maints détails qui auront échappé à autrui.

« Que dois-je dessiner ? », telle est la question habituelle. La réponse est la suivante : tout ce qu'il vous plaira. Il n'existe pas de « bon » ni de « mauvais » sujet ; si quelque chose vous semble intéressant, n'hésitez pas, dessinez-le. Astreignez-vous cependant à dessiner de temps en temps un sujet qui vous semble dépourvu de la moindre valeur artistique, simplement pour voir ce que vous pourriez en tirer. En vous obligeant à l'étudier attentivement, vous en découvrirez probablement des aspects que vous n'aurez pas remarqués auparavant. Si les artistes dénichent leurs sujets dans les lieux les plus invraisemblables, ce n'est pas parce qu'ils voient le monde d'une façon différente, mais simplement parce qu'ils se sont

Ci-dessous : Observez !
Les deux mains sont de taille identique, mais celle située à l'avant-plan semble plus grande que la seconde. Utilisez ce fait pour créer une impression convaincante d'échelle et de distance.

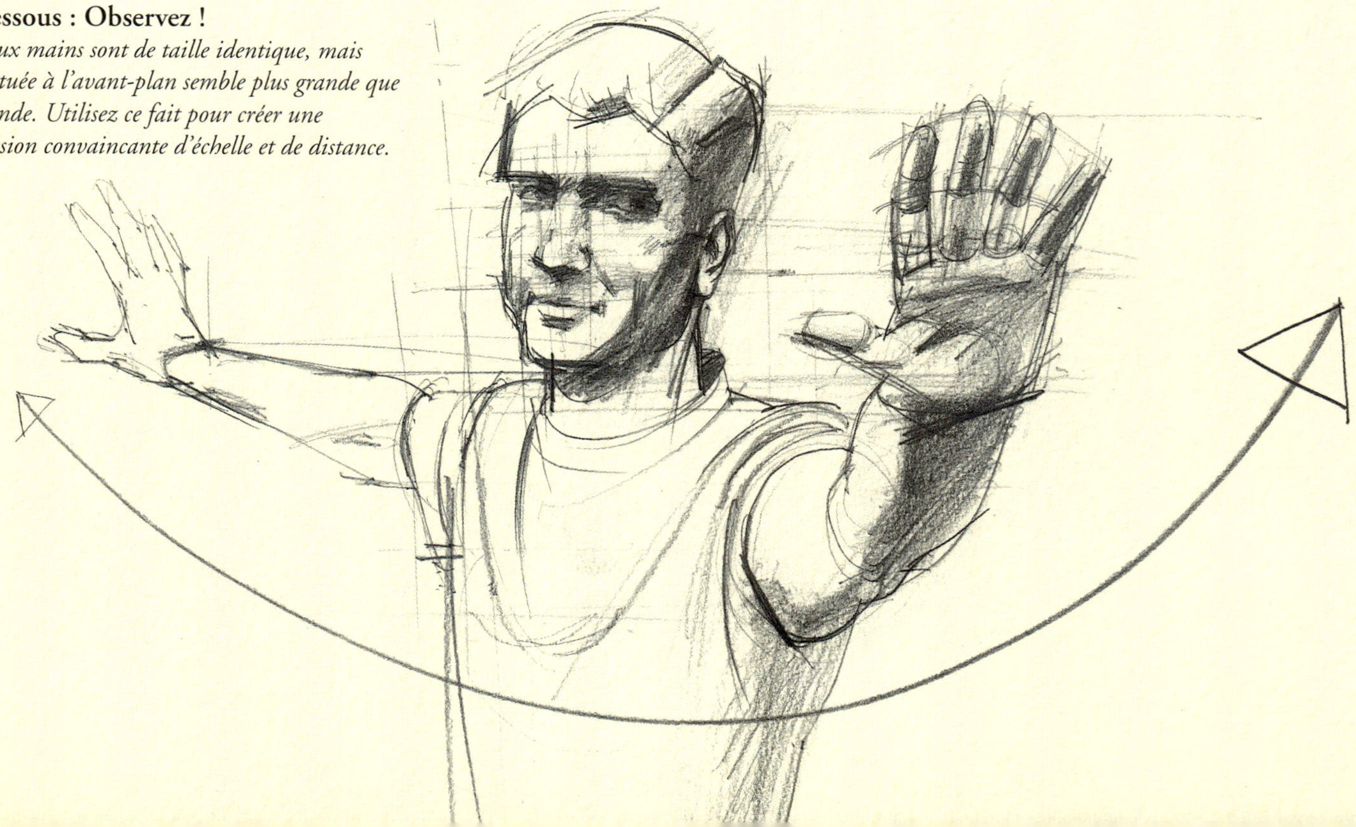

Ci-dessus : Adaptez la méthode à la technique
Il est impossible d'obtenir un pointillé ou des lignes très courtes et fines à l'aide d'un pinceau. En revanche, avec la plume d'acier et l'encre, utilisées ici, on peut créer des tons et des textures intéressants.

exercés à observer très attentivement ce qui les entoure. En cherchant suffisamment, vous trouverez de la beauté même dans les objets les plus prosaïques.

Si vos premiers dessins vous déçoivent, surtout n'abandonnez pas. Essayez de déterminer où réside votre erreur, puis recommencez l'exercice, en portant une attention toute particulière aux zones que vous savez problématiques. Vous dessinez pour votre propre plaisir, et non pour autrui : consacrez-y tout le temps nécessaire et répétez le travail aussi souvent que vous le souhaitez. Vous commettrez nécessairement des erreurs, comme tout le monde; ce qui est important, c'est que vous soyez disposé à en tirer la leçon.

Pour maîtriser l'art du dessin, deux qualités essentielles sont nécessaires : d'une part, l'application, car comme pour toute autre technique, le talent en matière de dessin ne saurait se concevoir sans travail assidu et, d'autre part, la compréhension des principes fondamentaux sous-jacents à cet art. Ces considérations ont dicté la structure de cet ouvrage. Le chapitre 1, « Outils et matériels », présente la gamme du matériel disponible dans le commerce, et le type de résultat que l'on peut en attendre. Le chapitre suivant, « Notions fondamentales du dessin », sur lequel repose la suite du livre – et, bien sûr, votre travail futur – expose les techniques de base : l'observation du sujet en termes de formes géométriques simples, la composition du dessin, les systèmes de mesure, les points de vue et la perspective, l'ombre et la création d'un effet tridimensionnel, ainsi que les proportions du corps humain. Le chapitre 3, « Les sujets », examine un grand nombre de sujets de dessin parmi les plus appréciés et, complétant le chapitre des techniques fondamentales, montre comment développer le dessin en œuvre d'art achevée. Le dernier chapitre expose des techniques plus évoluées : certaines sont complexes (rendu du mouvement, raccourci), d'autres, plus inhabituelles, apporteront une autre dimension à votre travail (utilisation d'un support fatigué, impression de taches).

Cet ouvrage constitue un cours structuré destiné à vous faire acquérir un répertoire de techniques nécessaires pour dessiner le monde qui vous entoure, par des exemples conçus pour vous inculquer de bonnes habitudes de travail : celles-ci vous permettront progressivement d'aborder avec assurance n'importe quel sujet. Ces exemples vous montreront en outre comment un artiste professionnel aura traité tel sujet, et vous rendront attentif à maintes ficelles du métier dont vous pourrez faire usage le cas échéant. Chaque démonstration ne constitue cependant qu'une suggestion de la manière avec laquelle traiter tel sujet particulier, et vous ne devrez la considérer que comme point de départ de vos propres recherches. Dès lors que vous aurez assimilé les techniques fondamentales, vous serez en mesure de créer des dessins originaux, en choisissant les méthodes et les techniques adaptées tant au sujet qu'à vos goûts personnels. Cet ouvrage vous indiquera la bonne direction à suivre, mais rien ne saurait remplacer la pratique.

Outils et matériels

Les couleurs du noir

Dans une lettre à son frère Théo, Vincent Van Gogh expliqua un jour qu'après avoir étudié dans un musée les œuvres du peintre hollandais Frans Hals, il découvrit que « Hals n'utilisait pas moins de trente-sept noirs ». Cette observation pourrait s'appliquer aux mines et autres crayons que nous utilisons aujourd'hui pour le dessin en noir et blanc : les mines de graphite, de plomb, de carbone et les pastels offrent toute la gamme des tons, du gris intermédiaire au noir le plus intense.

L'origine du fusain remonte à l'époque préhistorique. Fabriqué aujourd'hui essentiellement à partir de bois de saule, le fusain est disponible en une très grande variété d'épaisseurs et de longueurs. Le fusain en poudre est un sous-produit utile du bâton de fusain : on l'utilise souvent pour teinter un fond (voir p. 64-65) ou pour renforcer les valeurs de ton. L'estompe est un petit rouleau de papier buvard qui permet d'étendre et de dégrader le trait de fusain, voire d'éclaircir le ton. Le crayon à mine de plomb est une invention relativement récente. Il serait plus judicieux de l'appeler crayon à mine de graphite, car c'est de ce matériau qu'il est fait, mais l'on pensait à l'époque de la découverte des premiers gisements de graphite qu'il s'agissait de plomb, d'où son nom. Ses gradations de dureté se déclinent du 10B (très tendre) au 10H (très dur). C'est l'outil idéal pour tout travail précis et détaillé.

Les crayons carbone, les crayons à la cire et les crayons aquarellables, le fusain compressé, les pastels durs et la poudre de graphite sont tous disponibles dans le commerce ; comme leur qualité peut varier considérablement, n'utilisez donc que les meilleures marques. Les carrés de graphite, les carrés Conté et les fusains sont d'autres outils essentiels, produisant chacun, sur les différents types de papier, un tracé et un ton caractéristiques. L'aspect légèrement brillant du

crayon sur le papier lisse ne présente guère de points communs avec le « fantôme » que laisse le fusain après que l'artiste aie épousseté les corrections. Le noir utilisé en tant que couleur constitue un puissant moyen pour unifier les images et créer une atmosphère riche et attrayante.

Prenez l'habitude d'utiliser plus d'un outil à la fois - en associant, par exemple, le crayon à la cire à la mine de graphite et au fusain, ou la poudre de graphite au fusain compressé. Une si vaste gamme d'outils permet d'exprimer par des lignes de qualités diverses les différents éléments d'un dessin. Il est parfois indispensable de tracer des lignes fines : on utilise alors le crayon ; à l'inverse, un croquis de sujet en mouvement, au zoo ou au théâtre, peut requérir des traits largement brossés, au fusain, au carré Conté, au pastel gras ou à la cire. Exploitez les variations de tons du noir ; recherchez les gris intermédiaires ou clairs de certains crayons, et le bleu-noir intense - froid et puissant - du fusain de hêtre. Le contraste entre ces tons, ainsi qu'entre le trait brillant du pastel à la cire et l'aplat du fusain, peut animer et accroître l'intérêt d'un dessin, et vous faire découvrir de nouvelles manières de travailler.

Les outils de travail

Voici un assortiment représentatif d'outils de dessin produisant un trait noir. Ne vous contentez pas d'un seul instrument de travail, mais expérimentez-en le plus grand nombre, pour ne pas manquer de découvrir de nouvelles facettes de votre talent.

Les crayons d'art et les pastels

En pénétrant dans un magasin de fournitures d'art, l'on est confronté à un choix étourdissant d'outils de dessin. Chacun possède ses caractéristiques propres : ce n'est qu'en les essayant en grand nombre que vous découvrirez leurs possibilités intrinsèques.

Malgré son arrivée relativement récente sur le marché, le crayon à mine de plomb (crayon graphite) est devenu un instrument de dessin universel. Le graphite pur ne fut découvert qu'au XVIe siècle, et ce ne fut pas avant le XVIIIe siècle qu'on l'utilisa sous forme de crayon. Il est disponible en diverses variétés de mines : tendres, moyennes et dures, classées de 10H (très dur) à 10B (très tendre), la qualité HB correspondant à une dureté moyenne. Il existe une gradation F, comparable au crayon HB, mais offrant une nuance de gris légèrement différente. Les crayons H produisent des traits gris, fins et durs, tandis que les crayons B tracent une ligne riche et sombre. En guise de moyen mnémotechnique, pensez à H pour "hardness" (dureté) et B pour "blackness" (noir).

Les crayons de couleur – innovation encore plus récente – sont fabriqués comme les crayons graphite, mais un pigment coloré remplace le graphite. Ils sont en général commercialisés en boîtes de couleurs assorties, mais on peut les acheter au détail. Disponibles en une grande diversité de nuances, ils ne sont pas classés selon les mêmes gradations de dureté que les crayons graphite. Les crayons aquarellables accroissent davantage le répertoire des artistes. Ils tracent un trait comparable à celui des crayons graphite et des crayons de couleur, mais on peut également en estomper les teintes et obtenir des lavis aquarellés en passant sur le trait un pinceau trempé dans l'eau.

On confond souvent les craies, les pastels et les craies d'art. La craie, communément utilisée depuis le XVe siècle, est faite de matériaux naturels - oxyde de fer (rouge), craie ou gypse (blanc) et carbone (noir).

Les pastels, fabriqués depuis le XVIIIe siècle, sont des pigments agglomérés par une gomme ou une résine formant une pâte dure. Celle-ci est ensuite façonnée en bâtonnets puis séchée. Les pastels, qui produisent un trait tendre et poudreux comparable à celui de la craie, présentent l'avantage d'être disponibles en une gamme considérable de teintes, en boîtes assorties ou au détail. Remettez vos pastels dans leur boîte après les avoir utilisés, car ils se brisent facilement. Vous pourrez également vous procurer des bâtonnets de pastels gras (le liant du pigment est une huile) ainsi que des crayons pastel, moins friables que les pastels d'artiste.

Les craies d'art de couleur, plus dures que les pastels, sont faites de pigments agglomérés à l'aide de fusain, de cire, d'argile ou de craie.

Les crayons graphite
Les marques produites par les différents crayons graphite vont du trait gras, noir intense, pour les gradations les plus tendres, aux lignes fines et grises pour les plus dures. Cette gamme de duretés est adaptée à quasiment tout type de travail ; l'utilisation dans un même dessin de crayons de différentes gradations diversifiera le rendu de votre travail.

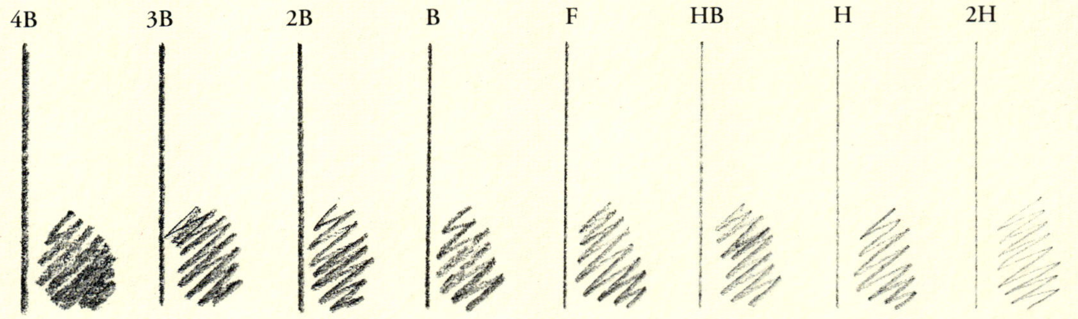

Les crayons Conté
Adaptés à d'innombrables usages, ils sont disponibles soit sous forme de crayons (figurée ici), soit sous forme de bâtonnets à section carrée ; en variant la pression exercée sur le trait, on obtient des lignes plus claires ou plus sombres. Les crayons et pastels Conté offrent une grande variété de couleurs. Veillez à ne pas les laisser tomber car ils se brisent facilement.

Crayons Conté

Les pastels à l'huile
Invention relativement récente, les pastels à l'huile sont aujourd'hui utilisés par un très grand nombre d'artistes. Produisant un trait très couvrant, ils sont adaptés aux dessins de grandes dimensions.

Pastels à l'huile

Les craies d'art à la cire
Les craies d'art à la cire tracent une ligne puissante, ferme et riche. Elles sont généralement indélébiles.

Craies d'art à la cire

Les crayons de couleur
Les crayons de couleur peuvent s'utiliser de la même manière que les crayons graphite. Leurs teintes varient des couleurs primaires les plus lumineuses aux nuances les plus douces, terreuses ou grisâtres.

Crayons de couleur

Les crayons aquarellables

Les crayons aquarellables se travaillent de la même manière que les crayons de couleur traditionnels mais produisent un trait plus riche et plus tendre. En passant sur le trait un pinceau trempé dans l'eau, on obtient un lavis aquarellé, ou, en dessinant sur un papier humide, on peut créer des effets inhabituels.

Les pinceaux et les plumes

Les pinceaux sont constitués de poils, ou soies, soigneusement sélectionnés et fixés sur un manche en bois à l'aide d'un manchon métallique appelé virole. Sur les pinceaux de bonne qualité, la virole est solidement fixée à la fois au manche et aux soies, ce qui n'est pas le cas des pinceaux bon marché : leurs soies se détachent souvent du manche et adhèrent au papier.

Les pinceaux pour aquarelle, les plus fréquemment utilisés en dessin, sont faits de soies souples et très flexibles. La soie de meilleure qualité est le poil de martre qui provient de la queue de la loutre de Sibérie. Les pinceaux en poil de martre sont très onéreux, mais ils vous rendront service durant des années, pourvu que vous en preniez soin. D'autres pinceaux sont en poil d'écureuil (petit gris) ou de bœuf (oreille de bœuf). Depuis quelques années, on trouve également dans le commerce des pinceaux en fibres synthétiques, souvent mélangées à des poils naturels. De façon générale, n'achetez en fonction de votre budget que des pinceaux de la meilleure qualité, surtout en ce qui concerne les pinceaux à pointe fine. Le moindre défaut, le moindre poil détaché, se remarquera presque inévitablement dans les travaux précis et détaillés.

Utilisées depuis des siècles en tant qu'instruments de dessin, les plumes existent en un grand nombre de modèles. Les plumes d'acier et les plumes pour esquisse, de formes et de tailles très diverses, se fixent sur un porte-plume : elles sont interchangeables. Les stylos à dessin, plus onéreux, ont un débit d'encre plus régulier et sont très agréables à manier. Les stylos pour dessin technique, à pointe tubulaire, sont utilisés notamment pour les épures d'architecte ; ils produisent des lignes de largeur uniforme mais ne permettent pas un tracé très rapide.

Les pinceaux
Caractérisés par leur virole ronde et leur sortie de poils ronde et effilée, les pinceaux sont adaptés à la plupart des utilisations courantes : avec la pointe, même celle des pinceaux les plus épais, on peut tracer des lignes fines, ou obtenir de larges aplats en les inclinant.

Les brosses
Ce sont des pinceaux à sortie de poils carrée et plate. Les brosses les plus larges sont adaptées au lavis ou au tracé de lignes et de contours incisifs, tandis que les plus minces conviennent au tracé précis de lignes brisées.

Les pinceaux chinois
Destinés à l'origine à la calligraphie, les pinceaux chinois ont une généreuse réserve de couleur permettant de travailler longtemps de manière ininterrompue. Ces pinceaux sont adaptés au tracé des lignes fines ou aux touches plus larges et plus lourdes.

Comment tailler une plume d'oie

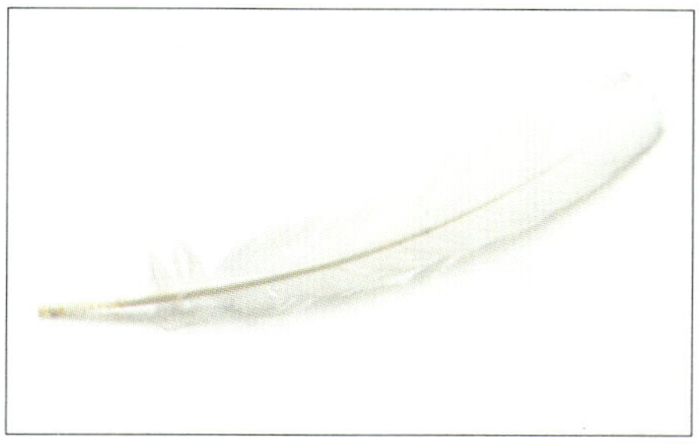

1 *Les plumes – d'oie, de dinde ou de cygne – sont les meilleures. Les plumes fraîches doivent sécher un an dans un local sec et aéré.*

2 *Ébarbez suffisamment la plume pour améliorer la prise, puis raclez la hampe pour retirer tout fragment de peau.*

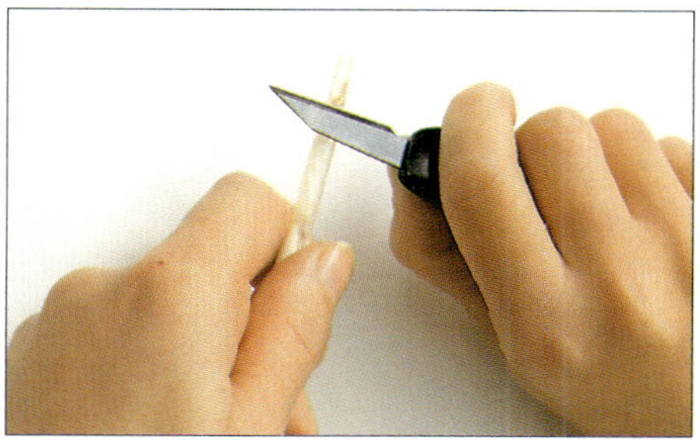

3 *Avec une lame tranchante, entaillez obliquement le dessous de la plume en suivant sa courbure naturelle.*

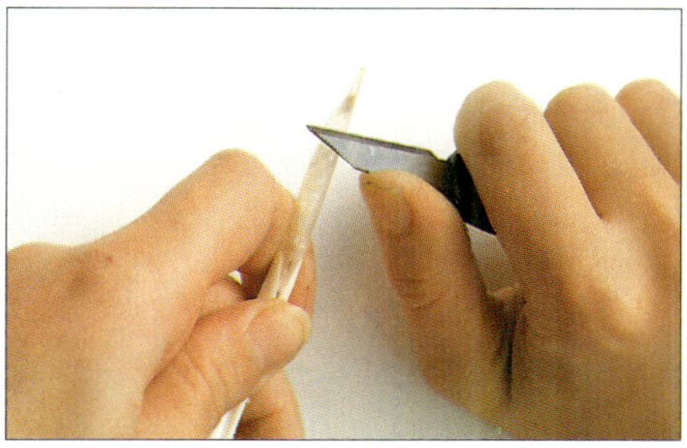

4 *Faites une entaille moins aiguë puis évidez les côtés de la plume, ce qui lui donnera plus de souplesse et de douceur.*

5 *Entaillez délicatement la plume, dans le sens de la longueur, des barbes vers l'extrémité, puis biseautez le bec.*

La plume de bambou

Le trait de la plume de bambou est aussi fluide que riche. Cette plume se révèle particulièrement utile pour le tracé de lignes continues. Le modèle illustré ci-dessous est muni d'un pinceau à l'autre extrémité.

La brosse à dents

Souvent utilisée avec des adjuvants opaques, la brosse à dents permet de créer des lignes et des textures intéressantes, comme des effets de bruine, etc.

Les stylos et les plumes

Ces outils se répartissent en deux catégories principales : les stylos mécaniques à réserve d'encre non rechargeable (stylos-billes, feutres et stylos à pointe tubulaire) et les stylos à plume à réserve rechargeable (stylos à encre, stylos à dessin et plumes à dessin). Les plumes à dessin, interchangeables, sont munies de becs ronds, effilés ou plats.

Les encres et les peintures

La peinture apporte la couleur au dessin. On l'utilise pour compléter le crayonné (voir p. 112-113), pour appliquer un lavis coloré sur un travail préliminaire à la plume ou au crayon, ou pour déposer de délicates touches de couleur isolées. Par définition, la peinture est un pigment (une poudre colorée) mélangé à un liant pâteux ou liquide auquel on peut éventuellement ajouter un épaississant ou un diluant. L'aquarelle, la peinture à l'huile et la peinture acrylique possèdent toutes leurs caractéristiques propres.

Transparence et fluidité caractérisent l'aquarelle qui, pour cette raison, se travaille des tons clairs aux tons sombres, car les premiers ne peuvent couvrir les seconds. L'aquarelle s'applique à l'aide d'un pinceau sec en touches de texture friable, ou diluée à l'eau pour obtenir un lavis. Si nécessaire, on peut rajouter de la gouache à l'aquarelle pour l'opacifier. La gouache se prête à la superposition de tons clairs sur des tons sombres. La peinture à l'huile sèche lentement mais possède un grand pouvoir couvrant ; elle peut être diluée avec un mélange d'huile de lin (ou d'une autre huile) et de térébenthine (ou bien uniquement avec de la térébenthine si elle est utilisée sur du papier) pour obtenir une couche moins épaisse. La peinture acrylique partage quelques-unes des caractéristiques de l'aquarelle et de la peinture à l'huile : elle a un bon pouvoir couvrant et peut se diluer à l'eau pour obtenir un lavis. L'encre est adaptée au tracé de lignes nettes et de détails précis (comme dans le cas du dessin technique ou de l'épure d'architecture), mais permet également de créer des effets étonnamment subtils et délicats. On l'utilise soit pure, soit diluée d'eau distillée ou d'eau du robinet, pour varier le ton ou le coloris – vous pourrez même travailler avec différentes dilutions dans un même dessin. De légers lavis d'encre diluée peuvent être appliqués sur certaines zones du dessin, voire sur toute la surface du papier, pour unifier la teinte du fond.

À la différence de l'aquarelle, l'encre indélébile, dès lors qu'elle est sèche, ne se dissout pas de nouveau lorsqu'on la couvre d'un lavis d'une autre couleur : il est donc possible de superposer plusieurs couches d'encre ou de couleur, sans modifier la couche d'origine. En travaillant à l'encre sur du papier humide, l'encre bave de part et d'autre du trait, ce qui peut créer un intéressant effet de flou.

Généralement indélébiles, les encres contiennent une gomme-laque qui leur confère leur brillance. Vous pouvez les appliquer au chiffon, au pinceau (en utilisant la pointe pour tracer des lignes fines, ou le flanc des brosses larges pour les lavis), à la plume ou au stylo à encre, en utilisant les différentes formes de plumes et de becs varier les effets.

L'encre de Chine liquide noire
Traditionnellement utilisée avec la plume en acier, l'encre de Chine noire devient légèrement brillante en séchant. Appliquée avec un pinceau de petit diamètre, elle donne une ligne fluide, ou un lavis généreux avec une brosse plus large. Diluez-la légèrement (avec de l'eau distillée) pour accroître sa fluidité et atténuer sa teinte qui revêt alors une nuance sépia.

Les encres de couleur
Il existe un nombre considérable d'encres de couleur, car chaque fabricant propose sa gamme de teintes ; les couleurs de base sont analogues à celles des peintures – rouge, brun, bleu, vert et jaune. Le pigment des encres colorées tend à se déposer au fond de la bouteille : secouez-la légèrement avant de travailler.

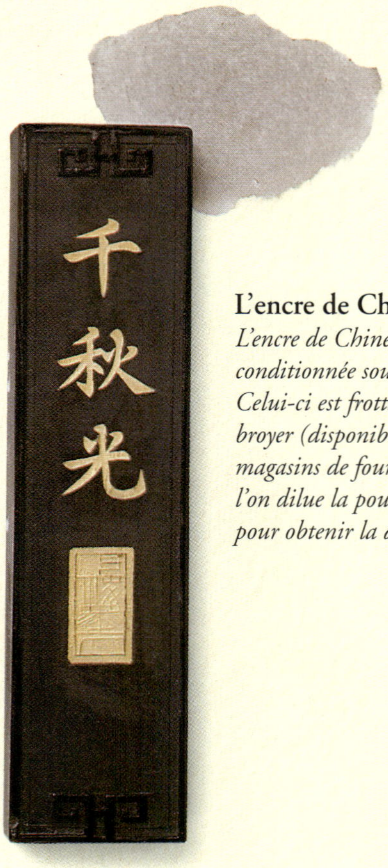

L'encre de Chine en bâton
L'encre de Chine est également conditionnée sous forme de bâton. Celui-ci est frotté sur une pierre à broyer (disponible dans les magasins de fournitures d'art) puis l'on dilue la poudre dans de l'eau pour obtenir la densité souhaitée.

La peinture acrylique

La peinture acrylique se compose de pigment en suspension dans une résine synthétique, généralement un polyacétate de vinyle (PVA). Elle sèche rapidement, mais peut se mélanger à un adjuvant retardateur de séchage.
La consistance de la peinture acrylique sortie du tube est comparable à celle de la peinture à l'huile, mais on l'utilise d'ordinaire sur la palette, diluée avec de l'eau ou un autre diluant. En rajoutant simplement de l'eau, on peut lui donner la consistance de l'aquarelle.

Acrylique : terre d'ombre naturelle

Acrylique : ocre jaune

L'aquarelle

L'aquarelle est commercialisée en tube ou en godet (bloc de couleur serti dans une cuvette rectangulaire).
Si vous utilisez la couleur en tube, pressez d'abord un peu de peinture sur une palette blanche et propre, puis diluez-la pour obtenir la consistance souhaitée. Si la palette n'est pas blanche, sa teinte transparaît sous la couleur dont l'aspect ne sera ainsi pas le même que sur le papier blanc. Si vous travaillez avec des godets, chargez le pinceau directement sur le godet après avoir ramolli la couleur avec de l'eau.

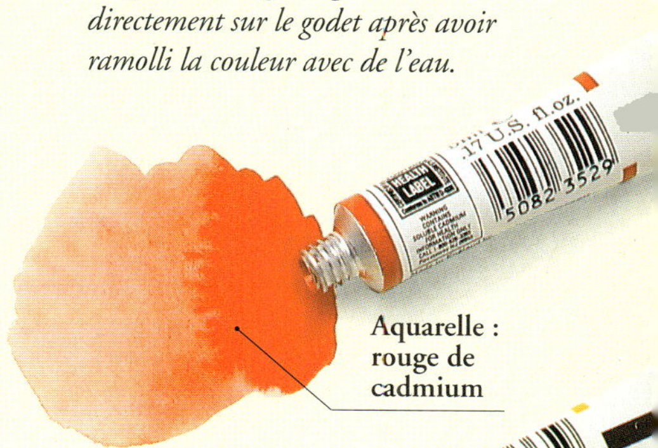

Aquarelle : rouge de cadmium

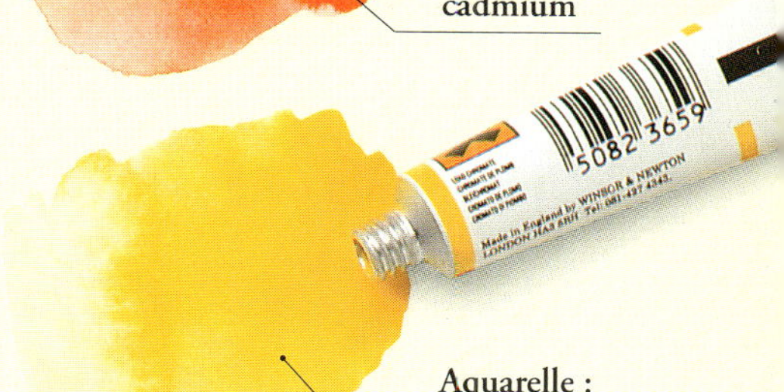

Aquarelle : jaune de chrome

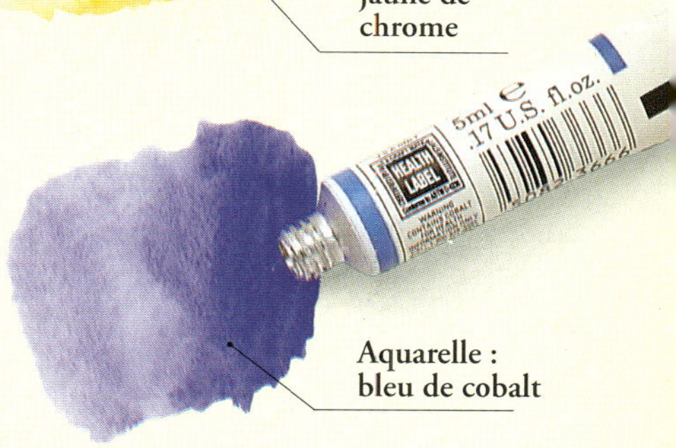

Aquarelle : bleu de cobalt

Blanc de Chine

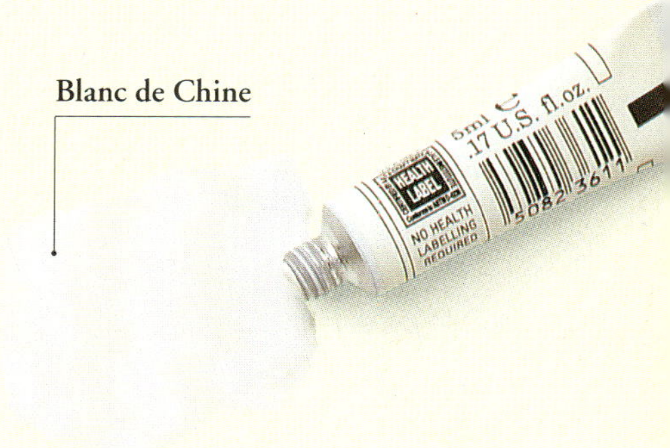

Le blanc de Chine

Fait de blanc de zinc calciné lié avec une gomme, le blanc de Chine offre un bon pouvoir couvrant. Il est plus fluide et de meilleure qualité que les gouaches blanches.

Matériel complémentaire

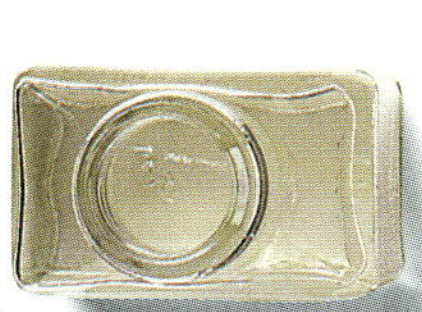

La térébenthine

La peinture à l'huile n'étant pas soluble dans l'eau, vous nettoierez vos pinceaux à la térébenthine – achetez la meilleure qualité possible.

Les chiffons

Avec des chiffons propres, on peut étendre la peinture à l'huile diluée à la térébenthine ou la peinture acrylique diluée à l'eau, et ainsi couvrir de grandes zones.

Les éponges

Elles permettent de créer des lavis de peinture à base d'eau, ou des textures, mais peuvent également éponger la couleur.

La peinture à l'huile

La peinture à l'huile est constituée de pigment mélangé à une huile, le plus souvent de lin. Offrant des coloris et des textures intenses, elle sèche lentement et autorise toute une gamme d'effets, du transparent (très diluée à la térébenthine) à l'opaque. Utilisée en dessin, on la dilue généralement avec de la térébenthine pour obtenir une consistance analogue à celle de l'aquarelle, mais son aspect demeure incomparable. Sur la palette, mélangez-la avec de d'huile de lin ou une autre huile pour obtenir la consistance souhaitée.

Peinture à l'huile : terre de Sienne

Peinture à l'huile : gris de Payne

Les différents types de papier

La surface sur laquelle l'artiste crée une image est parfois appelée support. En ce qui concerne le dessin, le support habituel, c'est le papier. Inventé en Chine, le papier à base de chiffons fut importé en Europe par les Arabes qui en avaient appris les secrets de fabrication par le truchement de prisonniers de guerre chinois. Aujourd'hui, les papiers sont le plus souvent fabriqués à partir du bois, réduit en une pulpe fibreuse, pressée et séchée à plat sur des calandres. La surface du papier subit ensuite diverses préparations, en fonction de son utilisation ultérieure. Le papier pour artiste est disponible en une grande diversité de grammages, de grains et de forces : le choix du type de papier adapté au travail en cours fait partie intégrante du processus du dessin. Une esquisse au crayon peut bénéficier d'un papier à gros grain (grain torchon) tandis qu'une surface plus lisse (grain fin) est mieux adaptée à un dessin minutieux et finement détaillé. Comme il est de règle en dessin, expérimentez les différents papiers pour découvrir ceux qui vous conviennent.

Le poids du papier est mesuré en grammes par mètre carré ; le grammage indique également l'épaisseur de la feuille : un papier de 190 g est à l'évidence plus épais qu'un papier de 55 g. La plupart des papiers reçoivent une couche d'apprêt les rendant moins absorbants. Le papier dépourvu d'apprêt, appelé papier hydrophile, est comparable au papier buvard.

Certains papiers sont mieux adaptés que d'autres à telle technique particulière. Pour un dessin noir et blanc au crayon, crayon Conté, fusain ou pastel, utilisez un papier pour esquisse à grain fin, ni trop lisse, ni trop rugueux, et conservant bien le trait. Pour un dessin à la plume ou au pinceau et pour les lavis, préférez le papier aquarelle.

Le papier aquarelle, le plus souvent fabriqué en machine, est proposé en trois variétés standard. Le papier pressé à chaud, probablement le plus communément utilisé pour l'aquarelle et le lavis, offre une surface assez lisse conservant très bien la marque de la plume, du fusain et des crayons de diverses gradations. Le papier pressé à froid présente une surface grenée à la texture intéressante pour le lavis. Un tel papier autorise également le crayonné à grands traits de même que l'exécution de détails minutieux. Avant de travailler sur du papier aquarelle, tendez-le sur un support, afin qu'il demeure lisse et plat lors de l'application de la couleur et des lavis.

Le papier fait à la main est généralement confectionné à partir de chiffons. Fabriqué feuille par feuille, c'est un papier fin à bords irréguliers, qui présente en outre un endroit et un envers.

Traits et papiers

La texture du papier affecte les marques que l'on y trace. Le caractère sombre et riche des traits dessinés sur un papier à gros grain contraste avec l'aspect plus léger que laisse le même instrument sur un papier plus lisse.

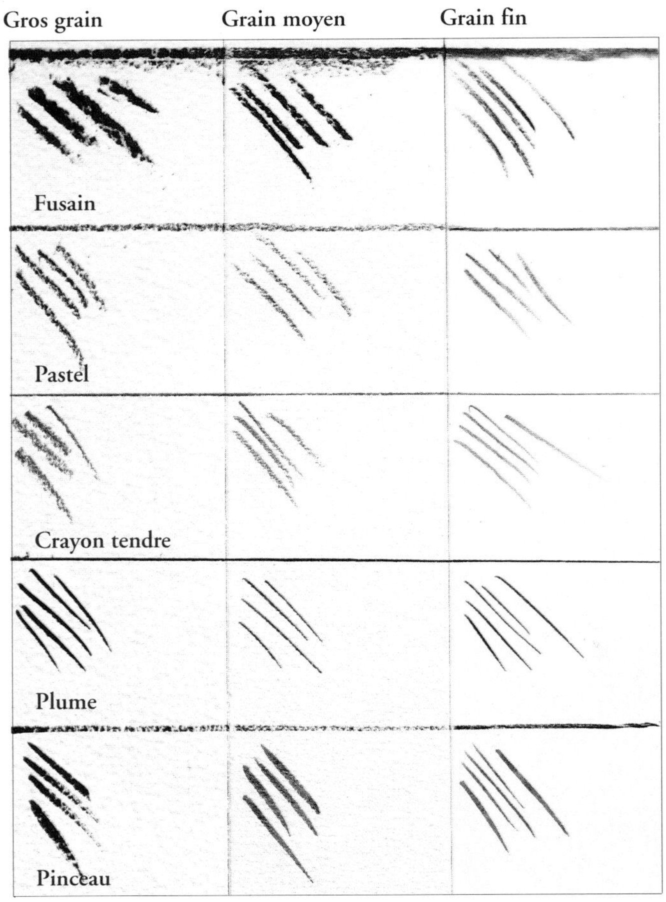

Types de papier les plus couramment utilisés

Tendre le papier

1 *Découpez la feuille de papier à la taille requise et posez-la sur une planche suffisamment épaisse pour ne pas se gauchir, mais pas trop lourde à soulever. Laissez une marge autour de la feuille pour la fixer au papier adhésif.*

2 *Coupez quatre longueurs de papier adhésif – une pour chaque côté de la feuille. Le papier adhésif doit dépasser légèrement les bords de la feuille. Posez les bandes d'adhésif à plat et humidifiez-les avec une éponge propre.*

3 *Trempez la feuille de papier durant quelques minutes dans une bassine d'eau pure. Lorsque la feuille est imprégnée d'eau, soulevez-la avec précaution et égouttez l'excès d'eau.*

4 *Déposez délicatement la feuille bien à plat sur la planche. Si nécessaire, chassez les bulles d'air à l'aide d'une éponge ou d'un chiffon propre.*

5 *Collez les bandes de papier adhésif sur les quatre bords de la feuille. Chaque bande de papier adhésif doit chevaucher à partie égale la feuille et la planche. Laissez sécher la feuille.*

6 *On peut punaiser les quatre angles de la feuille, sur le chevauchement des bandes d'adhésif, afin que la feuille, en séchant, ne décolle pas le papier adhésif de la planche.*

Les chevalets et autres supports

À MOINS QUE VOUS N'EXÉCUTIEZ de rapides esquisses sur un carnet de croquis en guise d'aide-mémoire, vous devrez poser votre feuille de papier sur un support stable, sur une planche à dessin, par exemple, achetée en magasin ou faite à la maison.

S'il est possible de poser la planche à dessin sur les genoux, cette solution n'est guère confortable ni pratique car, quel que soit le sujet sur lequel vous travaillez, vous devez pouvoir vous éloigner régulièrement de votre dessin pour l'examiner à distance et apprécier son évolution. Le dispositif le moins onéreux consiste à poser la planche à dessin sur une table en l'appuyant contre quelques livres volumineux - mais l'angle souhaité sera probablement difficile à obtenir, et vous devrez vous assurer que le support ne risque pas de glisser ou de s'effondrer lorsque vous appuyez fortement sur le papier.

Si vous en avez les moyens, envisagez l'achat d'un chevalet : veillez à ce qu'il soit adapté à vos besoins ; un chevalet de bonne qualité dure toute une vie et peut constituer un investissement digne d'intérêt.

Examinez les différents réglages possibles du chevalet : sur certains, la planche à dessin peut être inclinée selon tous les angles souhaités, mais d'autres n'autorisent qu'un nombre restreint de réglages. Si vous travaillez fréquemment à l'aquarelle ou à l'encre, n'inclinez que très légèrement votre planche à dessin, afin que la couleur ne se répande pas sur et hors de la feuille. Les artistes qui dessinent ou peignent debout ont tendance à fixer presque verticalement leur planche à dessin, tandis que ceux qui travaillent assis préfèrent incliner la planche selon un angle plus ou moins prononcé. La plupart des chevalets se règlent selon diverses hauteurs et inclinaisons, autorisant un travail debout ou assis.

La stabilité est un critère essentiel. Si vous travaillez exclusivement en intérieur, dans votre atelier ou salle de travail, vous pourrez préférer un chevalet d'atelier, massif et très stable, installé de manière quasi permanente. Si vous travaillez à l'extérieur, optez pour un chevalet de campagne, qui doit être aussi compact que facile à transporter.

Outre les chevalets en bois, il en existe en métal, pliants et dotés de pieds télescopiques. Ces chevalets de campagne sont idéals pour travailler « sur le motif », si vous dessinez par exemple des paysages. Généralement en aluminium, ils sont à la fois très légers et robustes.

La planche à dessin
Les dimensions des planches à dessin disponibles dans les magasins de fournitures d'art correspondent à celles du papier. Ces planches sont en bois, matériau suffisamment stable pour ne pas gauchir lorsque l'on tend la feuille de papier, et assez tendre pour y enfoncer des punaises destinées à fixer la feuille. Vous pourrez également fabriquer votre planche à dessin en sciant à la taille requise une planche ou un panneau fibreux. Veillez à ce que sa surface soit propre et lisse. Il faudra la poncer et la recouvrir de plusieurs couches de vernis, plus particulièrement si vous souhaitez tendre le papier.

Les pinces et les attaches
Les punaises et le papier-cache adhésif sont la solution la moins onéreuse pour fixer le papier sur la planche à dessin, mais peuvent trouer ou déchirer la feuille. Les pinces à dessins sont également efficaces. Les attaches coulissantes (à gauche), disponibles dans les magasins de fournitures d'art, n'endommagent pas le papier.

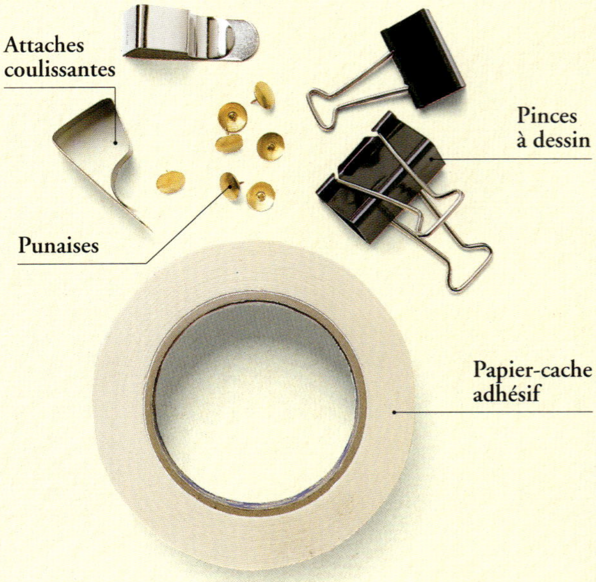

Le chevalet pliant

Maints chevalets peuvent se replier, ce qui facilite leur transport et leur rangement (à gauche). Le chevalet de campagne, pliant, possède des pieds plus longs qu'un chevalet d'atelier traditionnel, et se règle à différentes hauteurs, afin que même installé sur une pente, il demeure stable et horizontal (à droite). Serrez fermement les écrous de blocage pour éviter que le chevalet ne s'effondre inopinément ou que la planche à dessin ne glisse sur le côté.

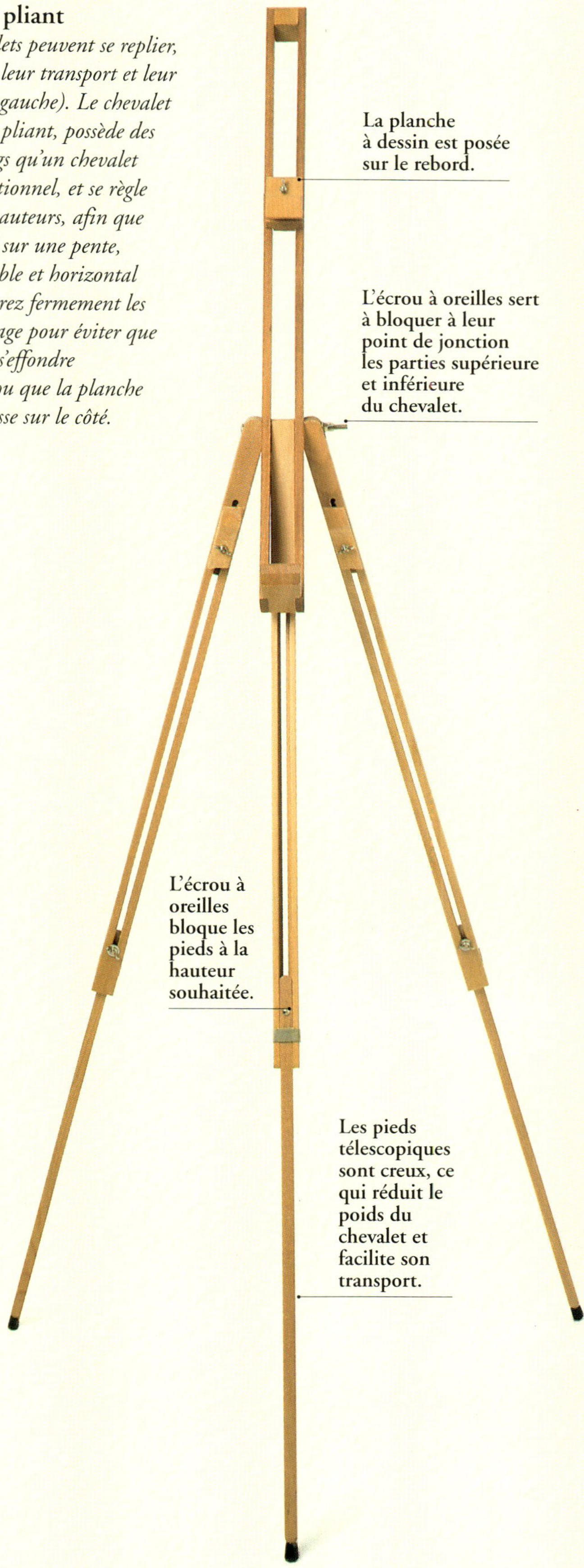

Le chevalet de table

Ce support de planche à dessin (à gauche) peut se régler selon des angles prédéterminés, de l'horizontale à une position presque verticale. Compact, c'est un chevalet adapté au travail en intérieur. Ci-dessous à gauche : planche à dessin posée sur une fixation.

Les carnets de croquis

Le carnet de croquis est un instrument de travail inestimable : vous l'utiliserez pour jeter sur le papier vos notes visuelles – l'expression d'un visage, un théâtral effet de lumière – destinées ultérieurement à un dessin ou à une peinture de plus grand format. Vous pourrez y croquer différents points de vue ou compositions, et les évaluer avant d'opter pour telle approche particulière, ou bien exécuter des dessins détaillés, achevés, sans avoir à installer votre chevalet.

Les dimensions du carnet de croquis influencent d'une certaine manière le choix de l'instrument de dessin. Les instruments traçant des lignes délicates (crayons bien taillés ou plumes fines) seront probablement mieux adaptés aux très petits carnets. Il est cependant plus difficile de dessiner à petite échelle ; un carnet de plus grandes dimensions autorisera l'utilisation du feutre ou du fusain, aux traits renflés et généreux. Les carnets de croquis sont le plus souvent constitués de papier à dessin blanc, de bonne qualité et adapté à la plupart des techniques. Il existe également des blocs ou des albums de papier de couleur ou de papier aquarelle.

Si vous dessinez avec des instruments tendres, à trait pulvérulent, comme le fusain ou le pastel, veillez à ce qu'en refermant le carnet de croquis votre dessin ne s'efface ou ne se macule pas. Il n'est pas toujours possible de « fixer » (voir p. 152-153) le dessin sur place. En guise de mesure provisoire, insérez de minces feuilles de papier (le papier calque est idéal) entre les pages du carnet, puis fixez convenablement le dessin de retour chez vous.

Prenez l'habitude de toujours conserver sur vous un carnet de croquis qui, tiré de la poche, vous permettra de dessiner dès que vous disposerez de quelques instants. La pratique constante de l'esquisse aiguisera en outre votre mémoire visuelle : vous remarquerez des détails restés totalement inaperçus jusqu'alors.

Les carnets de croquis de Constable
Le paysagiste anglais John Constable (1776-1837) travailla toute sa vie sur des carnets de croquis. Son sens de la composition et son attention aux détails sont manifestes même dans ses carnets de poche.

Les différents carnets de croquis

Le choix d'un carnet de croquis
Avant d'acquérir un carnet de croquis, pensez à son utilisation future. Souhaitez-vous un carnet suffisamment petit pour le glisser dans la poche et y consigner de rapides esquisses, ou bien un bloc album destiné à des dessins de plus grandes dimensions ? Prévoyez-vous d'exécuter des dessins achevés « sur le motif » ? Optez de préférence pour un carnet à spirale ou un bloc de feuilles volantes : leurs pages pourront être détachées puis encadrées ultérieurement. Les carnets de papier à dessin de bonne qualité conviendront à la plupart des techniques. Si vous travaillez souvent à l'aquarelle, achetez un carnet de papier aquarelle.

Les carnets reliés garderont le souvenir de vos voyages en un journal visuel.

Les pages de carnet spiralé se détachent facilement, et peuvent être encadrées le cas échéant.

Les pages volantes peuvent être retirées ou rajoutées à volonté.

Le carnaval de Venise
Ces esquisses, études préliminaires à l'exécution de tableaux de grandes dimensions, sont exécutées au stylo à bille et au feutre, instruments permettant de croquer les scènes et les personnages toujours changeants. Si vous rajoutez plus tard le décor, comme dans le cas présent, veillez à conserver le même éclairage ainsi qu'à respecter les proportions relatives des bâtiments et des personnages.

Saint-Jean-de-Col, France
Ce paisible paysage de rivière et de demeures périgourdines évoque le souvenir d'agréables vacances. Cette étude a été exécutée au crayon aquarellable, sans diluer la couleur à l'eau, pour obtenir un coloris plus intense. Remarquez les ombres sous le pont : elles ne sont pas noires, mais faites d'un crayonné de plusieurs couleurs. Le feuillage du premier plan est délibérément plus foncé et intense que celui de l'arrière-plan, ce qui crée une impression de distance.

Enfants endormis
Ce croquis d'enfants endormis peut servir d'étude pour un travail plus élaboré, ou demeurer en l'état, faisant office de charmante « photo de famille ». Cette double page appartient à un carnet de croquis relié, mais il est possible de la détacher avec précaution, de coller les deux feuilles le long du bord intérieur puis de les encadrer. Si vous dessinez sur une double page, veillez, dans la composition, à ce que rien d'essentiel ne soit situé sur le pli.

Notions fondamentales du dessin

Comment tenir les outils

Le choix de l'instrument adéquat fait partie du plaisir du dessin : dans la vaste gamme d'outils disponibles, chacun présente ses caractéristiques propres. Pour obtenir une plus grande souplesse du trait, des lignes fines ou épaisses par exemple, la plume d'acier sera la plus appropriée, tandis que le fusain et le pinceau sont mieux adaptés aux larges traits énergiques. Maints artistes combinent plusieurs techniques dans un même dessin. Après avoir fait votre choix, variez la prise de votre instrument de travail, car celle-ci a un effet décisif sur le trait. Cette double page présente divers instruments, tout en suggérant des alternatives à la tenue orthodoxe de l'outil de travail. Essayez les différentes prises pour découvrir celle qui convient le mieux à la technique employée ainsi qu'au style de dessin sur lequel vous travaillez.

Les crayons

Instrument de dessin le plus commun, le crayon est disponible en une grande diversité de gradations, du très tendre (noir et épais) au très dur (gris et fin). Les crayons sont faits d'une mine de graphite agglutinée à de la gomme dans une enveloppe en bois.

Maîtriser l'ombrage

Pour maîtriser davantage l'ombrage, relâchez la prise du crayon en le tenant non par l'extrémité, mais par le milieu. Utilisez l'annulaire et l'auriculaire en guise support lorsque vous souhaitez modifier l'angle de l'ombre.

Travail descriptif

Tenez fermement le crayon de façon ordinaire, entre le pouce et l'index, et équilibrez doucement votre main sur le petit doigt ; de la sorte, vous pourrez effectuer un travail assez précis et descriptif.

Ombrage ample

Tenez le crayon par l'extrémité opposée à la pointe, tout en laissant reposer la main sur les articulations du petit doigt, ce qui permet d'effectuer de larges mouvements appropriés à un ombrage ample.

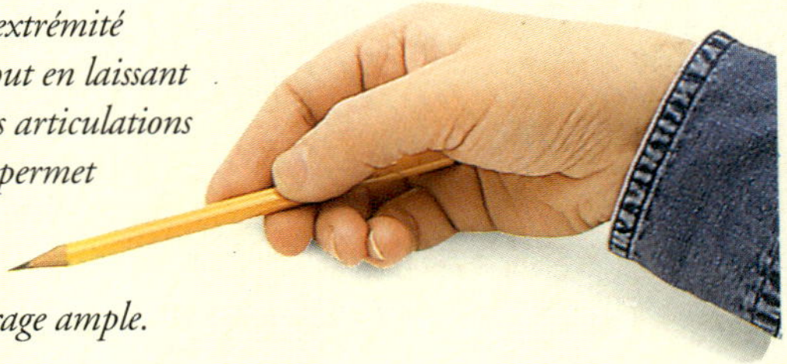

Travail détaillé

En tenant de façon ordinaire un petit bout de crayon, vous pouvez effectuer des mouvements de poignet légers et maîtrisés. Cette méthode est adaptée aux dessins précis et détaillés.

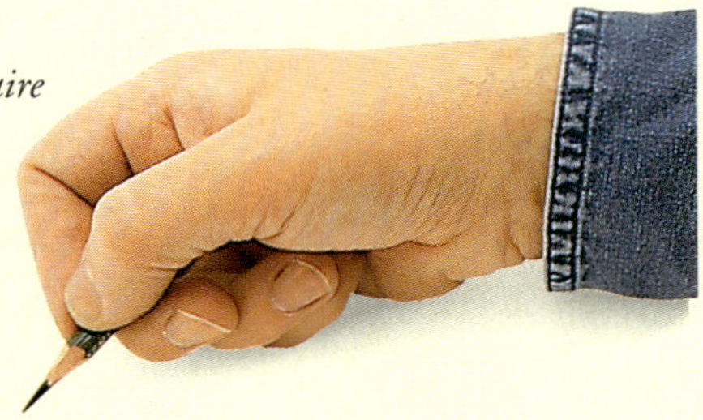

Traits linéaires

Pour réaliser des traits et des ombres linéaires selon la manière « classique » qu'employait notamment Léonard de Vinci, tenez fermement le crayon vers l'extrémité opposée à la mine.

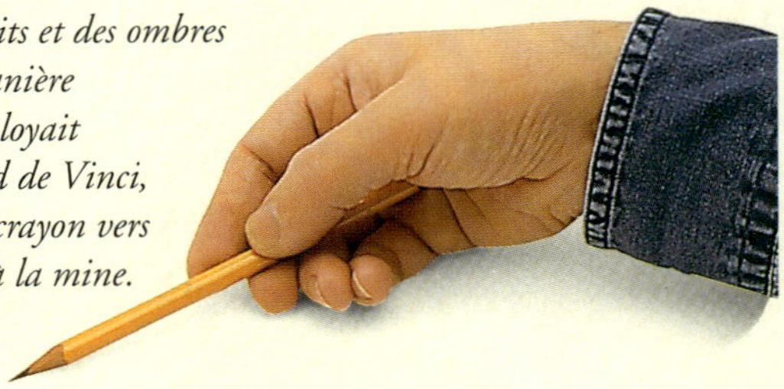

Le fusain

Le fusain est fait de charbon de bois de vigne, de saule ou de hêtre. Le coloris du trait de fusain varie du brunâtre au bleu-noir intense en fonction du bois utilisé.

Ombrer de grandes zones

Pour tracer les ombres et de larges traits, tenez le bâton de fusain par le milieu et frottez-le horizontalement sur le papier.

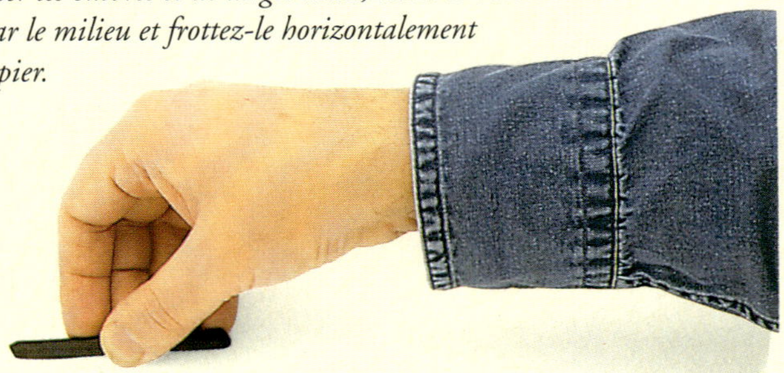

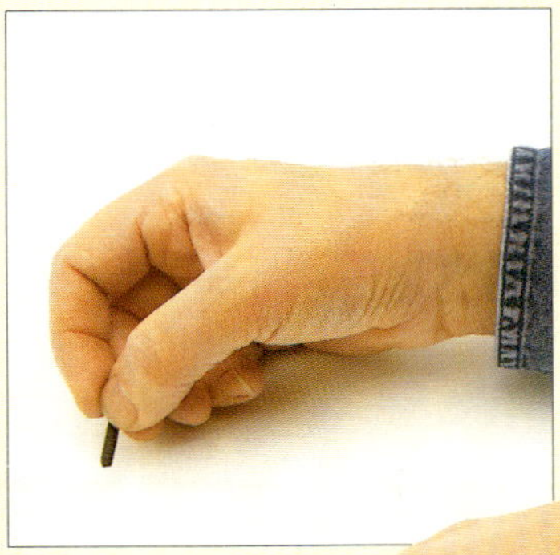

Travail détaillé

Médaillon : *Utilisez un petit morceau de fusain pour maîtriser davantage le trait.* Ci-dessous : *Pour obtenir des touches ou des traits courts, tenez le fusain à proximité de la pointe.*

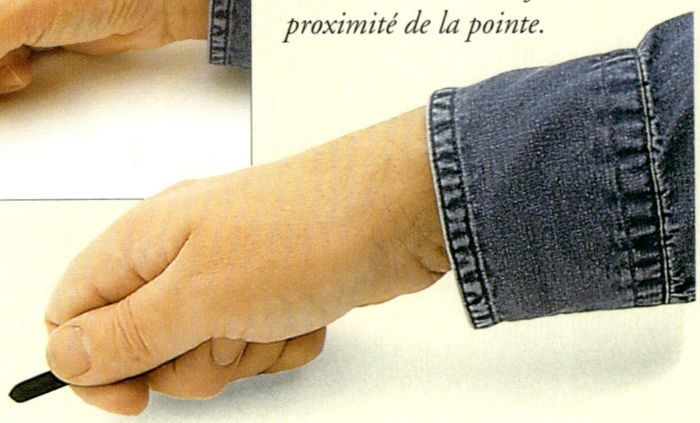

Les plumes

Une grande diversité de plumes est disponible dans le commerce. Les plumes d'acier sont souvent munies d'une réserve d'encre suffisante pour dessiner durant quelque temps. Utilisés depuis des siècles, la plume d'oie et le roseau sont adaptés aux contre-hachures ou au développement des formes tracées à l'encre diluée.

Lignes diverses

Tenez la plume entre l'index et le majeur pour obtenir une ligne grossière et dense. Pour tracer une ligne plus rigide, appuyez davantage sur la plume, et pour une ligne fluide, procédez par petits mouvements du poignet.

Lignes et détails

Médaillon : *Pour dessiner les détails, ou si vous travaillez sur une encre humide, utilisez votre petit doigt pour soulever à la fois la main et la plume.*

Ci-dessous : *Pour accentuer la pression de la plume, soutenez la plume sur deux doigts.*

Couvrir de grandes zones

Utilisez la face supérieure de la plume pour appliquer de larges surfaces de couleur. En trempant la plume et en la tordant entre vos doigts, vous obtiendrez un éventail de possibilités aussi vaste qu'intéressant.

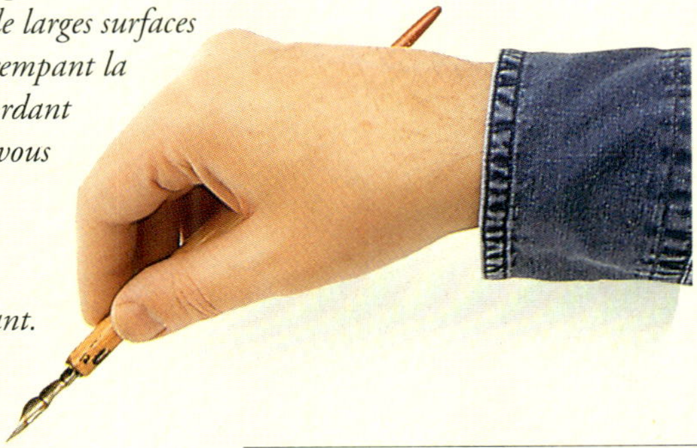

Traits à la plume d'oie

Tenez souplement mais fermement la plume d'oie entre le pouce et l'index. La forme de la plume et la pression que vous exercez sur elle déterminent une grande diversité de traits, du plus fin au plus épais.

Les pinceaux

Certains artistes dessinent exclusivement au pinceau, tandis que d'autres combinent la plume et le pinceau au lavis d'encre ou d'aquarelle. Aujourd'hui, les meilleurs pinceaux sont en poil de martre, ou en mélange de poils incluant la martre. La taille de la pointe varie, de la pointe très fine à la pointe très épaisse, à bout rond ou carré.

Traits japonais

Afin d'obtenir un effet différent, tenez verticalement ce pinceau de calligraphie japonais, comme le montre l'illustration, pour tracer des points, des taches et des lignes fluides.

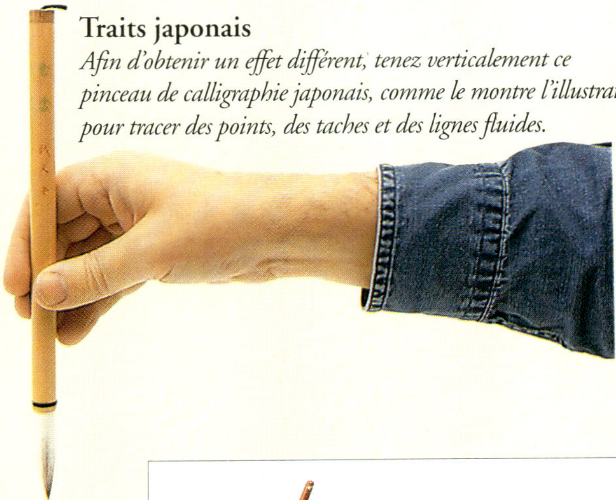

Lignes fines

Pour tracer des lignes fines, équilibrez souplement le pinceau entre le pouce et l'index. La légèreté de la prise est ici synonyme de maîtrise de la touche.

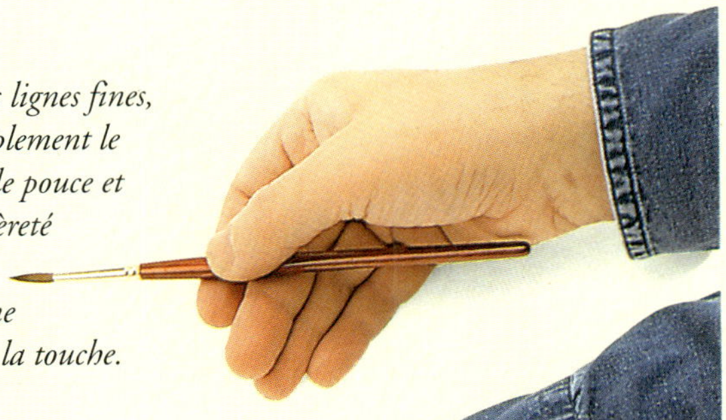

Traits carrés

Pour obtenir une riche texture de lignes, écartez les poils et séparez-les au niveau de la virole. Tenez la brosse près de la virole pour maîtriser davantage la touche.

Pinceau et encre

Lorsque vous dessinez au pinceau et à l'encre, soulevez au-dessus du papier la main tenant le pinceau, afin de pouvoir mieux travailler l'encre encore humide.

L'éducation du regard

Les débutants s'inquiètent souvent des erreurs qu'ils commettent : ils interrompent le dessin en cours et tentent de corriger ce qui leur semble « mauvais ». Mais bien dessiner ne consiste pas seulement à choisir le bon crayon ou à tracer un trait d'une manière particulière. Si votre dessin ne vous semble pas « bon », c'est souvent parce que vous n'avez pas étudié votre sujet avec assez d'attention. Prenez le temps de le regarder sans idées préconçues : en vous efforçant de tout voir de cette manière, comme si c'était la première fois, vous serez sur la bonne voie pour devenir un artiste talentueux.

Il existe une excellente méthode pour éduquer votre regard et votre main, qui consiste à dessiner sans regarder sur le papier les progrès de votre travail. Cette technique est parfois appelée dessin du contour « à l'aveugle » : gardez les yeux fixés sur votre sujet tout en traçant son contour au crayon. Ne levez votre crayon que lorsque vous devez le déplacer pour réaliser une nouvelle partie du dessin. Ce n'est qu'à ce moment que vous vous autoriserez à jeter un œil sur le papier, pour vérifier le point de départ du nouveau trait.

Crayon HB

Pour commencer, choisissez un sujet aux contours simples, un fruit ou une tranche de pain. Ensuite, lorsque vous aurez acquis de l'assurance, optez pour un sujet plus complexe, aux lignes incluses dans la silhouette, comme un parapluie fermé ou un manteau suspendu à un crochet. Bien vite, vous remarquerez avec plus d'acuité les moindres ondulations de la surface et saurez déterminer comment toutes ces variations s'agencent pour constituer la forme générale.

Votre main et votre œil doivent se déplacer à la même vitesse, afin qu'à tout moment votre œil regarde exactement la même partie du sujet que celle que votre crayon est en train de dessiner sur le papier. Imaginez que la pointe du crayon touche l'objet que vous dessinez plutôt que le papier. Efforcez-vous de regarder et de dessiner lentement, en prenant le temps d'observer chaque détail. La rapidité d'exécution est incompatible avec cet exercice.

Au début, le contour « à l'aveugle » ne ressemblera guère à votre sujet. Persévérez, et prenez l'habitude de regarder très attentivement, habitude qui se révélera inestimable dans vos travaux futurs.

Une nature morte simple

1 Tenez légèrement le crayon, afin de tracer une ligne douce et continue. Commencez à proximité de la partie supérieure gauche du sujet, et tracez soigneusement son contour. Déplacez le crayon à la même vitesse que se déplacent vos yeux autour du sujet – lentement.

2 Vous pourrez moduler le ton sans lever le crayon du papier : roulez la mine pour varier l'épaisseur du trait et accentuez la pression pour obtenir des lignes plus sombres.

3 Pour obtenir un ton intense, tel que celui du contour des lacets, glissez la main vers l'avant et tenez le crayon davantage vers la pointe : vous tracerez un trait plus sombre. Le trait sera plus intense encore si vous travaillez avec le flanc de la mine.

L'étude d'un profil

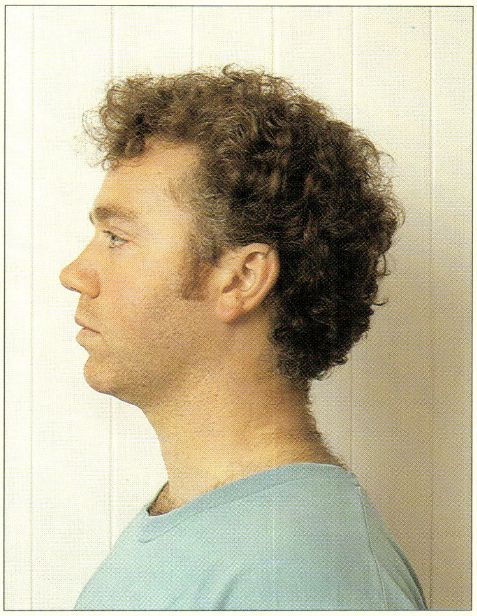

Placez votre sujet
Placez votre sujet de profil, devant un fond offrant des points de référence à partir desquels vous commencerez l'esquisse – un mur aux lambris verticaux et parallèles, par exemple.

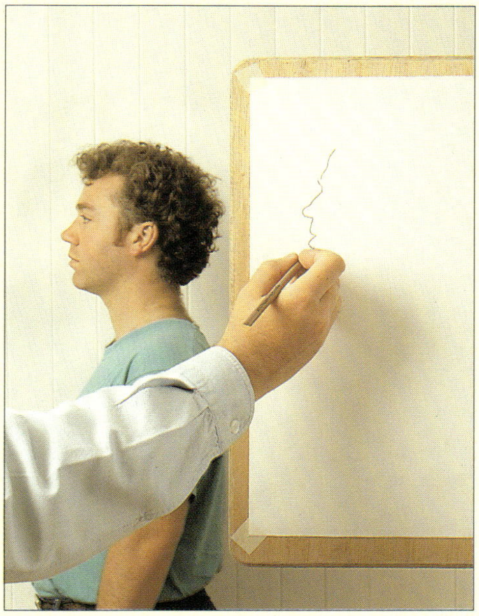

1 *Disposez le bord gauche de la feuille (si vous êtes droitier) à proximité du rebord de la planche à dessin. Posez la planche sur un chevalet placé de sorte que vous puissiez voir votre sujet tout en dessinant. Commencez par la partie supérieure gauche du profil, en choisissant un point aisément localisable, et travaillez vers le bas.*

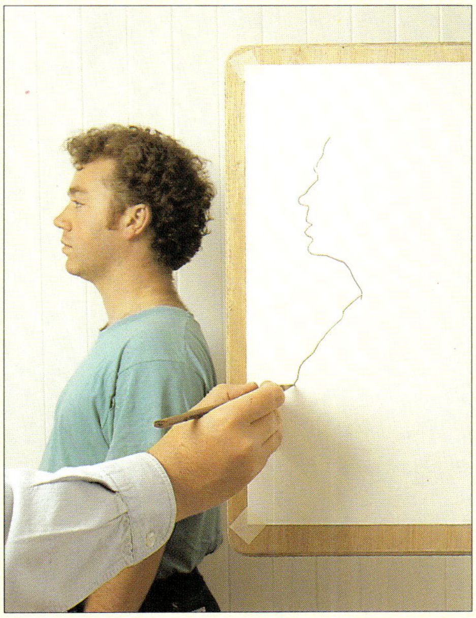

2 *Sans cesser de fixer le sujet du regard, dessinez soigneusement la partie gauche du profil. Descendez jusqu'à la gorge du sujet, puis jusqu'au cou et aux épaules. Travaillez lentement, en examinant très attentivement chaque détail afin de le reproduire avec précision sur le papier.*

3 *Après avoir achevé la partie gauche du profil, levez votre crayon du papier et placez-le au sommet du dessin, à l'endroit correspondant à la naissance des cheveux – en ne vous autorisant qu'un bref coup d'œil au travail déjà accompli. Dessinez de nouveau vers le bas pour terminer le profil.*

Le dessin achevé
En vous concentrant moins sur ce qui apparaît sur le papier que sur l'examen de l'objet que vous dessinez, vous améliorerez votre coordination œil-main et prendrez l'habitude de regarder attentivement le sujet. Même si vos dessins ressemblent au début à un désespérant fouillis de lignes, n'abandonnez pas – vous gagnerez progressivement en précision.

Les bases de la composition

La composition traite de la manière de disposer le sujet dans le cadre de l'image. Le meilleur moyen d'en apprendre les rudiments consiste à observer les œuvres d'autres artistes. Commencez par déterminer quelle est la partie la plus importante du dessin ; vous constaterez certainement que votre œil sera d'une façon ou d'une autre attiré par cette dernière. Parfois, ce sera un « chemin » incurvé qui conduira à travers le dessin jusqu'au centre d'intérêt. Dans d'autres images, les principaux éléments seront disposés sur ou à proximité d'une puissante diagonale. Chaque type de ligne produit une atmosphère générale différente. Les cercles induisent l'œil du spectateur à se déplacer autour de l'image. Les lignes brisées et les diagonales créent une impression d'énergie. Une ligne horizontale évoque le plus souvent une ambiance paisible et calme.

Il est également nécessaire de tenir compte de l'équilibre général du dessin, étant donné qu'équilibre ne signifie pas nécessairement symétrie. Si placer le sujet au centre de l'espace pictural peut sembler la manière la plus évidente d'équilibrer la composition, un sujet disposé de la sorte pourra paraître statique et sans vie. En revanche, si les objets sont placés sur le « tiers », nous savons d'instinct que nous regardons un dessin aux proportions harmonieuses. Vous pourrez créer une impression de tension et d'énergie en plaçant votre sujet loin du centre du dessin, près du bord de la feuille de papier par exemple. C'est à vous de déterminer laquelle de ces approches convient le mieux à votre sujet.

C'est par la pratique que vous développerez votre sens de la composition.

Le modèle regarde vers l'extérieur de l'espace pictural, ce qui crée un sentiment de tension et de malaise.

Les principaux éléments – le genou, le coude et les yeux – sont tous placés sur ou à proximité d'une diagonale implicite qui traverse le dessin de l'angle inférieur gauche vers l'angle supérieur droit.

La ligne diagonale

Ce dessin est organisé selon une puissante diagonale implicite qui traverse la feuille de l'angle inférieur gauche vers l'angle supérieur droit. Le regard du spectateur est entraîné le long de cette ligne jusqu'au point de convergence du dessin – le visage de la femme. La plus grande partie du sujet est disposée à droite de la diagonale, mais l'espace situé à gauche est également important : le regard du spectateur doit être en mesure de s'attarder sur le détail de la figure, et la présence de détails analogues dans la partie gauche du dessin aurait détourné l'attention du sujet principal.

Les lignes douces et fluides du drapé du tissu placé à l'arrière-plan contrastent avec les puissantes formes géométriques des fruits.

L'œil est dirigé à partir de la ligne de fuite vers le sommet de la pile de fruits, puis à nouveau vers le bas.

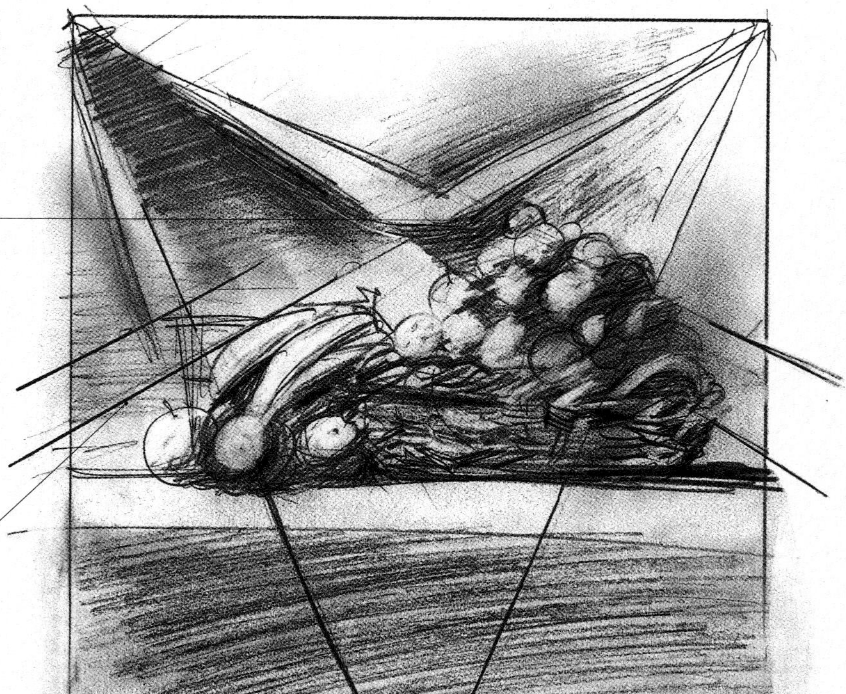

La disposition centrale du sujet

L'une des soi-disant « règles » de l'art énonce que placer le sujet au centre de l'espace pictural se traduit par une composition aussi ennuyeuse que statique. Ce n'est pas toujours le cas : un sujet aux formes et aux angles intéressants a de quoi divertir agréablement le regard. Bien que le motif principal soit placé au centre du dessin, ses éléments les plus importants – les fruits son disposés dans le tiers supérieur droit. Le rebord de la table est situé dans le premier tiers horizontal (voir page suivante). Les formes arrondies des fruits incitent l'œil à se déplacer autour de la composition, et la table offre une puissante ligne horizontale sur laquelle repose toute la composition.

L'asymétrie

Cette composition est asymétrique : une grande figure, décalée par rapport au centre, domine l'avant-plan. Cependant, le regard est dirigé à travers le plan pictural le long d'une courbe balayant le dessin de l'avant-plan vers le lointain, en passant par le second plan. Seule la rampe du pont est parallèle au bord du dessin ; d'autres lignes horizontales sont légèrement inclinées, ce qui ajoute intérêt et dynamisme au dessin.

En raison de la perspective, les planches horizontales du pont semblent inclinées vers le haut ; cela renforce l'attrait de la composition et crée une impression d'énergie.

La division par tiers

Il s'agit d'un système de composition dans lequel l'espace pictural est divisé en trois parties, tant horizontalement que verticalement. Un sujet placé sur ou à proximité des points d'intersection des divisions verticales et horizontales, comme le bateau dans ce dessin, attire automatiquement le regard du spectateur. La forme triangulaire de la voile de l'embarcation est répétée par la falaise ; ces formes angulaires contrastent avec celles des nuages, plus douces, circulaires et onduleuses, qui occupent les deux tiers supérieurs de l'espace pictural.

Les tons plus clairs de la falaise située au second plan suggèrent un espace tridimensionnel.

Le point de convergence – le bateau – est placé à l'intersection des lignes horizontales et verticales divisant l'espace en trois.

Les systèmes de mesure

En Occident, au Moyen Âge, l'on ne considérait pas comme essentiel le respect des proportions et de l'échelle du sujet dans les œuvres d'art. Les images n'étaient pas réalistes au sens photographique du terme : représentant des idées et des visions, elles renfermaient leurs propres critères de vérité et de réalité. Plus l'élément ou le personnage figuré était important, plus on lui attribuait d'espace sur le tableau, sans se soucier de ses relations matérielles avec le reste du sujet. Dans l'art religieux, par exemple, le Christ était considéré comme plus important que l'homme ordinaire : on lui attribuait donc une stature plus grande que celle des autres personnages.

Durant la Renaissance, les artistes fascinés par le monde environnant s'efforcèrent de représenter les formes tridimensionnelles sur un espace à deux dimensions. Il s'agissait de découvrir le moyen de disposer les différents éléments d'un dessin en relation exacte les uns par rapport aux autres, en veillant à respecter leurs dimensions relatives.

Crayon HB

Règle

C'est l'une des difficultés les plus importantes que vous devrez surmonter lors de l'exécution d'un dessin. L'échelle et les proportions sont illusoires : sans méthode permettant de vérifier ce que l'on voit en face de soi, les erreurs sont quasiment inévitables. Depuis la Renaissance, plusieurs procédés de vérification des proportions ont été élaborés. Tous impliquent un système de mesure ; vous devrez absolument apprendre à tenir compte des mesures que vous effectuez plutôt qu'obéir à ce que vous dit votre instinct.

La méthode la plus élémentaire, appelée mesure en grandeur à la vue, consiste à placer le sujet à côté de la planche à dessin, afin de tracer directement sur le papier des repères correspondant aux hauteurs de ses différents éléments. Cette approche fonctionne bien dans le cas du portrait ou d'un sujet de petites dimensions. L'autre méthode consiste à tenir un crayon à bout de bras et en fermant un œil, à mesurer sur la longueur du crayon les longueurs relatives des objets ou des éléments du sujet, puis à reporter ces mesures sur le papier.

Mesure en grandeur à la vue

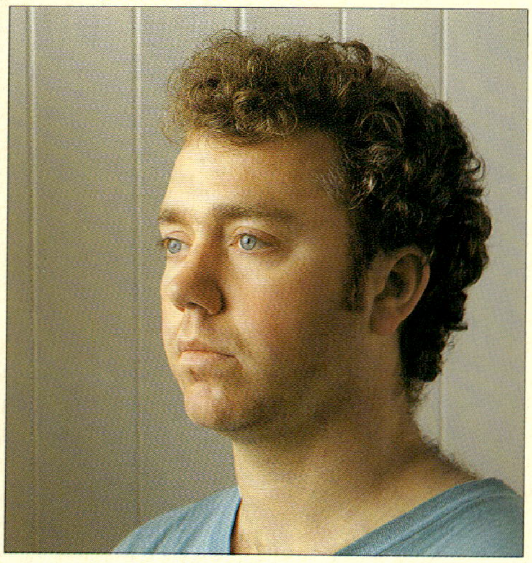

Dans le portrait, une erreur courante consiste à dessiner la zone centrale du visage en lui accordant proportionnellement trop d'importance par rapport au reste de la tête. Puisque le cerveau interprète le visage comme étant plus important que le front ou la chevelure, vous aurez naturellement tendance à lui donner plus d'espace. De même, les yeux sont souvent placés trop haut sur le front. Mesurez directement votre sujet, et fiez-vous à ces mesures plutôt qu'à votre instinct. Déterminez d'abord l'emplacement des différents éléments avant de travailler les détails.

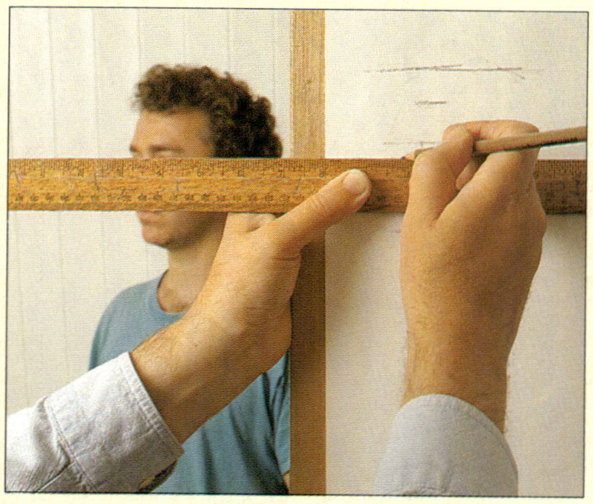

1 *Alignez visuellement votre planche à dessin sur votre sujet. En vous guidant avec une règle plate, marquez à traits légers l'emplacement des principaux éléments du visage.*

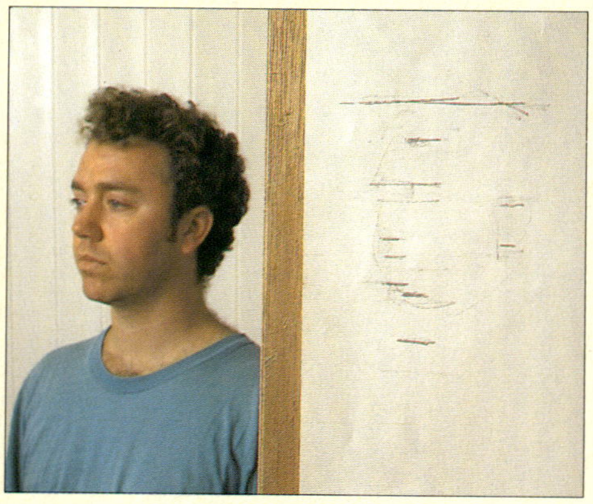

2 *Après avoir tracé l'emplacement du nez, des yeux et des oreilles, vérifiez avec la règle le positionnement correct des marques.*

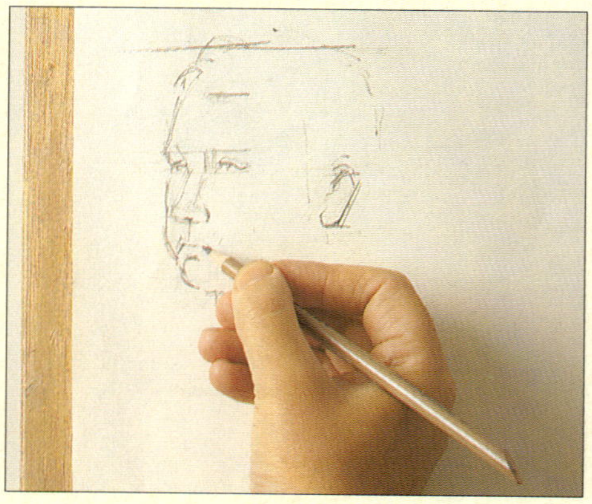

3 *Ces marques servent d'infrastructure pour l'emplacement des traits du visage, et non comme guide de leur forme réelle. Lorsque vous en serez satisfait, commencez le dessin.*

La visée au crayon

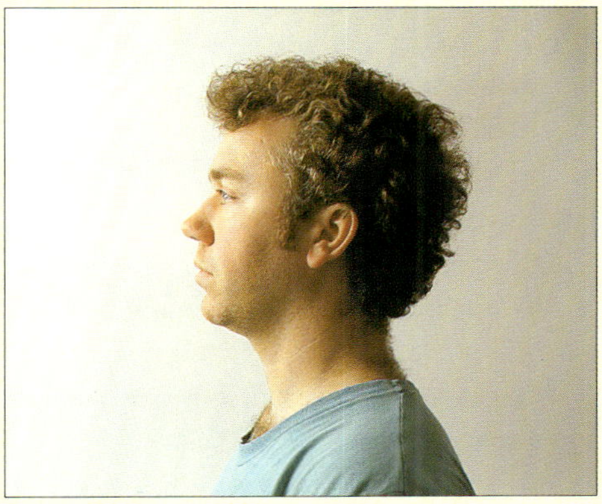

1 *Placez votre sujet de profil. Éclairez la tête à partir de la gauche, légèrement au-dessus du visage, afin d'accentuer le contraste entre les zones claires et sombres.*

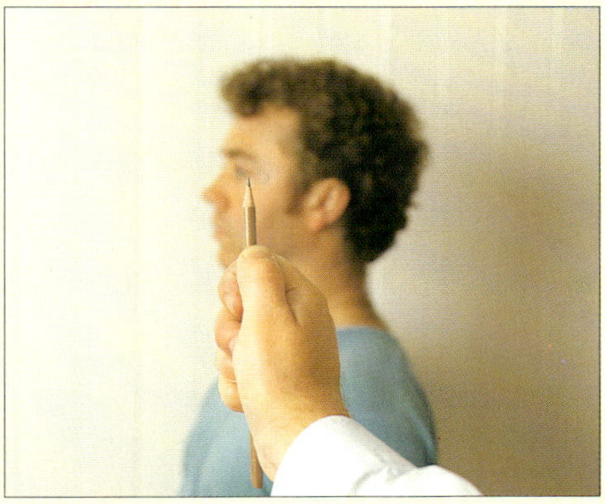

2 *Tenez le crayon verticalement, le bras tendu. Effectuez les mesures verticales (du front à l'œil, de l'œil à la bouche), en délimitant leurs longueurs sur le crayon.*

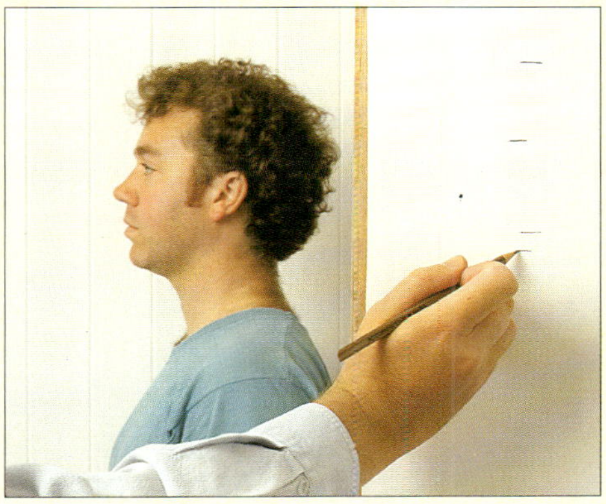

3 *Toujours en tenant le crayon à bout de bras, mesurez puis marquez légèrement l'emplacement des yeux, du nez, de la bouche et des autres traits du visage.*

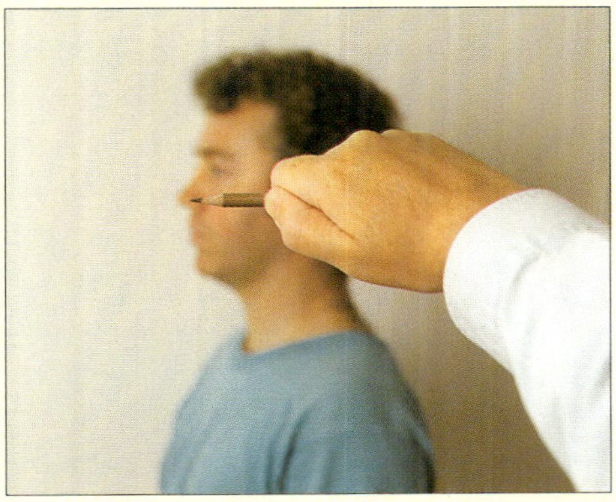

4 *En tenant le crayon horizontalement, mesurez la distance du nez au bord de l'oreille. Reportez cette mesure sur votre dessin. Répétez l'opération pour les autres éléments.*

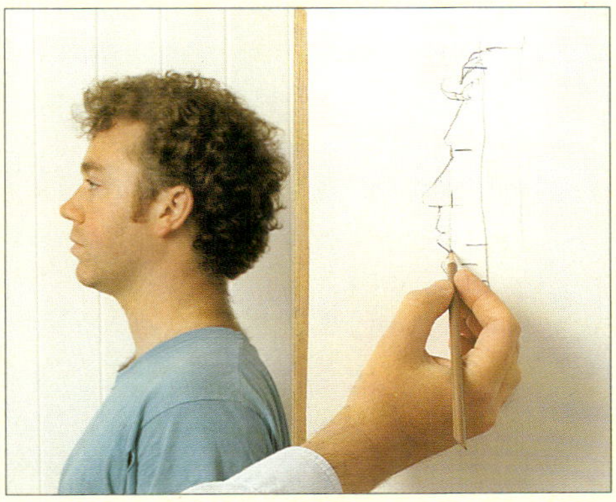

5 *Vérifiez à nouveau les mesures. Lorsque vous serez sûr de leur exactitude, dessinez les éléments du visage.*

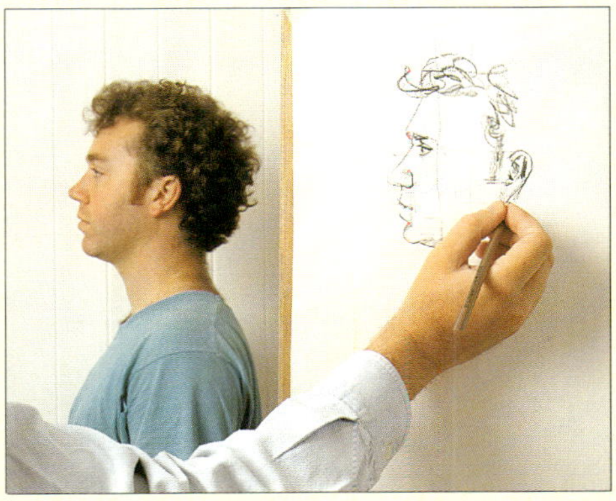

6 *Reculez-vous par rapport au dessin, en veillant à conserver le même point de vue, et déterminez soigneusement l'angle et la position de chaque élément. Reportez-les ensuite sur le dessin.*

Mesurer en grandeur à la vue

En effectuant les mesures, conservez le bras tendu afin que le crayon demeure à distance constante du sujet que vous mesurez. Fermez un œil pour faciliter la visée, et fixez du regard le crayon. Le sujet vous apparaîtra flou, mais cela n'a pas d'importance : les mesures vous aideront à obtenir des proportions d'ensemble correctes ; les détails seront ajoutés plus tard au dessin. Ces mesures peuvent concerner de très petites zones (l'orbite de l'œil, par exemple), comme la longueur ou la hauteur totale du sujet.

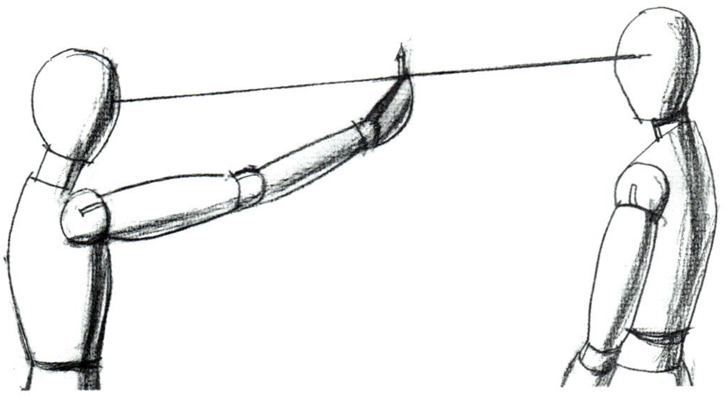

Pour s'assurer de l'exactitude des proportions respectives des différents éléments de l'image, une méthode efficace consiste à utiliser une grille dont les lignes verticales et horizontales servent de références pour le report du sujet sur le papier lors de l'exécution du dessin. Cette mise au carreau est un système précieux pour l'artiste, car l'aspect des objets semble modifié quand on les voit en perspective. En regardant par exemple une table en perspective, de l'autre côté de la pièce, nous aurons tendance à la dessiner sous forme de rectangle, comme si nous la voyions de dessus, simplement parce que nous savons que la table est rectangulaire. La mise au carreau forme l'œil à voir le monde tel qu'il nous apparaît visuellement, sans tenir compte de la connaissance spatiale et physique que nous en avons.

La méthode la plus simple, c'est d'utiliser une grille toute faite, le papier millimétré par exemple, bon marché, disponible partout. Mais vous pouvez également confectionner votre propre grille en marquant à intervalles réguliers les bords supérieur, inférieur et latéraux de la feuille, puis en reliant ces points par des lignes tracées à la règle. Une telle grille présente notamment l'avantage de pouvoir espacer les lignes à votre convenance. Si vous souhaitez concentrer votre travail sur une zone particulièrement complexe du sujet, vous pouvez ajouter de nouvelles subdivisions à la grille sur la partie correspondant à cette zone. Vous pouvez également tracer très légèrement les lignes, afin de les effacer facilement plus tard. Enfin, en ajustant la taille des carreaux de la grille, vous pouvez augmenter ou diminuer la taille de votre dessin, de sorte que celui-ci ne sera pas obligatoirement grandeur nature.

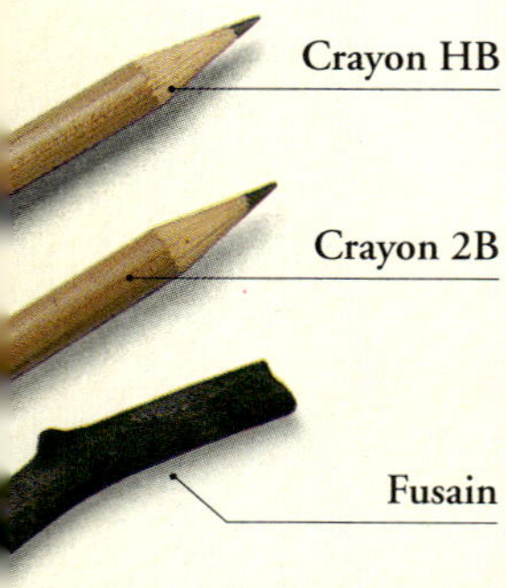

Imaginez qu'une grille invisible recouvre votre sujet (le travail sera facilité s'il présente des horizontales ou des verticales évidentes qui vous serviront de points de référence). Tenez un crayon à bout de bras, verticalement ou horizontale-ment, comme pour une visée au crayon (voir p. 36-37), afin de vérifier la taille des détails les uns par rapport aux autres. Fixez dans votre esprit cette grille imaginaire et posez-la mentalement en dessinant sur votre papier millimétré.

La mise au carreau doit vous aider à voir, comprendre et dessiner avec davantage d'assurance et de précision. Elle est particulièrement adaptée aux images complexes – une série de bâtiments dans un paysage urbain, par exemple, ou une composition figurant des mannequins d'artiste posés sur une table – où les relations spatiales réciproques des éléments se révèlent cruciales. À mesure que vous dessinerez avec plus d'aisance, vous adopterez machinalement cette façon de travailler et serez capable d'utiliser une grille imaginaire plutôt que réelle. Plus vous utiliserez la mise au carreau, plus vos dessins gagneront en assurance et en technique, ce qui vous amènera à faire confiance à votre œil en interprétant correctement le monde. Au début, ce procédé vous semblera probablement aussi fastidieux que mécanique, mais il n'est destiné qu'à vous donner une base de travail. Comme l'ébéniste scie le bois à la taille requise avant de fabriquer un meuble, vous devrez résoudre la question de l'infrastructure et des proportions de votre dessin avant de pouvoir interpréter le sujet à votre manière, en affinant les détails et en créant une atmosphère adéquate.

Nature morte
C'est toujours une gageure que de dessiner les proportions exactes des objets d'une nature morte. Ici, le verre de la lampe à pétrole est placé sur le « tiers » (voir p. 34-35), les autres objets étant disposés autour de celle-ci. Le cheval de bois est placé en angle, afin de créer une ligne plus dynamique, et le tout est équilibré par la position des livres sur le côté opposé. Les espaces laissés entre les objets sont également essentiels à l'équilibre de la composition.

L'utilisation du papier millimétré
Les différents niveaux et angles des objets forment ici une composition complexe. Une telle esquisse, exécutée à l'aide des verticales et des horizontales du papier millimétré en guise de référence, constitue une étude préliminaire utile à la réalisation d'un travail ultérieur, vous permettant de résoudre à l'avance les questions de composition, de ton et d'ombre. En vous concentrant sur la grille, vous serez contraint d'observer chaque objet en relation avec les autres de manière plus analytique.

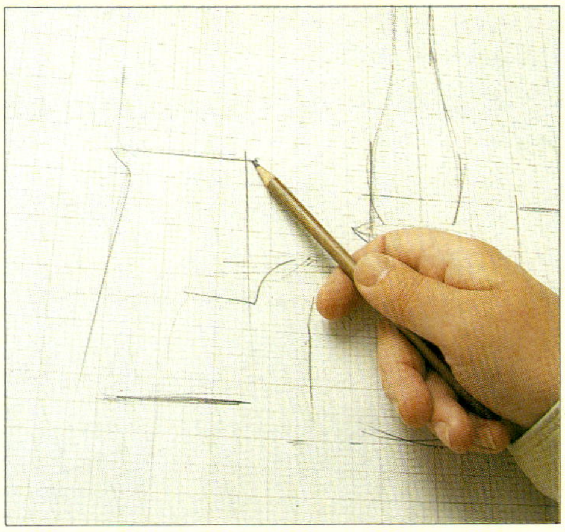

1 Au crayon 2B, tracez les principales lignes de structure. Tracez une verticale au centre de la cheminée de verre, puis une horizontale au sommet de la cruche, qui vous serviront de références.

2 Commencez maintenant à ajouter les tons. Tenez légèrement le crayon 2B, et couvrez en mouvements amples toute la surface du dessin.

3 Toujours avec le crayon 2B, dessinez soigneusement les détails des zones ombragées, mais ne vous attardez pas trop longtemps dans chacune d'elles. L'esquisse sur papier millimétré n'est qu'une étude que vous travaillerez ensuite plus minutieusement.

4 Reportez l'esquisse sur votre feuille de dessin définitive. Avec un crayon HB, tracez légèrement les lignes verticale, centrale et horizontale comme dans l'étape 1. Référez-vous au dessin millimétré pour les proportions relatives, et aux objets de la nature morte pour les tons et les détails.

Le dessin achevé
Ce dessin aux tons riches présente une grande diversité de textures et de profondeurs. Les zones les plus sombres ont été ensuite travaillées au fusain. Tous les objets sont reliés visuellement par les ombres et les tons des espaces intermédiaires. Les formes de la partie inférieure de la rangée d'objets ont été plus soigneusement dessinées que la silhouette de la partie supérieure.

La perspective linéaire

Le monde existe en trois dimensions : la difficulté qui consiste à donner à un dessin ou à une peinture l'apparence du réel réside dans le fait qu'ils sont exécutés sur une surface à deux dimensions, la feuille de papier ou la toile. Durant la Renaissance, les peintres commencèrent à utiliser des systèmes fondés sur la perspective pour créer dans leurs dessins un effet tridimensionnel.

Les systèmes de perspective reposent sur des théories extrêmement complexes auxquelles divers savants ont consacré des années de travail au cours des siècles. Cependant, à moins que vous n'envisagiez d'aborder le dessin technique, il vous suffira de connaître quelques principes fondamentaux, et de les appliquer à bon escient, en vous rappelant que ce qui est essentiel dans le dessin, c'est l'observation attentive du sujet.

Premièrement, plus les objets sont éloignés, plus ils semblent rapetisser. Observez un alignement d'objets de dimensions identiques disposé devant vous : le plus proche paraît bien plus grand que le plus éloigné, même si vous savez que les deux ont la même taille. Deuxièmement, les lignes parallèles semblent converger progressivement l'une vers l'autre à mesure qu'elles s'éloignent de l'observateur, et se rejoindre en atteignant le point le plus éloigné de l'horizon, là où les objets disparaissent à la vue (le « point de fuite »). Troisièmement, la forme et les angles d'un objet varient en fonction de la position de l'observateur par rapport à cet objet. Si vous observez un objet situé en face de vous, c'est-à-dire parallèle au plan de l'image, les lignes horizontales paraîtront horizontales. Mais si vous voyez cet objet sur plus d'une face, seules les lignes horizontales qui coïncideront avec le niveau de votre regard sembleront horizontales : toutes les autres paraîtront obliques. Pour créer l'illusion d'un espace tridimensionnel dans vos dessins, vous devrez oublier ce que vous savez être vrai.

La perspective à un point de fuite

La perspective à un point de fuite intervient dans le cas d'objets parallèles au plan de l'image. Souvenez-vous que plus les objets sont éloignés, plus ils semblent rapetisser, et que les parallèles perpendiculaires au plan de l'image convergent entre elles, tandis que les parallèles au plan de l'image demeurent parallèles.

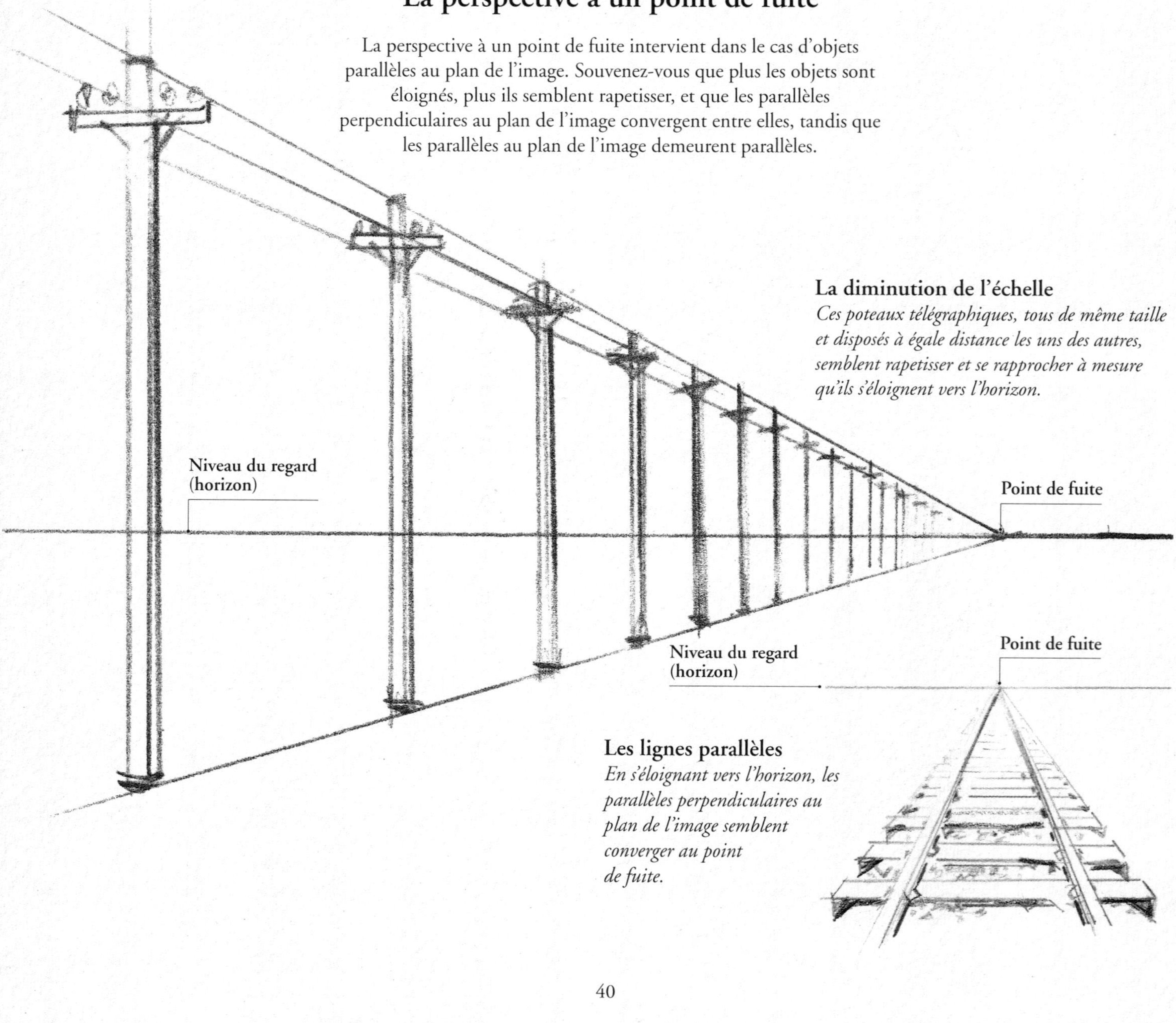

La diminution de l'échelle
Ces poteaux télégraphiques, tous de même taille et disposés à égale distance les uns des autres, semblent rapetisser et se rapprocher à mesure qu'ils s'éloignent vers l'horizon.

Les lignes parallèles
En s'éloignant vers l'horizon, les parallèles perpendiculaires au plan de l'image semblent converger au point de fuite.

La construction d'une ellipse

Un cercle vu en perspective devient une ellipse. Une erreur commune consiste à dessiner l'ellipse avec des extrémités en pointe, ce que les schémas ci-dessous vous aideront à éviter.

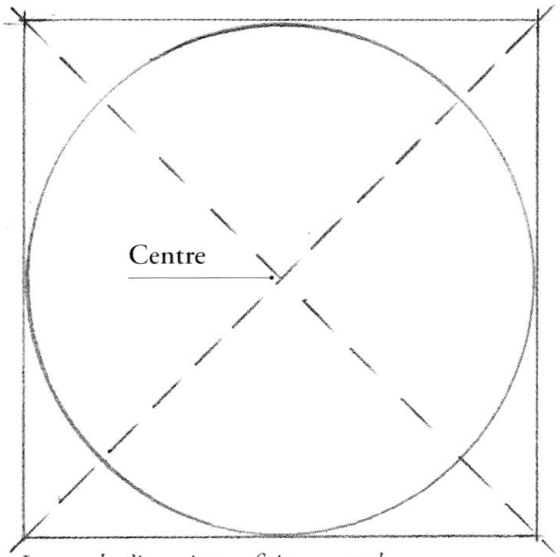

Le cercle s'inscrit parfaitement dans un carré : sa circonférence est tangente au milieu de chaque côté. L'intersection des diagonales du carré est située au centre du carré et du cercle.

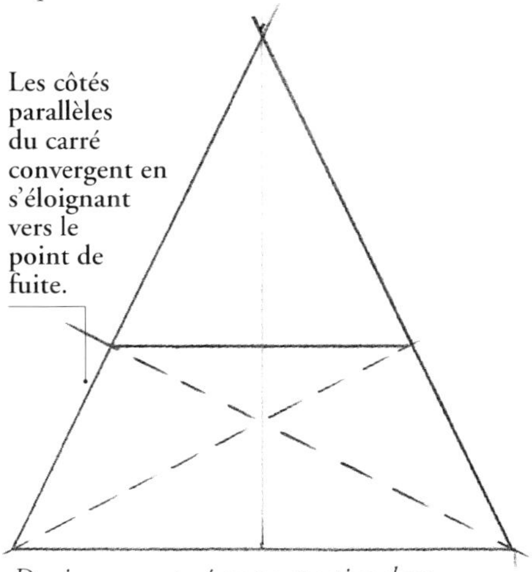

Dessinez un carré en perspective dans lequel s'inscrira l'ellipse. Tracez les diagonales reliant les angles : leur intersection est située au centre du carré en perspective. Les mesures de chaque moitié du carré ne sont pas identiques, puisque le carré semble se rapetisser avec l'éloignement.

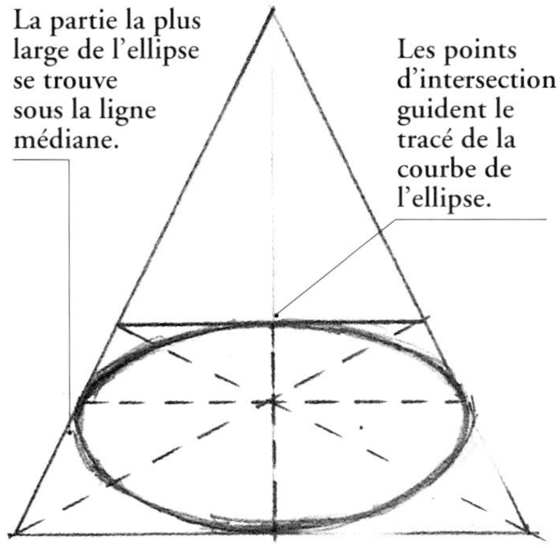

Tracez une verticale et une horizontale passant par le centre du carré en perspective pour déterminer le point médian de chaque côté du carré en perspective. (Les mesures de chaque moitié du carré ne sont pas identiques, puisque le carré semble se rapetisser avec l'éloignement.) Tracez l'ellipse qui doit être tangente aux quatre points médians.

Cylindres et ellipses

Le sommet et la base d'un cylindre sont circulaires ; lorsqu'on les voit en perspective, ils décrivent une ellipse dont l'aplatissement dépend de l'angle de vue. Si tout ceci vous semble trop théorique, réfléchissez un instant au nombre d'objets dont la forme se révèle essentiellement cylindrique (voir p. 46-47).

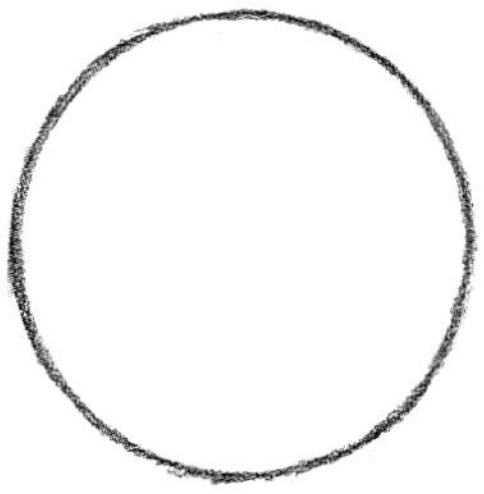

Un cercle vu exactement du dessus ou de face ne présente aucune distorsion.

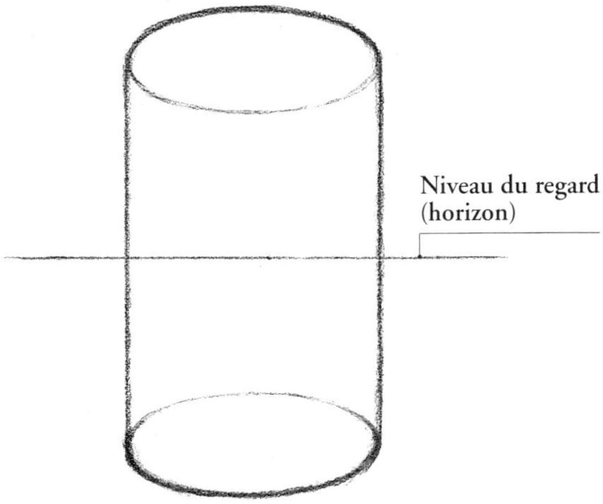

Si le niveau de votre regard est situé approximativement sur la partie médiane d'un cylindre, le sommet et la base du cylindre sembleront décrire une ellipse, en raison de leur proximité par rapport au niveau du regard.

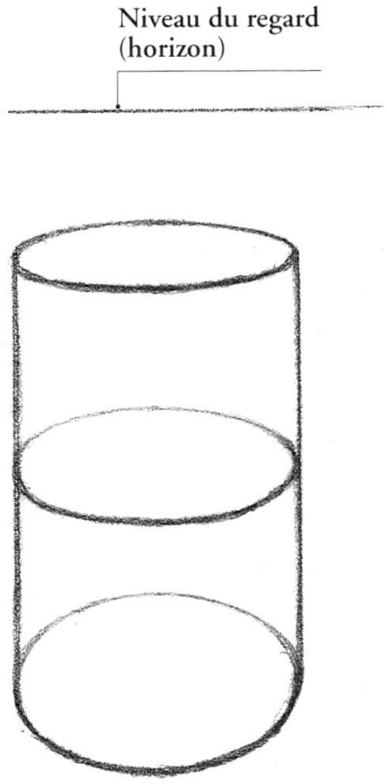

Si le niveau du regard est situé légèrement au-dessus du sommet du cylindre, ce dernier décrit une ellipse relativement aplatie. À mesure que s'abaisse le niveau du regard, l'ellipse devient progressivement plus large et plus ronde.

Servez-vous au contraire de vos yeux et gardez à l'esprit, en observant votre sujet, les points déjà mentionnés.

Lorsque vous aurez assimilé cette question, vous aurez achevé la moitié du travail – en sachant que vous pourrez suivre quelques règles techniques simples pour reporter précisément sur le papier ce que vous voyez. Commencez par dessiner une ligne représentant le niveau de votre regard, qui est également la ligne d'horizon. Toute ligne horizontale du sujet qui n'est pas vue de face et ne coïncide pas avec la ligne d'horizon paraîtra oblique. Toutes les lignes parallèles rejoignent le même point de fuite. En déterminant le point de fuite et en reliant toutes les parallèles de votre sujet de sorte qu'elles convergent vers ce point, toutes les lignes seront tracées selon l'angle correct.

Les valeurs de ton des objets semblent également s'éclaircir en fonction de l'éloignement : ce phénomène, appelé perspective atmosphérique, est probablement plus évident en ce qui concerne les paysages, dans lesquels les distances sont très importantes. Considérez, par exemple, une chaîne de montagnes à l'aube : les sommets les plus proches revêtent une teinte rose ou pourpre sombre, tandis que les plus éloignés sont de tons bleus et gris. Même si vous ne travaillez pas en couleur, ce principe de gradation du ton doit s'appliquer de l'avant-plan vers l'arrière-plan, ne manquez jamais de mettre en œuvre une gamme complète de tons, du noir (ou du gris sombre) au gris clair (ou blanc), en passant par les gris intermédiaires.

Dans le cas d'un sujet complexe, des maisons à flanc de colline, par exemple, où chacune est située à une hauteur différente et orientée selon des directions variables, d'autres considérations entrent en ligne de compte. Vous pourriez consacrer des heures à effectuer le relevé des angles et à prolonger chaque ligne jusqu'à son point de fuite, mais ce serait une erreur que de vous absorber dans les détails techniques au point d'oublier de regarder ce que vous dessinez.

La perspective à deux points de fuite

Nous voyons rarement les objets exactement de face, mais le plus souvent selon différents angles. Si deux faces d'un même objet sont visibles, vous devrez utiliser un système de perspective à deux points de fuite. Chaque face est vue sous un angle différent et possède son propre point de fuite. Les lignes parallèles, qui convergent au point de fuite, sont inclinées selon des angles différents sur les deux faces. En déterminant le point de fuite correspondant à chaque face puis en prolongeant vers eux les parallèles, on obtient l'angle exact.

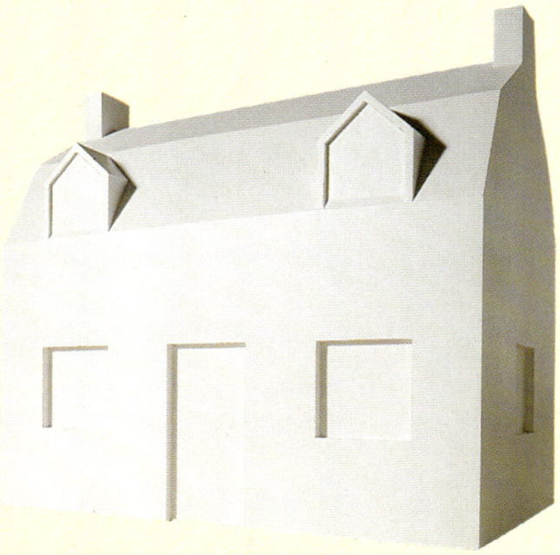

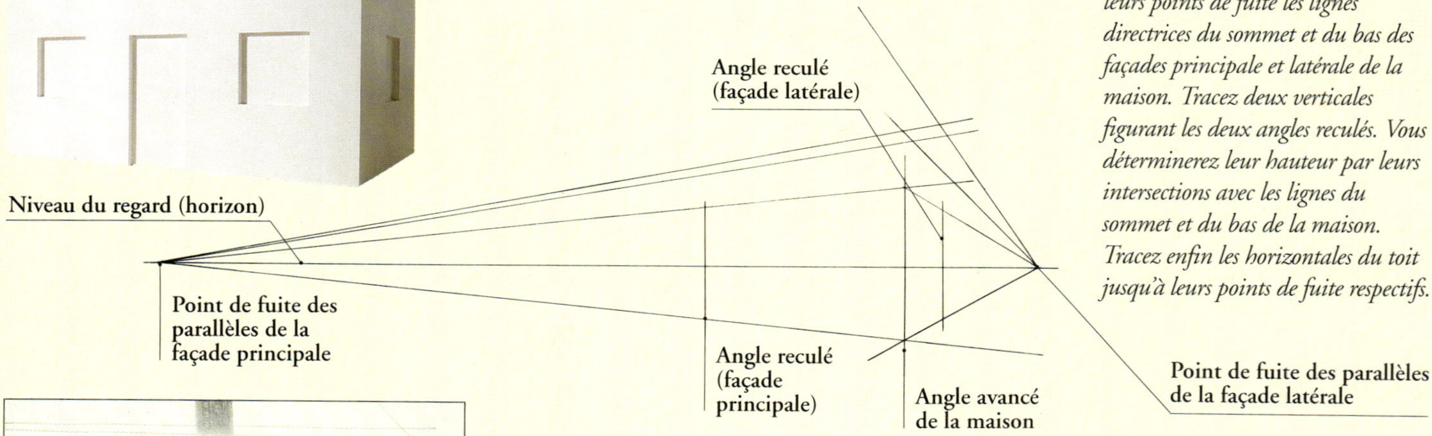

1 *Faites coïncider le niveau de votre regard avec l'horizon. Tracez une verticale perpendiculaire à l'horizon correspondant à l'angle avancé de la maison. Tracez jusqu'à leurs points de fuite les lignes directrices du sommet et du bas des façades principale et latérale de la maison. Tracez deux verticales figurant les deux angles reculés. Vous déterminerez leur hauteur par leurs intersections avec les lignes du sommet et du bas de la maison. Tracez enfin les horizontales du toit jusqu'à leurs points de fuite respectifs.*

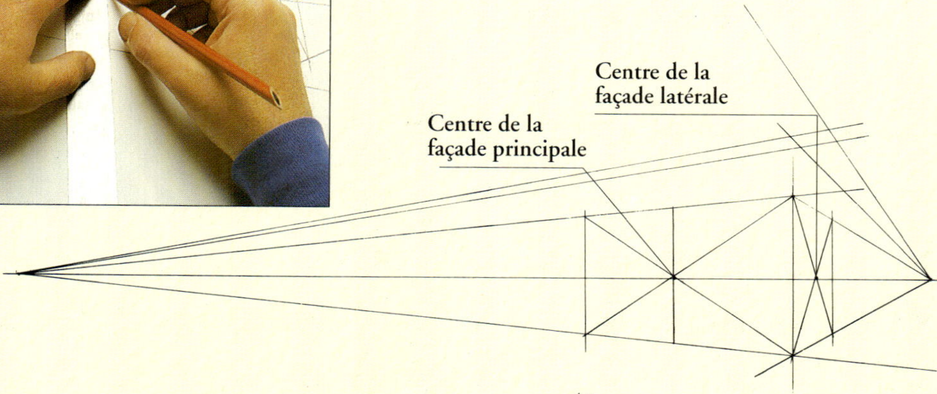

2 *Déterminez le centre des façades en traçant dans chacune deux diagonales : la perpendiculaire passant par les points d'intersection des diagonales indique le centre des façades. La porte et les fenêtres seront dessinées par rapport à cette ligne.*

3 *Tracez deux lignes de part et d'autre de la ligne d'horizon pour déterminer les limites supérieure et inférieure des fenêtres (estimez les hauteurs à la vue plutôt qu'en mesurant). Ces lignes sont parallèles à la façade principale et rejoignent donc le même point de fuite. Déterminez approximativement les diagonales formant les côtés du toit et prolongez les lignes vers leurs points de fuite respectifs.*

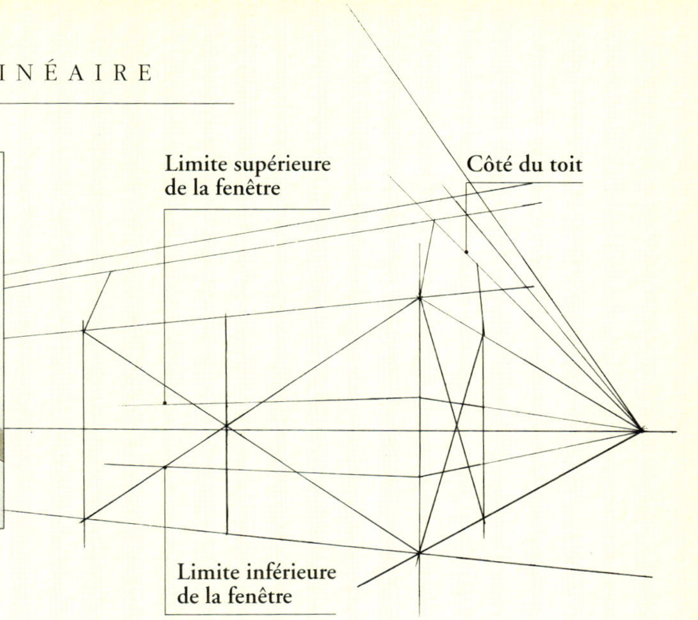

4 *Tracez l'emplacement de la porte et des fenêtres, en vous guidant sur les lignes du toit et la ligne d'horizon. En raison de la diminution de l'échelle (voir p. 40), les deux fenêtres semblent de taille différente.*

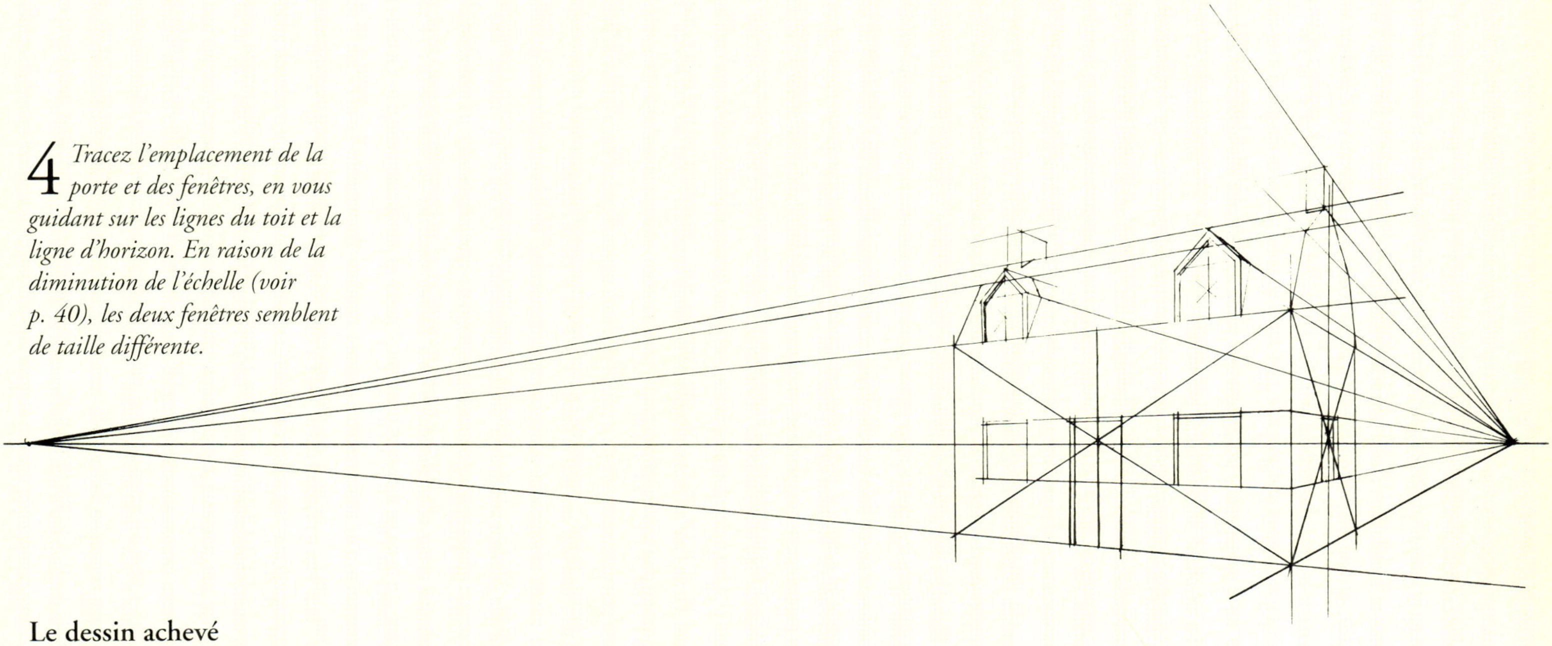

Le dessin achevé

La façade de la maison est en réalité parfaitement rectangulaire. Mais vu en perspective, l'angle le plus éloigné du spectateur semble moins haut que l'angle le plus proche. En vous fondant sur les points de fuite, vous déterminerez l'inclinaison exacte de la ligne reliant les angles supérieurs. La ligne centrale de la façade facilite l'emplacement des éléments, comme la porte qui est positionnée sur cette ligne.

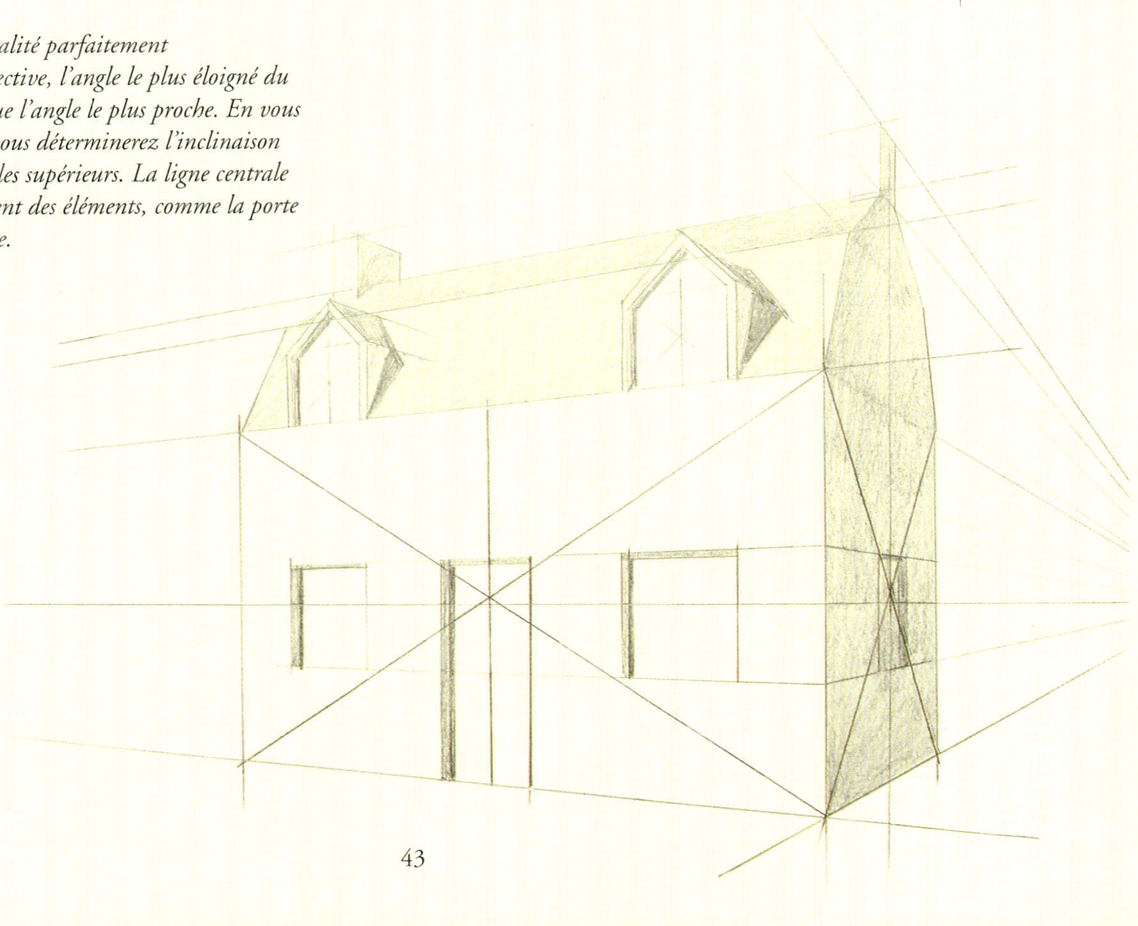

La mise en valeurs

La mise en valeurs permet de donner à l'objet dessiné une apparence de volume. S'il existe d'innombrables façons d'ombrer un dessin – presque autant que d'artistes – certains systèmes sont mieux adaptés à tels besoins particuliers. La méthode la plus simple consiste à varier la pression exercée sur le crayon ou le fusain, afin d'obtenir des traits présentant divers tons de gris. En utilisant des crayons de gradations différentes, vous augmenterez également la gamme des tons (voir p. 14-15). On peut estomper le trait de fusain en le frottant avec le doigt : cette technique est adaptée aux zones relativement importantes où le ton ne doit pas être nécessairement net et précis.

L'ombre classique est une technique élaborée par les grands artistes de la Renaissance au XVe et XVIe siècles en Italie – Michel-Ange et Léonard de Vinci, pour ne citer qu'eux. Elle consiste à tracer une série de lignes parallèles inclinées à environ 45° sur la zone à ombrer. Plus les lignes sont rapprochées, plus dense est l'ombre. On peut varier la densité dans un même dessin en éloignant ou rapprochant ces lignes.

Les contre-hachures sont faites de traits rectilignes entrecroisés : on les obtient ordinairement en traçant une première série de lignes inclinées à 45°, comme dans le cas de l'ombre classique, puis en leur superposant une autre série de lignes perpendiculaires aux premières. On peut également créer des effets intéressants en variant l'angle avec lequel les lignes se croisent, ou en traçant un croisillon de courtes lignes incurvées.

La craie et le crayon Conté sont tous deux bien adaptés à la traduction des ombres. Avec la pointe de la craie ou du crayon, on obtient une ombre linéaire grossière ; pour ombrer de grandes zones, utilisez le flanc du crayon.

Pour créer une ombre au lavis d'encre, déterminez, avant de diluer l'encre, l'intensité souhaitée du lavis. Si celui-ci, en séchant, semble devenir plus clair que prévu, répétez l'opération en appliquant un second lavis sur le premier, soit de la même dilution, soit plus sombre si nécessaire.

Rien n'interdit de combiner des techniques et des instruments de travail différents dans le même dessin. Vous découvrirez vite vos préférences personnelles en expérimentant diverses idées et techniques.

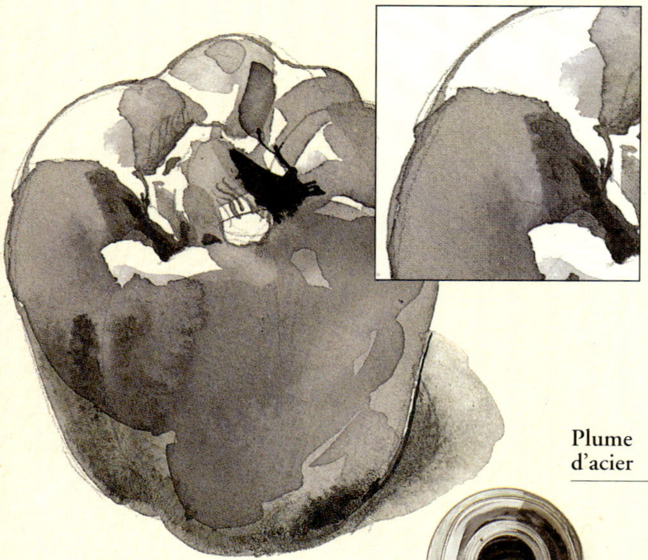

Le lavis à l'encre
Le contour du poivron est dessiné à la plume et à l'encre. Diverses dilutions d'encre sont appliquées au pinceau pour créer des zones d'ombre. Si vous humidifiez au préalable le papier, le contour du lavis sera flou ; sur un papier sec, le contour du lavis sera net.
Médaillon : *Les détails les plus sombres, au niveau de la tige du poivron, ont été figurés à l'encre de Chine noire non diluée.*

Les contre-hachures
Les différentes côtes du melon sont figurées en contre-hachures. La lumière éclairant le fruit est située en haut à gauche : les ombres se trouvent donc à droite, sur la base du melon.
Médaillon : *Les contre-hachures les plus intenses représentent les zones d'ombre les plus sombres sous le melon.*

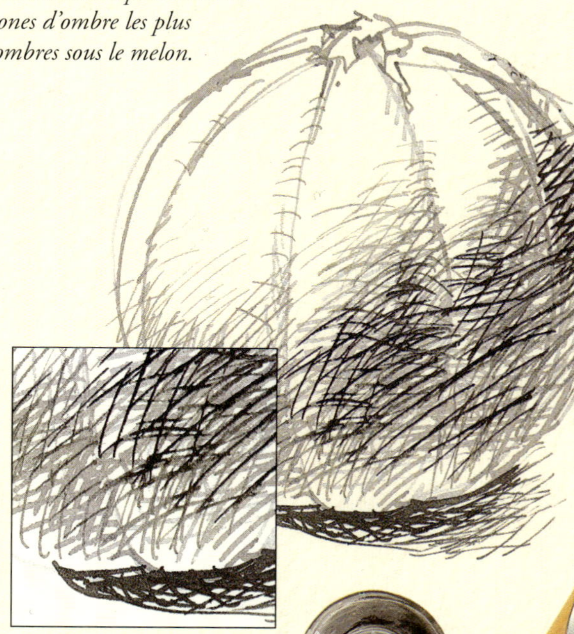

Les hachures

Ici, les hachures incurvées décrivent les courbes du poivron. Seule une moitié de chaque segment de la partie sombre du poivron a été ombrée, ce qui montre que le poivron n'est ni cylindrique ni sphérique, mais constitue une forme plutôt inégale aux segments parfaitement différenciés.
Médaillon : *Les traits de crayon suivent la courbe verticale de chaque segment du poivron, de même qu'ils descendent le long de la tige.*

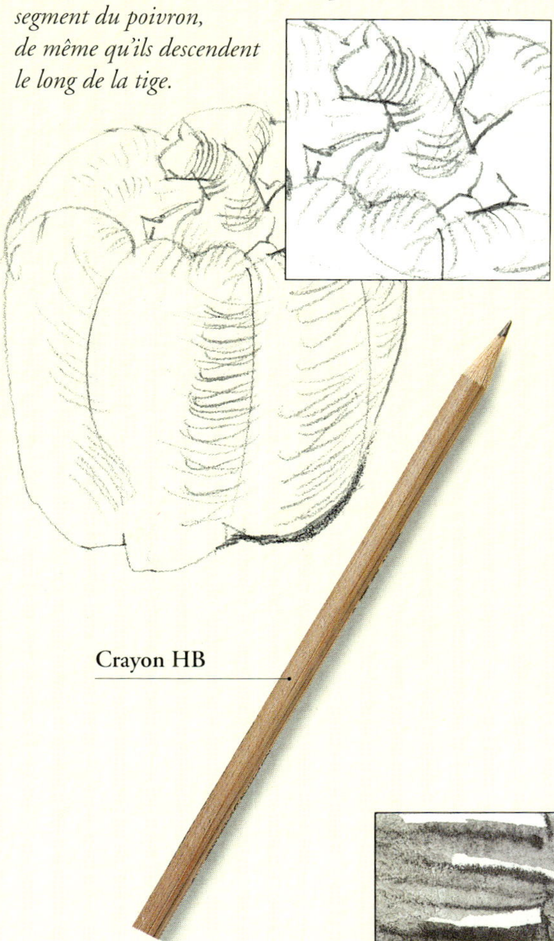

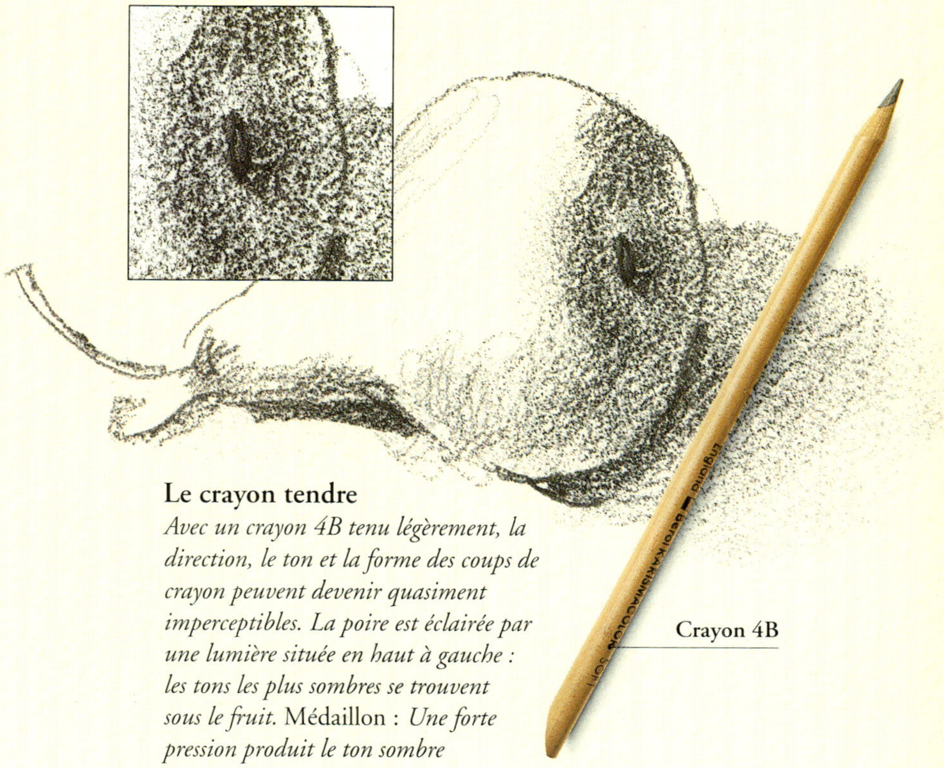

Le crayon tendre

Avec un crayon 4B tenu légèrement, la direction, le ton et la forme des coups de crayon peuvent devenir quasiment imperceptibles. La poire est éclairée par une lumière située en haut à gauche : les tons les plus sombres se trouvent sous le fruit. Médaillon : *Une forte pression produit le ton sombre du stigmate de la poire.*

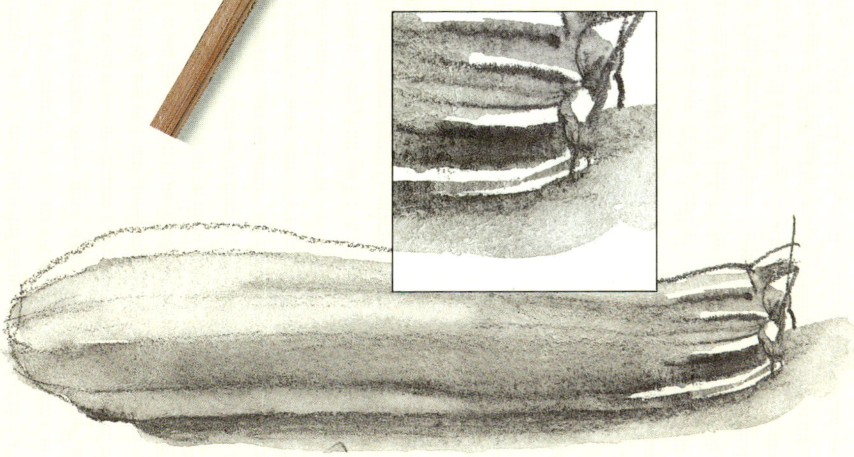

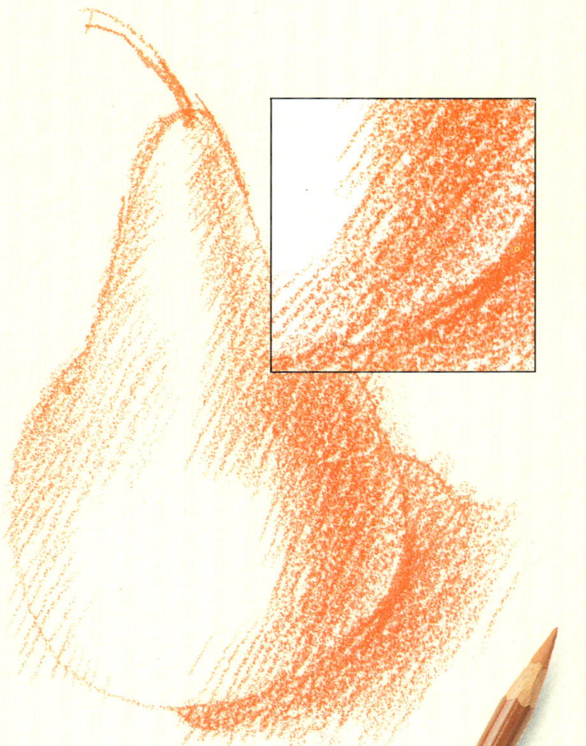

Le lavis au crayon aquarellable

Le crayon aquarellable permet d'obtenir à la fois des lignes nettes et un ton uniforme. Ici, les lignes sont fondues à l'aide d'un pinceau trempé d'eau.
Médaillon : *L'association d'un contour dense et d'un ton uniforme illustre la souplesse de cette technique.*

L'ombre classique

Avec un crayon Conté rouge, la poire est ombrée selon la technique classique. Au centre, les lignes sont plus fines et plus rapprochées entre elles.
Médaillon : *En variant l'intensité du ton, l'on représente la façon dont la lumière frappe le fruit.*

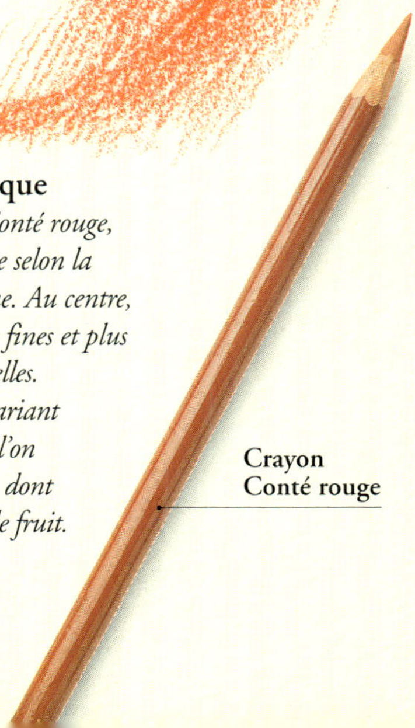

Les formes géométriques simples

La représentation sur une surface plane, à deux dimensions, d'objets massifs, tridimensionnels, est l'un des objectifs premiers du dessin.

Un moyen commode de résoudre cette question consiste à dessiner des volumes géométriques simples, formes élémentaires que l'on retrouve souvent dans les objets même les plus complexes ; lorsque vous maîtriserez le concept de base, vous pourrez aborder des formes et des objets plus difficiles. Un tronc d'arbre, par exemple, peut se comparer à un cylindre, une pomme ou une orange à une sphère, d'autres formes naturelles à un cône, et d'innombrables objets, du bâtiment à la tranche de fromage, à un cube.

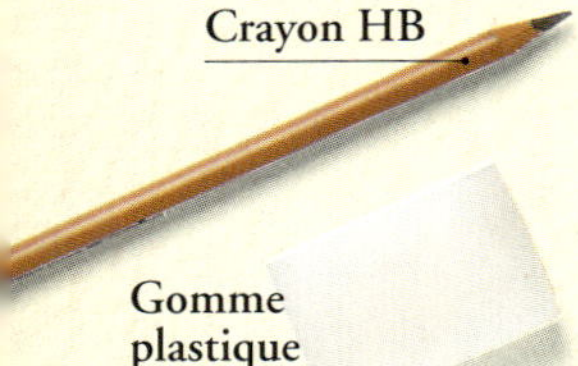

L'astuce consiste à comprendre et interpréter la façon dont la lumière tombe sur le sujet, ce qui permet de créer l'illusion d'objets occupant un espace tridimensionnel.

Si la source lumineuse est par exemple située au-dessus à droite du sujet, la partie supérieure droite de celui-ci est violemment éclairée, tandis que la partie opposée à la source lumineuse est plongée dans l'ombre. Parfois, la lumière principale se prolonge au-delà de l'objet et rebondit sur d'autres objets dans la direction opposée, créant une raie plus claire sur le bord de la face la plus sombre de l'objet. Ce phénomène porte le nom de lumière réfléchie. L'intensité des zones d'ombre est essentielle pour décrire une forme sur le papier ; pour voir plus distinctement les variations de ton, regardez le sujet en conservant les yeux mi-clos.

***Nature morte aux pommes et à la cruche,* Paul Cézanne**
Dans ce magnifique tableau figurant des objets quotidiens, chaque fruit est réduit à sa plus simple expression géométrique, la sphère en l'occurrence.

Lumière et ombre
La source lumineuse est située en haut à droite. Remarquez comment sont éclairées les parties supérieures des objets. Les zones les plus sombres se trouvent à l'opposé de la source lumineuse.

1 Médaillon : *Tenez le crayon par le milieu, en l'équilibrant légèrement entre le pouce et l'index.* Ci-dessus : *Disposez les éléments sur la feuille, en commençant par le premier plan. Veillez à donner assez d'espace à chaque objet.*

2 Médaillon : *Après avoir déterminé l'emplacement de la sphère, esquissez les autres objets.* Ci-dessus : *Esquissez la ligne inférieure du groupe de formes, en la considérant comme une silhouette. Pour dessiner avec précision, observez successivement le sommet, le bas et les faces.*

3 *Au crayon, construisez les tons du cube ainsi que certaines ombres. Souvenez-vous que le ton donne aux solides leur volume, tandis que l'ombre résulte de l'interception par l'objet de la lumière.*

4 *Avec une gomme, estompez avec précaution la surface ombrée pour éclaircir le ton. Cette technique est particulièrement utile dans le cas de formes arrondies.*

5 *La lumière éclaire principalement les zones horizontales : les tons les plus sombres se trouvent sur la face opposée. Les tons intermédiaires décrivent également la forme : la face verticale du cube est traitée en un grisé léger pour parachever le rendu tridimensionnel.*

Le dessin achevé

Les quatre formes élémentaires sont individuellement représentées, tout en étant mises en relation pour constituer un groupe. La lumière, le ton et les ombres concourent à créer une illusion de masse. La ligne supérieure, de la pointe du cône aux arêtes du cube en passant par l'arrondi de la sphère et du cylindre, relie les éléments du groupe.

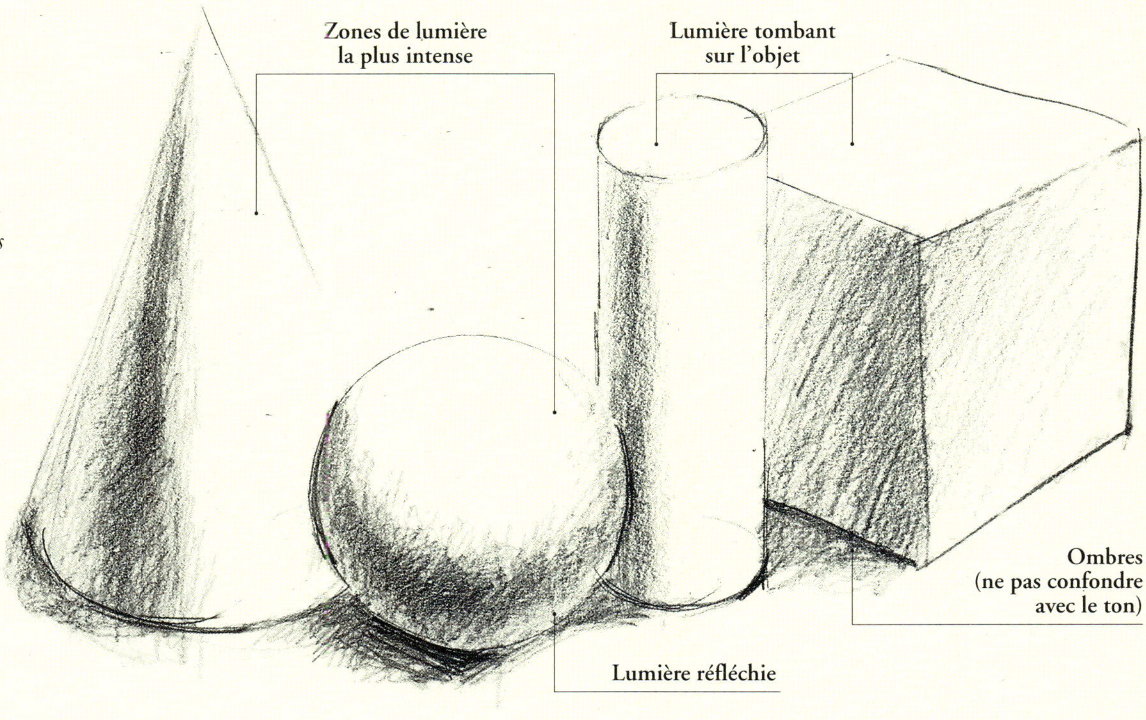

Le dessin de contour

LE DESSIN DE CONTOUR – la représentation d'objets exclusivement à l'aide de lignes dépourvues d'ombrage – est l'une des techniques de dessin les plus raffinées et les plus satisfaisantes. Le dessin de contour se distingue du détourage qui se borne à figurer en deux dimensions la silhouette du sujet. Il peut créer l'illusion du volume et se compose de lignes traversant ou entourant l'objet, comparables aux courbes de niveau d'une carte d'état-major qui décrivent la déclivité des collines et des vallées, et traduisent l'aspect du paysage. Les lignes dessinées figurent les divers « bords » ou « arêtes » – intérieurs et extérieurs – du sujet. En dessinant, imaginez que vous touchez ces bords et laissez courir sur eux votre doigt pour tracer leurs angles et leurs courbes.

La réussite d'un dessin de contour réside dans le « regard » plutôt que dans le tracé concret. Cette technique exercera votre main à interpréter ce que voit votre œil : vous comprendrez alors l'importance des exercices présentés dans le chapitre « L'éducation du regard » (p. 32-33), qui vous auront donné l'habitude d'observer très attentivement votre sujet.

Pour obtenir un effet de volume dans un dessin de contour, variez la qualité et l'épaisseur de la ligne en modifiant la pression exercée sur le crayon. En utilisant des crayons de diverses gradations – tendres (B à 10B), moyens (HB), durs (H à 6H) et très durs (7H à 10H) – vous obtiendrez des dessins d'une grande richesse d'exécution, capables de traduire le volume de l'objet, mais aussi de suggérer la couleur. Chaque gradation de crayon transmet sa propre « couleur », du gris au noir, en passant par une infinité de nuances.

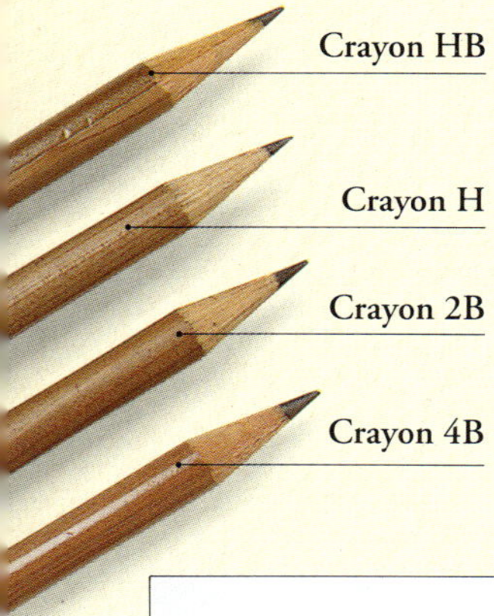

Une petite modification du point de vue peut se traduire par une différence bien plus importante que prévue sur le dessin. Un exercice intéressant consiste à travailler lentement autour du sujet : exécutez un premier dessin de contour, puis déplacez-vous d'environ 30 cm vers la gauche ou la droite, et réalisez un autre dessin de contour sur la même feuille ; le résultat peut se comparer à une représentation en coupe du sujet.

La composition
Cette nature morte, apparemment élémentaire, se compose de différents objets, et principalement d'un groupe de champignons.

Leurs formes doucement arrondies contrastent agréablement avec celles du plat, plus nettes et brillantes ; celui-ci est à son tour mis en valeur par les plis souples et le motif du linge à carreaux.

1 *Avec un crayon H tenu souplement, esquissez les principaux contours. Veillez à inclure les lignes de liaison du linge, de l'ellipse du plat et des champignons.*

2 *Commencez à dessiner les détails. Utilisez un crayon 4B pour obtenir une ligne sombre contrastant avec les lignes claires du crayon H. Pour dessiner l'intérieur du chapeau des champignons, inclinez la mine du crayon 4B sur le flanc et tracez les lamelles dans la même direction.*

3 *La fourchette requiert une attention toute particulière. Utilisez un crayon HB pour la partie claire, et un crayon 4B pour son ombre. Alternez ces deux crayons pour obtenir une impression de volume.*

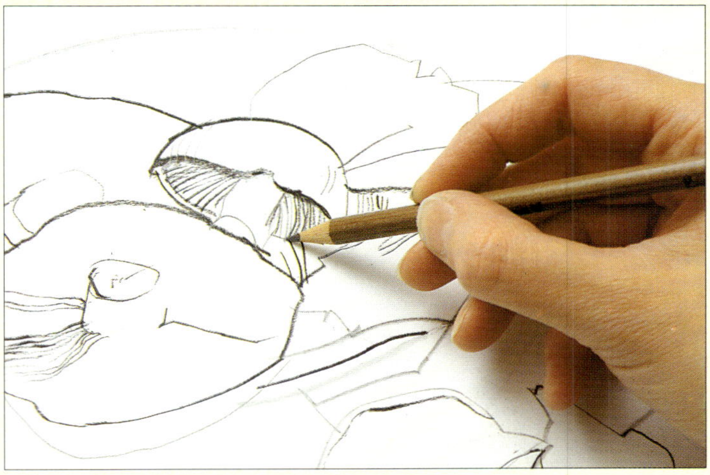

4 *Utilisez un crayon 2B pour dessiner la texture finement détaillée de l'intérieur des chapeaux. Avec des crayons de diverses gradations, vous pouvez varier l'épaisseur et la noirceur du trait, sans modifier la pression sur la mine.*

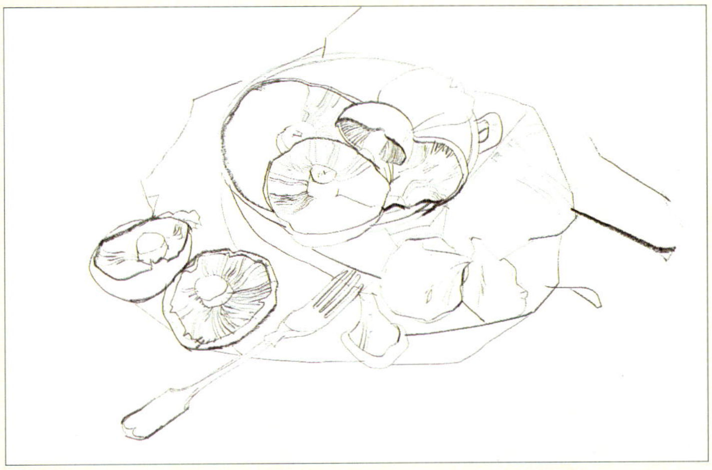

5 *En travaillant avec de nombreux crayons, vous pouvez créer une texture complexe de lignes, ce qui renforce la profondeur du dessin. Les lignes d'ombre isolent les objets en les détachant du fond, tandis que les traits plus fins des champignons et du linge bien éclairés produisent un effet de relief et une texture attrayante.*

6 *Au crayon HB, tracez la ligne délicate de la section du champignon du milieu, et au crayon H le quadrillage du linge. Détaillez à peine le linge qui ne doit pas détourner l'attention du plat et des champignons.*

Le dessin achevé
Ce travail illustre les qualités du dessin de contour. Les lignes – courtes et puissantes, longues et délicates – se combinent pour décrire le sujet de manière attrayante. À l'intérieur des lignes dessinant le bord des différents objets, d'autres lignes figurent les détails. Des tons gris sombres contrastent avec les gris clairs des crayons plus durs. Chaque détail contribue à suggérer tons et textures tout en préservant l'effet de relief.

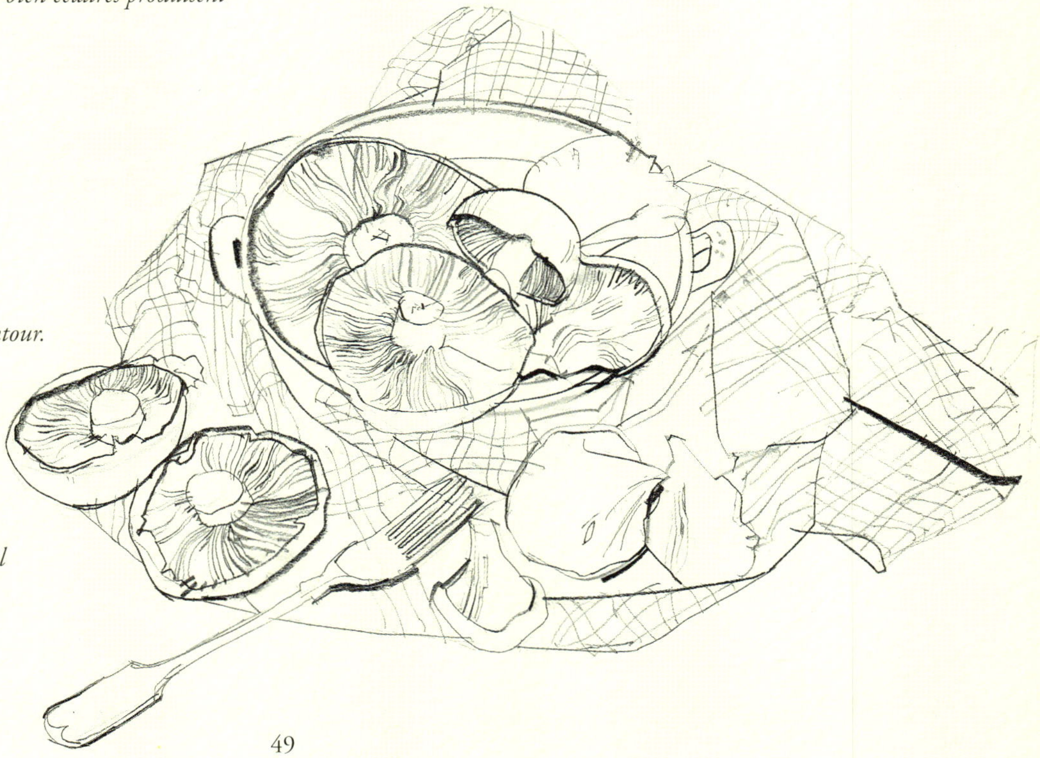

Le dessin à la gomme

Cette technique utilise la gomme exactement de la même manière qu'un crayon ou tout autre instrument de dessin, à la différence que les traits sont effacés, et non ajoutés, en cherchant les zones à éclaircir et non celles à ombrer, et en modulant à la gomme les tons sombres pour obtenir des tons plus clairs ou le blanc pur.

Le crayon, le fusain et la poudre de graphite - tout instrument de dessin dont le trait peut être effacé à la gomme - se prêtent à cette technique. Il est en revanche difficile d'effacer le trait des crayons très durs (7H à 10H), et impossible de gommer celui du pastel ou de la craie qui s'étale trop facilement ; il est cependant possible d'atténuer le trait d'un crayon aquarellable, sans toutefois l'effacer complètement. Cette technique donne de meilleurs résultats sur un papier lisse : sur un papier à très gros grain, le graphite de la mine s'incruste dans les grenures de la surface, ce qui ne permet pas d'effacer de manière uniforme les marques du crayon.

On distingue deux types de gommes : la gomme mie de pain et la gomme plastique. Très tendre et malléable, la gomme mie de pain peut se modeler en toutes formes souhaitables : elle se façonne même en pointe, ce qui permet d'effacer très minutieusement les traits de crayon ou de fusain. La gomme plastique, plus dure, est généralement utilisée pour « nettoyer » les bords du dessin et pour renforcer la netteté du contour.

Comme pour les techniques d'ombrage (voir p. 44-45), variez les coups de gomme. Si ceux-ci sont effectués en une direction uniforme, votre dessin paraîtra aussi statique que plat. Modifiez l'angle de la gomme, ou gommez en lignes perpendiculaires les unes par rapport aux autres, ce qui permet notamment d'obtenir une lumière pommelée.

Le dessin à la gomme est plus particulièrement adapté aux sujets présentant des zones sombres et des zones claires puissamment contrastées - des intérieurs ou des natures mortes éclairés de manière spectaculaire, par exemple - ainsi qu'au rendu d'objets métalliques sur lesquels l'on souhaite suggérer par des rehauts des reflets très lumineux.

Il est bien sûr possible de dessiner les rehauts à la gouache blanche ou au crayon Conté, mais ceux-ci sembleront souvent trop présents, comme rajoutés après coup. La gomme offre l'avantage de les intégrer dans l'image dès le début, tout en conservant la possibilité de recommencer le travail, en ajoutant ou en gommant de nouvelles marques de crayon jusqu'à obtenir un rehaut satisfaisant.

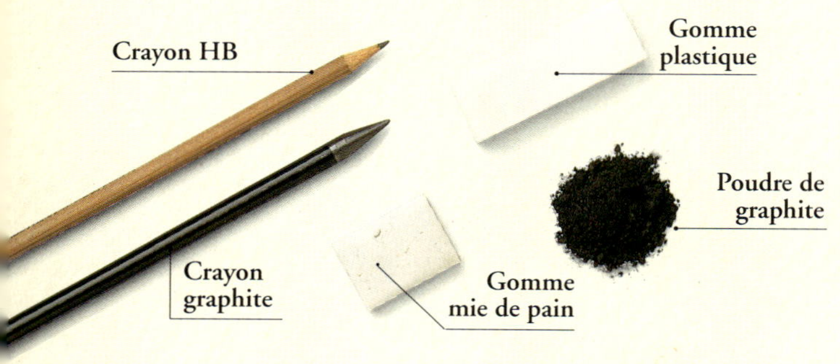

La composition
Cette composition présente un contraste suffisant pour être intéressante. Le long manche vertical de la poêle s'oppose à la barre de métal horizontale. Les passoires, légèrement inclinées, créent des angles attrayants ainsi qu'une impression de profondeur qui contraste avec le fond plat de la poêle.

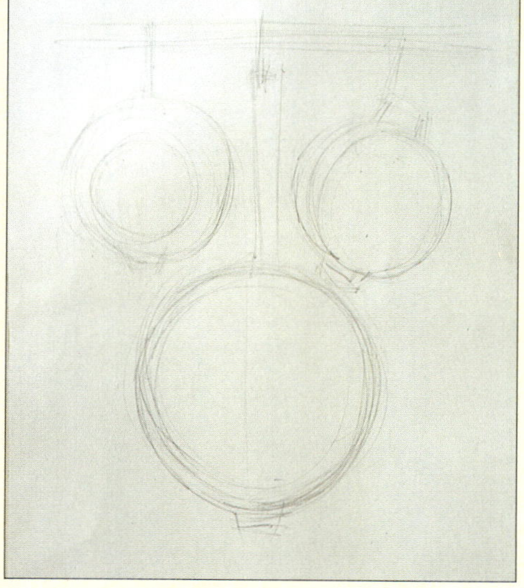

1 *Au crayon HB, esquissez les contours. Respectez précisément les espaces entre les éléments, qui contribuent à l'équilibre général de la composition, et représentez soigneusement les angles des crochets ainsi que les ellipses des passoires.*

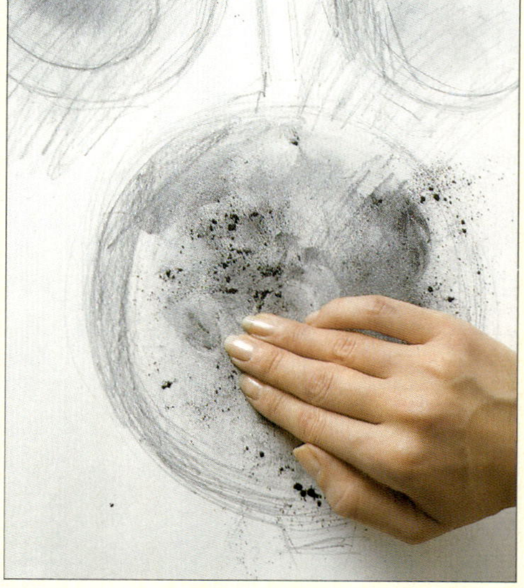

2 *Ombrez légèrement le fond des passoires pour consolider les formes. Avec les doigts, frottez précautionneusement la poudre de graphite sur le fond sombre de la poêle. N'essayez pas d'obtenir un ton uniforme – si nécessaire, vous pourrez renforcer plus tard le ton. Époussetez l'excédent de poudre.*

3 Frottez la poudre de graphite sur les zones les plus sombres, puis ombrez les deux passoires. Au crayon graphite, renforcez le manche de la poêle, les crochets, les ellipses des passoires et la barre de métal horizontale.

4 Au crayon graphite, dessinez les perçages des manches et des passoires. Tracez les reflets en effaçant la poudre de graphite à l'aide d'une gomme mie de pain, en variant la direction des coups de gomme.

5 Nettoyez les bords des ustensiles et le mur avec une gomme plastique qui efface proprement les traits.

Le dessin achevé

Loin de constituer une reproduction mécanique du sujet, ce dessin est aussi intéressant que vivant. Les rehauts (reflets) obtenus en effaçant la poudre de graphite et en laissant vierges certaines zones du papier traduisent l'aspect métallique des ustensiles. Les gommes ont été utilisées comme un crayon dans le cas d'un ombrage « aléatoire » (voir p. 44-45) : les lignes courent dans des directions différentes, animent le dessin et suggèrent les variations incessantes du jeu de la lumière et de l'ombre.

L'utilisation de la lumière

L'ART DU DESSIN repose entièrement sur la vision – sans lumière, l'on ne voit rien. La lumière contribue également à éclaircir et préciser les objets dessinés : il est impératif d'apprendre à l'exploiter, en utilisant notamment les ombres portées des objets pour créer un effet de volume.

Il faut tout d'abord se rappeler qu'à la différence de la lumière artificielle, la lumière naturelle (celle du soleil) n'est pas constante, que ses qualités dépendent notamment des conditions climatiques. Par temps gris et nuageux, par exemple, tout semble sombre, maussade, plus plat ; par une belle journée d'été, en revanche, les couleurs semblent plus intenses, tout paraît plus net et précis.

La lumière naturelle varie également selon l'heure de la journée, laquelle influence les couleurs. Des montagnes enneigées sont d'un blanc étincelant sous le soleil de midi, puis revêtent maintes nuances de rose au couchant. Vous devez penser à la couleur de la lumière même si vous dessinez à l'encre noire ou au crayon graphite, car les tons changent aussi selon l'heure. Ce qui est encore plus important pour l'artiste, c'est que l'angle de la lumière se modifie à mesure que le soleil décrit sa course dans le ciel. À midi, il est à son zénith : les ombres sont courtes ; à l'aube ou en fin d'après-midi, le soleil est bas sur l'horizon : les ombres sont allongées et obliques. Vous découvrirez qu'un dessin exécuté à midi ou au crépuscule évoque des atmosphères très différentes. Consignez dans un carnet de croquis (voir p. 26-27) les lumières intéressantes, en précisant l'heure de la journée et les conditions climatiques, afin d'apprendre à prévoir les incidences de la lumière sur le sujet.

***High Noon*, Edward Hopper**
L'atmosphère étrange de ce tableau représentant une modeste maison de bardeaux est créée par l'éclairage inhabituel. Les ombres tracent de puissantes diagonales sur la façade, et la lumière violente donne une intensité particulière aux couleurs. La vue frontale de cette façade plate en renforce le caractère abstrait et lointain.

La direction de la lumière

La direction de la lumière (qui dépend, à l'extérieur, de l'heure de la journée) détermine l'atmosphère du dessin. Réfléchissez à cette question avant de commencer votre travail, puis cherchez ou installez des conditions d'éclairage qui produiront l'effet souhaité.

L'éclairage latéral

Si la source lumineuse se trouve à côté du sujet, la lumière rasante met en valeur textures et détails, créant ainsi un intéressant effet dramatique. Notez dans cet exemple la forme attrayante de l'ombre projetée.

L'éclairage à contre-jour

Un éclairage situé derrière le sujet crée une atmosphère paisible. La façade est de loin moins détaillée et son ton se fond dans celui de l'ombre projetée pour créer une forme puissante, essentielle de la composition générale du dessin.

L'heure de la journée

La lumière du matin

La source lumineuse est située vers la partie supérieure gauche de l'image, un peu en retrait du gratte-ciel. Ce dernier revêt par conséquent l'aspect d'une silhouette. Les éléments de la colline et de la rue sont précisément dessinés, mais rien n'est trop détaillé, pour ne pas détourner l'attention de la composition conçue comme un tout. La façade du bâtiment au premier plan n'est pas éclairée : elle est donc traitée en un ton plus sombre que le reste de l'image. La lumière douce et diffuse crée une atmosphère paisible évoquant le calme du petit matin.

La lumière de fin d'après-midi

La même scène est traitée selon le même point de vue, mais la lumière provient cette fois-ci de la droite. Les façades du bâtiment au premier plan et du gratte-ciel sont violemment éclairées, frontalement plutôt que latéralement, ce qui explique pourquoi peu de détails sont visibles. L'impression de volume résulte du contraste entre les façades en pleine lumière et les côtés plongés dans l'ombre, ce qu'accentue l'éclairage cru. Les conditions climatiques sont également plus dramatiques : le ciel sombre se fond avec les ombres des bâtiments, créant une atmosphère changeante. Les nuages poussés par le vent contrastent de manière dynamique avec la masse des bâtiments.

Le corps humain

Le corps humain peut se comparer à une machine merveilleusement organisée, capable d'effectuer un très grand nombre de mouvements et d'actions. Pour le dessiner correctement, il est nécessaire de posséder quelques notions concernant sa conformation : cela ne signifie pas que vous devrez vous plonger dans l'étude détaillée de l'anatomie, mais du moins vous familiariser avec ses proportions de base. En mettant en œuvre quelques notions simples visant à faciliter la représentation du corps humain - nu ou vêtu - vous serez plus libre de vous consacrer à la ressemblance.

Depuis plus de 2 500 ans, les artistes étudient les proportions et les dimensions du corps humain. Léonard de Vinci précise dans son *Traité de la peinture* que les artistes de la Renaissance, risquant maladies et infections, fréquentaient les hôpitaux et les morgues pour y découvrir les secrets de l'anatomie humaine, car toute bonne représentation de la figure humaine repose sur l'intelligence de sa conformation.

Le mannequin pour artiste, en bois, offre des services inestimables : il peut imiter toutes les postures et les positions du corps humain, et vous découvrirez vite toute la gamme des mouvements et des équilibres propres à l'homme en réglant les articulations de la tête, du tronc et des membres. Le mannequin est utile pour l'étude du raccourci (voir p. 146-147) et du corps en mouvement (voir p. 130-133). À l'époque, les peintres utilisaient des mannequins vêtus grandeur nature afin d'épargner aux modèles vivants la torture de longues séances de pose, l'artiste ne consacrant alors qu'un nombre restreint de séances à la tête et aux mains.

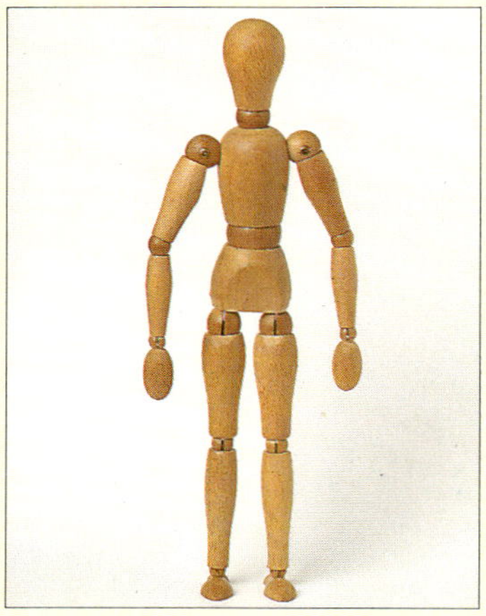

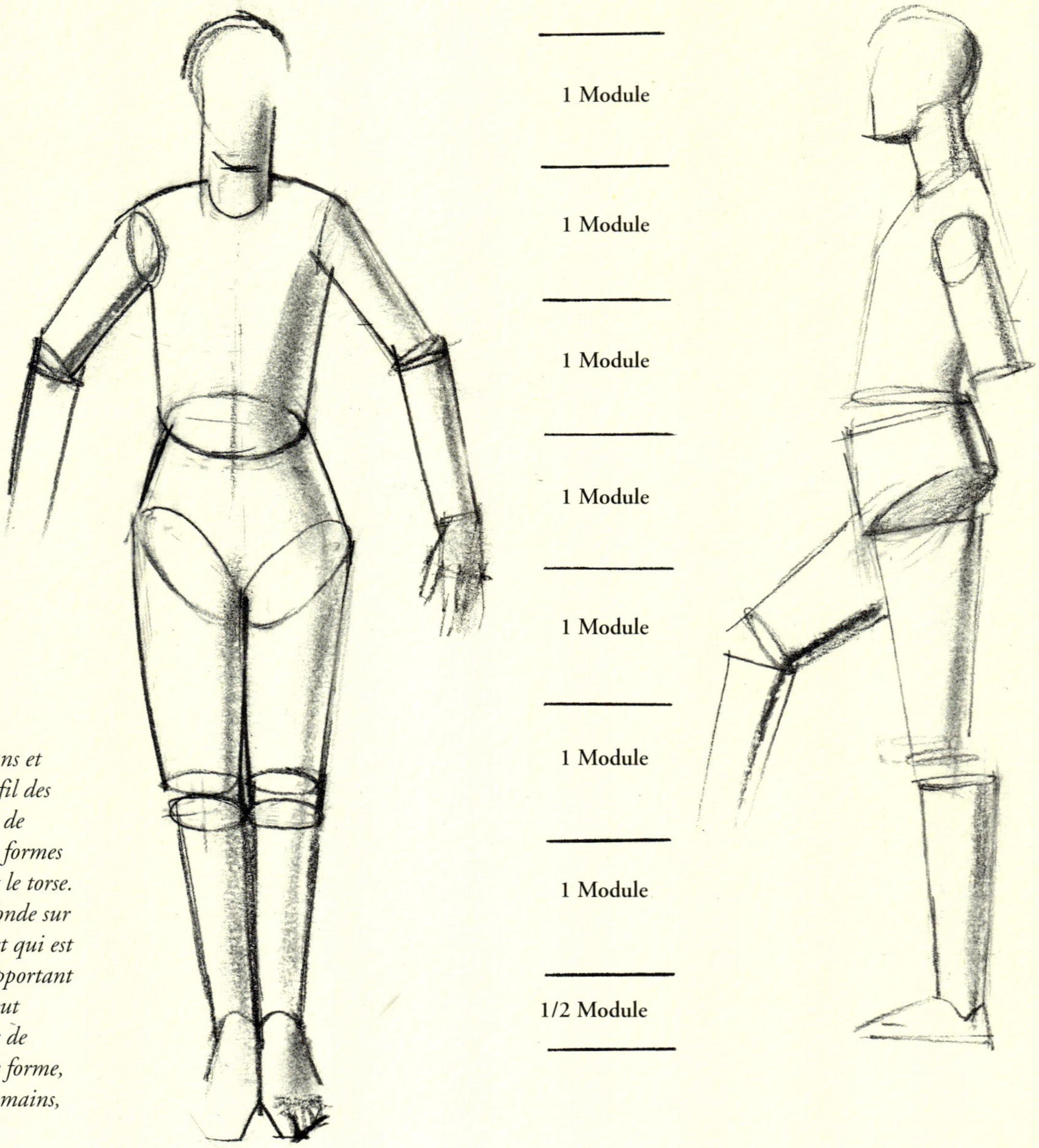

Le module

Le corps humain peut s'analyser en plans et cylindres sphériques. On a inventé au fil des siècles maints procédés pour le dessiner de manière convaincante, en utilisant ces formes pour représenter les membres, la tête et le torse. Le système en vigueur de nos jours se fonde sur une unité de mesure appelée module, et qui est égale aux dimensions de la tête. En rapportant ce module à l'ensemble du corps, on peut s'assurer de l'exactitude des proportions de l'esquisse, avant d'ajouter les détails de forme, tels que le galbe de la musculature, les mains, les pieds et les traits du visage.

1 *Élaborez d'abord la structure de base du personnage, en formes cylindriques et sphériques. Dessinez le torse en cylindre légèrement cintré, fuselé au niveau de la jonction avec la région pelvienne. Le bassin, également cylindrique, se rétrécit vers le haut.*

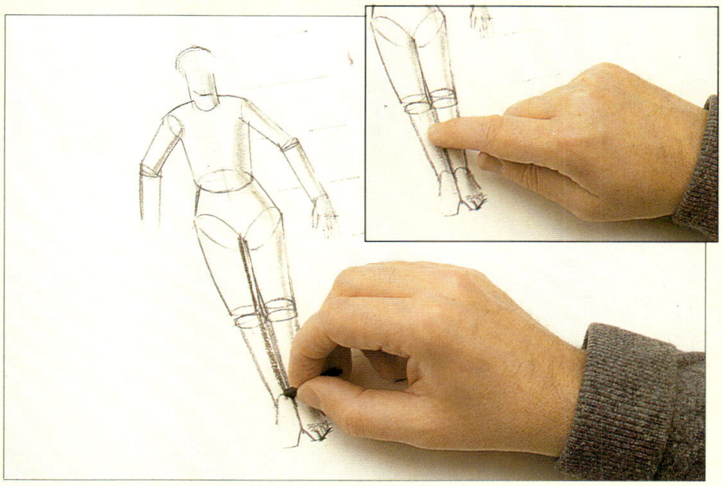

2 *Dessinez cuisses, jambes et bras en traits gras. Veillez à les dessiner symétriquement, comme s'il s'agissait d'une coupe. Vérifiez les formes elliptiques.* Médaillon : *Pour suggérer la source lumineuse (voir p. 52-53), construisez un ton au fusain puis estompez-le en le frottant avec le doigt.*

3 *Avec une règle, divisez le personnage en modules (dimensions de la tête). Les proportions structurelles de l'homme et de la femme ne varient guère. Les différences sont plus prononcées chez l'enfant : la longueur du bras par rapport à la jambe et à la tête varie avec l'âge.*

4 *On peut également marquer les divisions en modules sur un morceau de papier. Ici, les proportions sont reportées sur un profil. Appliquez les règles élémentaires de structure et d'équilibre. Chaque partie du corps doit être déterminée en fonction de l'ensemble du personnage.*

5 *Le profil du même personnage obéit à des règles identiques. Notez les points de jonction des cylindres modifiés au niveau du torse, des hanches, des cuisses et des jambes. L'angle du cou est particulièrement important : supportant le poids de la tête, il s'incline vers l'avant.*

6 *Après avoir vérifié l'exactitude des proportions, donnez du volume au personnage en l'ombrant au fusain, puis en estompant légèrement les marques avec le doigt.*

Varier la pose

L'ÉQUILIBRE ET LA DIVERSITÉ des mouvements des membres font partie intégrante de la représentation du personnage. Il vous sera profitable de travailler avec un mannequin d'artiste, car celui-ci est muni d'articulations quasi identiques à celles de l'homme (taille, hanches, épaules et cou), offrant une grande diversité de postures. Imaginez toutes les poses ou actions possibles, debout, assis, penché, donnant un coup de pied ou dansant. Exagérez d'abord la pose avant de redonner au mannequin une attitude plus réaliste et équilibrée, pour créer une impression de vigueur et de mouvement difficile à obtenir en copiant simplement une pose conventionnelle et guindée. Ce mannequin permet également de déterminer une composition pour laquelle on fera plus tard appel à un modèle humain.

Prenez le temps de réfléchir au choix de l'instrument de dessin. Même si le sujet demeure identique - un mannequin articulé en bois - chaque technique se traduira par un effet différent : un dessin à la craie suggérera la souplesse, tandis qu'un crayon dur exprimera la rigidité mécanique d'un robot.

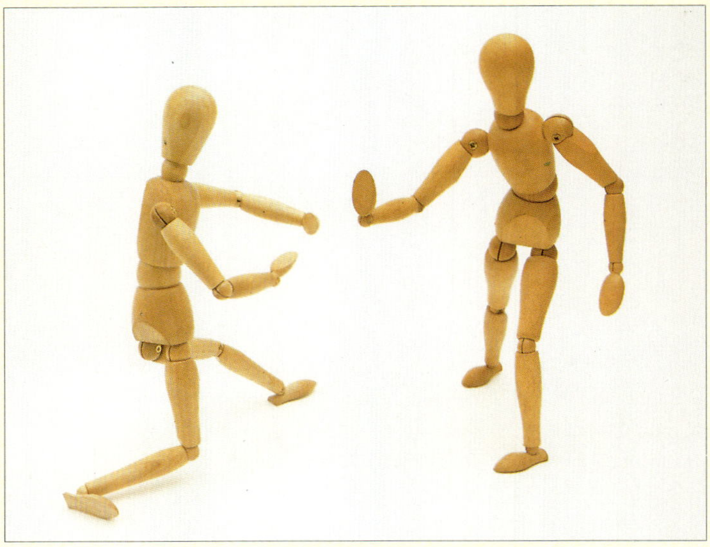

La disposition des mannequins
Efforcez-vous de rendre intéressants les espaces laissés entre les personnages. La réussite d'une pose dépend souvent de l'aspect de ces espaces « négatifs ».

Technique mixte
La figure de gauche est dessinée à l'encre et à la plume, les tons et les ombres sont construits à l'encre diluée, et les articulations tracées à la gouache blanche. L'allure du personnage de droite donne sa vigueur au dessin. Des traits de crayon, de craie, et des touches de gouache blanche, diluée ou non, décrivent les formes. Le lavis à l'encre crée un fond en demi-ton. Les corrections apportées aux lignes sont incorporées dans l'ensemble.

L'équilibre de la pose

L'équilibre de ce personnage en train de courir est crucial : la tête est inclinée en avant, au-dessus de la poitrine et du bassin ; le jeté des bras contrebalance celui des jambes. Un grisé de poussière de fusain crée le ton du papier.

À la plume et à l'encre brune

La plume et l'encre brune créent une atmosphère différente de l'encre noire. Les articulations sont soigneusement dessinées sur la base d'ellipses (voir p. 41). Des contre-hachures – un entrecroisement dense de lignes fines – déterminent le ton.

Au crayon dur

Cette pose classique, où le poids du corps est soutenu par une jambe, tandis que l'autre jambe équilibre le personnage, est dessinée au crayon HB.

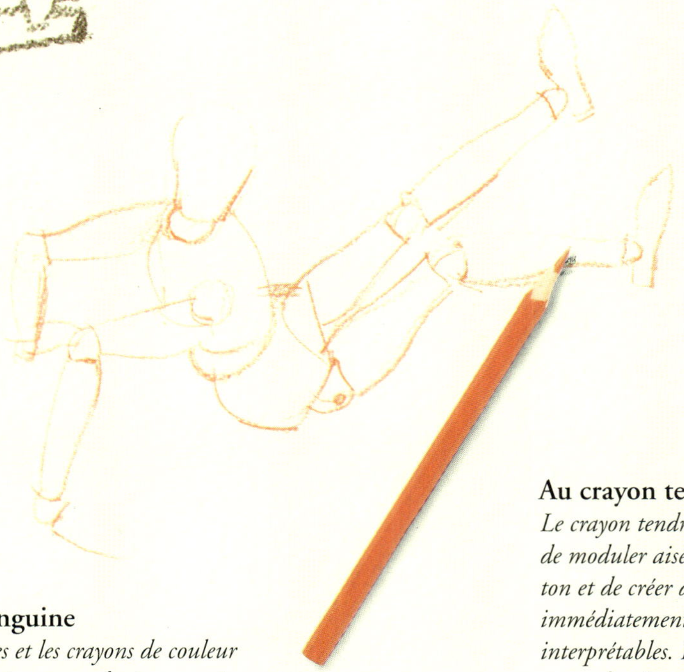

À la sanguine

Les craies et les crayons de couleur peuvent égayer un dessin au trait. Cette pose, qu'un être humain ne pourrait tenir que quelques instants, est dessinée à la sanguine.

Au crayon tendre

Le crayon tendre permet de moduler aisément le ton et de créer des formes immédiatement interprétables. La source lumineuse – située en haut à gauche – détermine les ombres portées des zones sombres.

Les points de vue : vue aérienne

L'ON A TROP SOUVENT TENDANCE, en dessinant, à regarder droit devant soi, et ainsi à voir le sujet de face, alors qu'il est également possible d'observer le sujet par au-dessus ou par en dessous. L'aspect des objets varie en fonction de l'angle de vue : pour vous en convaincre, effectuez l'expérience suivante.

Placez une tasse de café à demi-pleine à proximité du rebord d'une table, et observez-la d'en haut. Vous constaterez que le bord de la tasse décrit un cercle englobant un cercle plus petit (le café). L'anse forme une ligne droite perpendiculaire au bord de la tasse, et le volume principal de la tasse apparaît comme une masse plongée dans l'ombre sous les cercles. Ensuite, accroupissez-vous afin que votre point de vue soit situé légèrement au-dessus du bord de la tasse. Celui-ci prend l'aspect d'une ellipse allongée ; le café n'est pas visible. Les profils de la tasse et de l'anse sont apparents. Enfin, asseyez-vous par terre et regardez la table vers le haut, en contre-plongée. Le profil de la tasse est toujours bien dessiné, mais montre une légère distorsion. L'intérieur de la tasse n'est pas visible, et son bord décrit une courbe plane.

Les artistes ont progressivement appris, au fil des siècles, à utiliser différents angles de vue pour créer des atmosphères et des effets particuliers. Un angle « normal », correspondant au point de vue d'une personne de taille moyenne, permet d'obtenir des images ordinaires, simples et descriptives.

Le point de vue en hauteur isole les uns des autres les différents éléments de la scène observée. Le peintre flamand du XVIe siècle Bruegel l'Ancien pratiquait souvent la « vue aérienne » qui lui permettait d'individualiser les éléments de la composition et de décrire les caractéristiques de chacun.

Dans les scènes complexes dessinées à partir d'un point de vue très bas, les différents éléments tendent à se chevaucher. Cette approche est souvent adoptée dans les tableaux historiques ou de bataille. *Le Radeau de la Méduse* de Géricault, inspiré d'un naufrage ayant eu lieu en 1816, illustre à merveille les effets saisissants du point de vue en contre-plongée.

En visitant un musée, efforcez-vous d'imaginer à quoi ressembleraient les tableaux que vous y voyez si l'artiste avait adopté un point de vue de hauteur différente. Puis mettez en œuvre la même technique dans votre propre travail.

La composition
Cette double page montre une configuration identique de mannequins, dessinée selon les trois points de vue, normal, aérien et en contre-plongée, illustrant les modifications induites par les variations de la hauteur du point de vue.

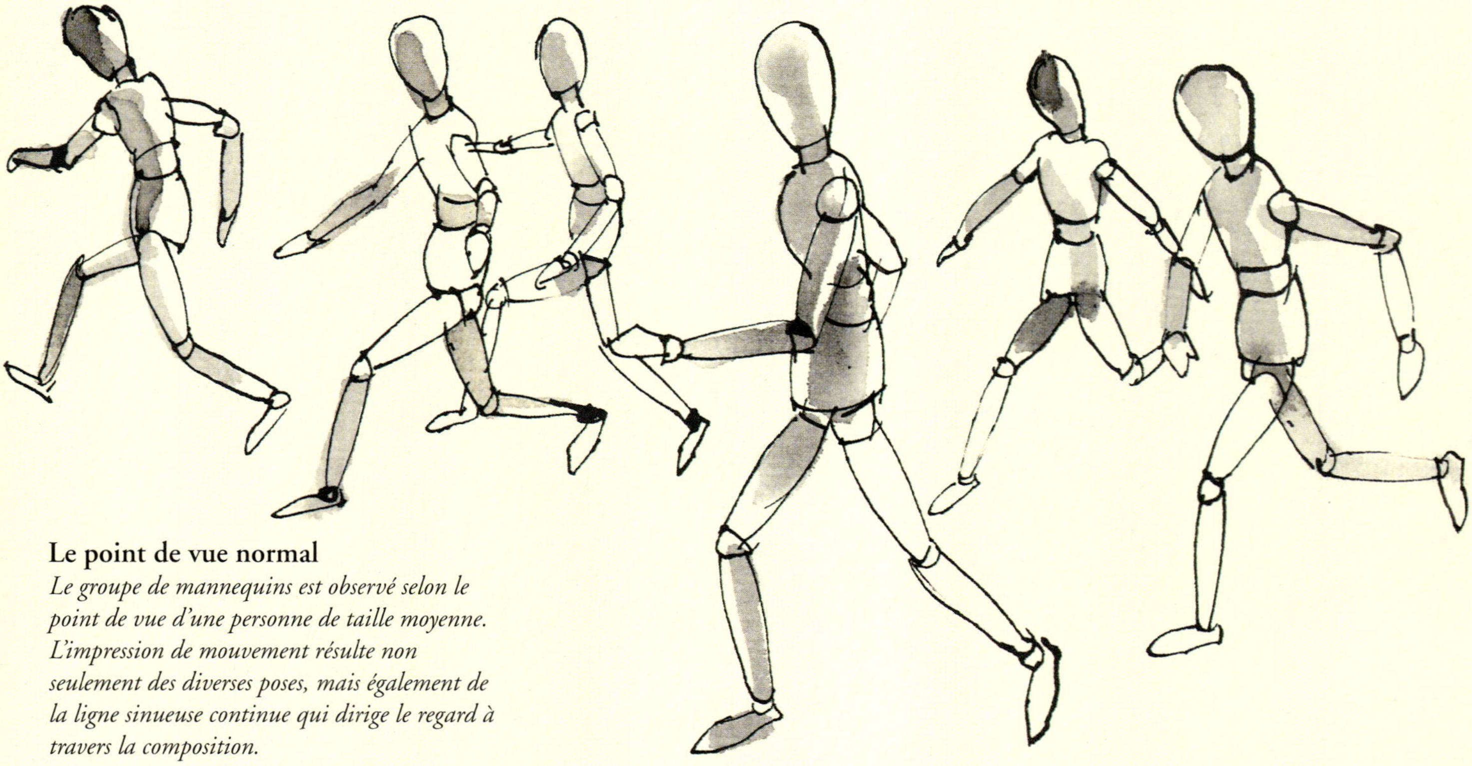

Le point de vue normal
Le groupe de mannequins est observé selon le point de vue d'une personne de taille moyenne. L'impression de mouvement résulte non seulement des diverses poses, mais également de la ligne sinueuse continue qui dirige le regard à travers la composition.

Le point de vue aérien
Un angle de vue élevé tend à isoler les objets les uns des autres, ce qui permet d'intervenir sur les espaces intermédiaires. Ceux-ci sont essentiels : un vide trop important ou trop exigu peut détruire l'équilibre de la composition. Tenez compte de ce point en déterminant la disposition des objets.

Le point de vue en contre-plongée
Un angle de vue très bas crée un spectaculaire changement d'échelle et de puissantes diagonales dirigeant le regard à travers l'image. Un tel procédé crée un sentiment d'urgence dans une composition à figures. Remarquez les regroupements de personnages autour de la figure située à l'écart, qui doivent contribuer à l'intérêt et au contraste de la composition.

Le dessin de la tête

En abordant le dessin de la tête, vous devrez d'abord penser en termes de formes élémentaires, comme pour tout dessin de personnage (voir p. 54-55). La tête n'est pas ronde, mais ovoïde. Esquissez d'abord cette forme, puis tracez une ligne du menton jusqu'au sommet de la tête passant entre les yeux. Les traits du visage sont symétriques : cette verticale vous aidera à vérifier l'exactitude de leur emplacement.

Tracez sur la largeur du visage une série de lignes horizontales correspondant à l'angle des yeux, au sommet et à la base du nez, ainsi qu'aux commissures des lèvres, qui serviront également à vérifier en cours de travail le bon emplacement des traits du visage. Ces lignes permettent en outre de déterminer la position des oreilles : en général, l'angle de l'œil est aligné sur le sommet du pavillon, et la base du nez avec le lobe. La distance entre ces lignes dépend de la perspective selon laquelle l'on regarde la tête. Si celle-ci est penchée en arrière par rapport à l'observateur, les traits du visage semblent se rapprocher entre eux ; si elle penche vers l'observateur, le nez paraît plus long. Pour déterminer les dimensions exactes des traits du visage, utilisez l'un des systèmes de mesure exposés en pages 36-39.

Une autre méthode de vérification de l'emplacement des traits du visage consiste à tracer une ligne horizontale entre les angles extérieurs de chaque œil, et deux lignes obliques descendant de ces angles jusqu'au milieu du menton, ce qui forme un triangle qui doit contenir tous les traits du visage. Cette méthode permet de vérifier que la bouche n'est pas trop large, ou que le menton n'est pas trop éloigné des yeux ou du nez.

L'emplacement des traits du visage

Après avoir dessiné la forme élémentaire de la tête, esquissez une ligne partant du centre du front jusqu'à la base du menton. Dessinez les traits du visage symétriquement par rapport au nez. Ne commettez pas l'erreur de placer les yeux trop haut sur le front : en réalité, ils se trouvent au milieu de la hauteur du visage. Laissez un espace suffisant entre les yeux, environ la largeur d'un œil.

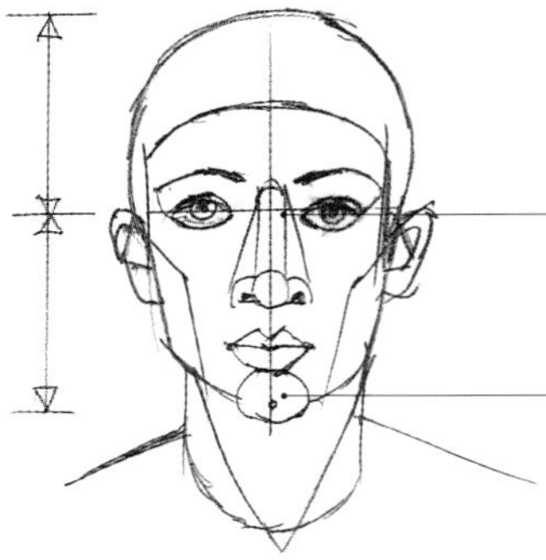

Le nez est à peu près cylindrique.

Le menton peut être dessiné en ellipse.

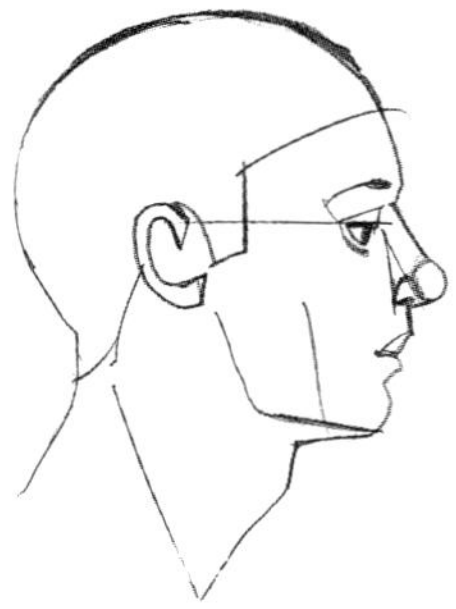

La pointe de l'oreille est située à la hauteur de l'angle de l'œil, et le lobe au niveau de la base du nez.

Vue de face
Ce point de vue est fréquemment utilisé dans le portrait. Le visage étant vu de face, la symétrie des traits, tous contenus dans un triangle renversé, est manifeste. Les zones d'ombre, sous les yeux, le nez et la bouche, suggèrent le volume, de même que le ton construit sur le côté du visage.

Vue de trois quarts face
La tête tournée légèrement sur le côté offre une pose plus vivante que la vue de face, assez plate. Veillez à ne pas dessiner un nez trop saillant, ni une bouche trop large. Guidez-vous sur les lignes de repère horizontales et verticales, et appliquez les lois de la perspective (voir p. 40-43).

La tête de l'homme et de la femme

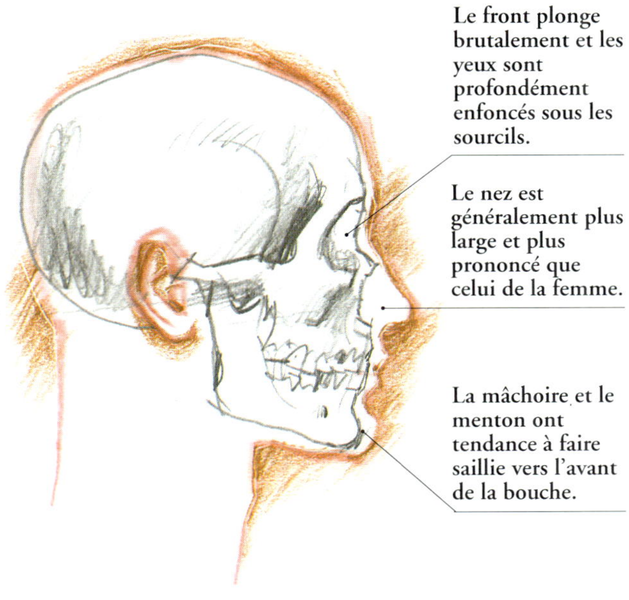

Tête d'homme

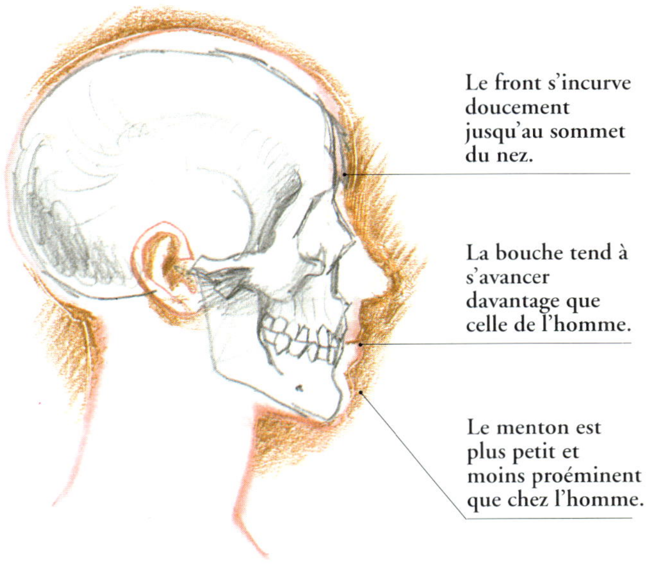

Tête de femme

Vue de profil

Les traits du visage occupent une zone relativement restreinte ; la chevelure recouvrant le crâne occupe la plus grande partie de l'image. La tête est légèrement inclinée vers l'avant : remarquez l'angle du cou par rapport aux épaules. Tracez des lignes de repère pour faciliter la disposition des traits du visage. Remarquez la position de l'oreille, de l'œil et du nez.

Vue de trois-quarts arrière

Cette vue sert souvent à guider le regard du spectateur dans une composition complexe. Ici, l'accent est mis sur le cou soutenant la tête et la chevelure recouvrant le crâne. L'angle de l'oreille sur le côté du visage doit être correct. L'oreille est approximativement alignée avec l'angle de l'œil et la base du nez.

La tête est une forme très lourde soutenue par le cou et les épaules : vos dessins devront nécessairement en traduire l'articulation, car rien n'est plus déconcertant que de voir une tête « flotter » dans le vide, sans appui visible. Il est souvent utile de dessiner d'abord les épaules, base sur laquelle reposent à la fois le cou et la tête, afin de déterminer la position du cou par rapport à celles-ci. Le cou est une forme cylindrique s'élevant sur les épaules selon un certain angle que vous devrez observer soigneusement : ce cylindre n'est pas vertical, mais légèrement incliné vers l'avant. Observez ensuite l'angle de la tête par rapport au cou : remarquez comment un petit déplacement de la tête modifie également l'angle du cou.

Après avoir déterminé les formes élémentaires de la tête ainsi que l'emplacement des traits du visage, observez les ombres. La lumière, naturelle ou artificielle, provient généralement d'en haut et crée le plus souvent des zones d'ombre – sous les sourcils, le nez, les lèvres supérieure et inférieure, et le menton – que vous exploiterez pour donner du volume à vos dessins.

Enfin, vous vous consacrerez aux détails, aux traits du visage et aux particularités qui différencient une personne d'une autre.

L'éclairage en contre-plongée

Un exercice technique très utile consiste à adopter un éclairage inhabituel : ici, le sujet est éclairé par en dessous. Vous devrez l'observer plus attentivement pour déterminer l'emplacement des zones d'ombre. Dans le portrait, ce type d'éclairage crée une atmosphère inquiétante qu'exploitent souvent les films d'horreur.

Crayon HB

Gomme mie de pain

L'éclairage traditionnel

La lumière provient généralement d'en haut : elle crée des zones d'ombre sous les sourcils, le nez, les lèvres supérieure et inférieure, et le menton.

1 *Au crayon HB, esquissez les contours du visage, de la tête et des épaules, puis tracez des lignes de repère, verticalement au centre du visage et horizontalement sur la largeur, celles-ci vous aideront à placer les traits du visage.*

2 *Commencez à construire les tons pour donner sa densité à la forme générale de la tête : procédez graduellement sur l'ensemble du visage, plutôt que d'assombrir complètement une zone avant de passer à la suivante.*

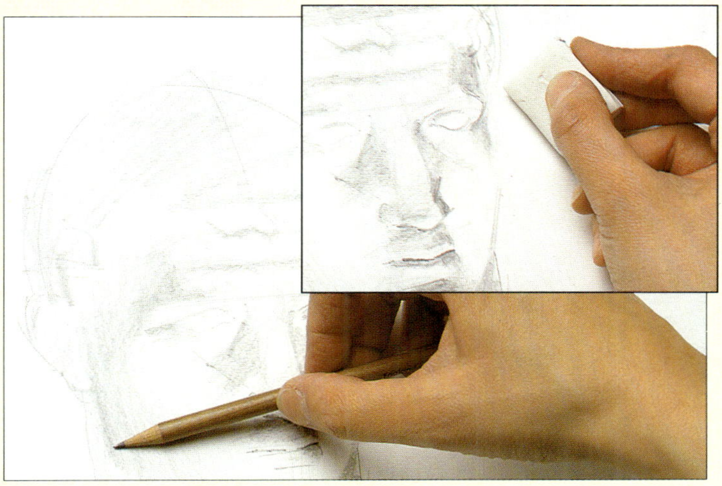

3 Pour construire de grandes zones de ton, sur le front, le sommet de la chevelure et les côtés du visage, travaillez avec le flanc de la mine plutôt qu'avec la pointe.

4 Ajoutez des valeurs sur la partie gauche de la tête, derrière l'oreille. Utilisez la pointe de la mine, plutôt que le flanc, pour construire les petites zones sombres autour du nez et des autres détails.

5 Foncez progressivement les tonalités sur l'ensemble du portait pour obtenir la densité souhaitée. Avec la pointe de la mine, et en variant la pression, assombrissez et détaillez le ton là où vous le jugerez nécessaire.

Le dessin achevé

La puissante impression sculpturale que laisse ce dessin résulte du soin apporté à la construction des ombres. Celles-ci sont tracées dans des directions différentes, en suivant la forme de la tête, du visage et du cou. Ces traits guident le regard en un mouvement circulaire autour du dessin jusqu'au point de convergence, les yeux.

La préparation d'un fond coloré

Il faut accorder toute son importance à la couleur du papier sur lequel l'on dessine, car celui-ci ne constitue pas seulement un support, mais également le fond de votre dessin et influence ainsi l'impression générale.

Pour teinter un fond à l'aquarelle, tendez sur la planche à dessin une feuille de papier pour aquarelle, pressée à chaud ou à froid. Avec une éponge ou un chiffon trempé d'eau pure, humidifiez toute la surface du papier. Mélangez l'aquarelle dans un bol en céramique ou en métal. Chargez l'éponge de peinture. En commençant par le bord supérieur de la feuille, passez l'éponge sur le papier, en bandes horizontales ; en inclinant légèrement la planche à dessin vers vous, vous pourrez appliquer le lavis de manière plus uniforme. Répétez l'opération jusqu'au bord inférieur de la feuille, en veillant à ce que chaque nouvelle bande de couleur se fonde parfaitement dans celle qui la précède. Ne cherchez jamais à revenir en arrière ni à corriger des zones mal exécutées : les petits défauts disparaissent souvent en séchant. L'aquarelle humide est toujours plus sombre : elle s'éclaircit en séchant, et pourra être diluée davantage sur le papier.

Pour teinter un fond au fusain, travaillez sur une feuille de papier préalablement tendue, pressée à chaud, ou tout autre papier lisse. Utilisez un bâton de fusain suffisamment épais, permettant une prise ferme : par une série de légers frottements, effectués avec la largeur du fusain plutôt qu'avec la pointe, couvrez toute la surface du papier. Il s'agit d'obtenir un demi-ton uniforme, assez sombre et assez clair pour que les blancs et les noirs appliqués ensuite soient visibles.

La préparation d'un fond aquarellé

1 *Tendez le papier humide et laissez-le sécher (voir p. 23). Humidifiez la surface à l'aide d'une éponge végétale ou synthétique.* Médaillon : *Diluez à l'eau l'aquarelle choisie pour obtenir une consistance crémeuse. Préparez assez de couleur pour couvrir toute la surface du papier.*

2 *Chargez l'éponge de couleur, sans excès. Appliquez une première bande de lavis au sommet de la feuille. Veillez à ne pas tacher la feuille sous la bande. Revenez au bord et tracez la deuxième bande de couleur. Répétez l'opération sur toute la surface du papier.*

3 *Laissez sécher complètement. Le fond teinté doit être assez clair pour que le dessin final soit parfaitement visible, et assez sombre pour laisser transparaître le blanc du papier : choisissez un ton intermédiaire, comme la terre verte ou la terre de Sienne.*

La préparation d'un fond teinté au fusain

Bâton de fusain

1 *Couvrez la surface du papier pressé à chaud d'une fine couche gris sombre de poussière de fusain, à l'aide d'un bâton de fusain tenu en largeur. Vous pouvez également utiliser du fusain compressé, fait de poudre de fusain, en le frottant avec les doigts sur le papier.*

2 *Recouvrez uniformément le papier, en larges traits de fusain. Frottez la poussière de fusain jusque dans les angles, en travaillant en même temps sur toute la surface de la feuille pour obtenir un fond homogène.*

3 *Frottez la poussière de fusain avec les doigts pour la faire pénétrer dans la surface du papier et épuiser l'excédent ; éliminez la poussière superflue en soufflant dessus ou en secouant la feuille.*

4 *Le fond est désormais recouvert d'un ton intermédiaire. Comme dans le cas des fonds colorés, la tonalité est capitale : les traits sombres, jusqu'au noir, les blancs et les gris clairs du futur dessin doivent demeurer visibles.*

5 *Le fond obtenu n'est pas parfaitement uniforme. En outre, il n'est pas toujours nécessaire de teinter toute la feuille : l'exécution de certains sujets bénéficiera parfois de zones de ton plus petites laissant partiellement visible le blanc de la feuille.*

L'exemple des maîtres

L'ENSEIGNEMENT traditionnel des beaux-arts comporte depuis des siècles l'imitation des chefs-d'œuvre des plus grands artistes. C'est un moyen commode pour tenter de comprendre un peintre que l'on admire - pourquoi et comment a-t-il choisi ce point de vue particulier, tracé telles lignes ou utilisé telles couleurs ? La seule observation d'une œuvre ne permet pas toujours de discerner d'emblée là où la ligne devient plus épaisse, plus fine, plus angulaire ou plus souple ; en imitant l'œuvre, vous accroîtrez vos capacités d'analyse, et serez en mesure de la questionner plus précisément. Vous apprendrez également à reproduire une plus grande variété de traits, ce qui complétera votre répertoire de techniques ; paradoxalement, en étudiant les œuvres d'autres artistes, vous pourrez découvrir de nouvelles façons de travailler ainsi que des méthodes plus personnelles.

En examinant une œuvre que vous admirez, essayez d'abord d'imaginer comment l'artiste a commencé son dessin. Esquissez ensuite les formes principales en observant les proportions relatives des différents éléments : l'examen des espaces intermédiaires vous aidera à les reproduire plus précisément. S'il s'agit d'un dessin complexe et si vous travaillez d'après un livre ou une carte postale, faites une photocopie de l'œuvre et superposez-lui une grille pour effectuer une mise au carreau qui vous permettra d'obtenir les proportions exactes (voir p. 38-39).

Le dessin
Cette étude préparatoire que caractérisent des points et des traits abrupts, est typique du travail de Van Gogh à la plume et à l'encre.

Le tableau exécuté d'après le dessin

Van Gogh a peint ce tableau d'après le dessin exécuté la veille. Ce n'est pas une copie exacte : certains éléments de la chambre ont été modifiés ou omis.

Rappelez-vous qu'un dessin préparatoire constitue davantage une aide qu'une infrastructure rigide, et qu'il doit vous permettre de clarifier vos idées relatives à la composition et aux techniques qui lui seraient adaptées. C'est un exercice analogue à la lecture d'un paragraphe d'un livre que l'on paraphraserait ensuite plutôt que de l'imiter mot à mot.

Le portrait de la mère de Van Gogh accroché dans le dessin au-dessus du lit a été remplacé dans le tableau par un paysage.

La chaise a été avancée en face de la porte – Van Gogh estimait manifestement que trop d'objets encombraient la partie supérieure gauche de l'image.

Le chapeau a été retiré de la patère située derrière le chevet, et les vêtements ont été traités de façon plus discrète.

Le plancher a été incliné légèrement vers l'avant, pour paraître plus oblique, et l'entrecroisement des lattes a été simplifié.

Les instruments de travail du maître
L'utilisation d'une technique identique à celle de l'œuvre d'origine vous aidera à en transmettre plus authentiquement l'esprit. Mais l'emploi d'instruments différents pourra également se révéler avantageux et produire des résultats intéressants. N'hésitez pas à expérimenter – après tout, il s'agit de votre « copie ».

1 *La plume de bambou se caractérise par sa souplesse : en exerçant une pression ferme, on obtient des lignes sombres et riches, et en relâchant la pression, des lignes plus fines et plus claires.*

2 *La plume d'oie peut tracer des lignes à la fois épaisses et fines : travaillez avec la pointe pour obtenir une ligne fine, et tournez-la sur le côté pour épaissir le trait. Le couvre-lit et le motif du sol sont décrits en traits courts.*

Le dessin achevé
À l'aide de ce dessin, on a tenté de pénétrer la pensée de Van Gogh et de comprendre sa façon d'aborder le sujet. Des traits de plume, abrupts et assez grossiers, caractérisent son travail ; la même technique a été utilisée ici pour donner au dessin une impression de puissance et d'énergie.

Les sujets

Les natures mortes simples

Depuis toujours, la nature morte est l'un des sujets les plus populaires de la peinture. Les fresquistes romains étaient passés maîtres dans l'art de dépeindre les objets de leur temps, ustensiles de cuisine, fleurs et autres fruits. Depuis, le thème de la nature morte a captivé des peintres comme Vélasquez et Chardin, et a joué un rôle essentiel dans l'œuvre de Cézanne et de Fantin-Latour, pour ne citer qu'eux. Les peintres hollandais du XVIIe siècle ont exécuté d'innombrables tableaux de fruits, de légumes et de fleurs minutieusement observés. En fait, on accordait souvent une grande importance aux modestes sujets de nature morte représentés à l'arrière-plan de scènes d'intérieurs. La précision de Vermeer était telle que nombre de ses peintures de genre peuvent s'analyser en termes de natures mortes avec personnages.

Un sujet de nature morte ne demande pas de longues recherches : n'importe quels objets, ustensiles de cuisine ou bibelots, pourront constituer une composition intéressante. Fantin-Latour peignait des tableaux de tasse et de soucoupe, William Nicholson figurait quelques champignons et Cézanne une corbeille de pommes. Les objets choisis ne sont qu'un point de départ : coloris, tons et formes concourent à ce que votre crayon ou votre pinceau puissent créer une image. En choisissant délibérément des objets dans une gamme de couleurs assorties (telle variété de rouges ou de bleus, par exemple), vous pourrez créer une atmosphère harmonieuse, ou bien une scène contrastée, non seulement par le choix des couleurs des objets, mais aussi par le jeu de leurs dimensions et de leurs textures respectives : un grand vase posé à côté de cerises ou de raisins, par exemple.

1 *Esquissez les lignes structurelles du dessin. Déterminez très précisément les formes de base. Dans cette composition, l'ellipse (l'ovale) de la jatte en céramique est capitale. L'ellipse est un cercle vu en perspective (voir p. 40-41).*

2 *Continuez à construire les structures de base du dessin. Les objets doivent être situés en relation les uns par rapport aux autres et disposés naturellement dans la jatte.*

Crayons de couleur

La composition

Quelques légumes dans une jatte en céramique blanche : la rondeur des courges est équilibrée par les puissantes diagonales des poireaux. La table de cuisine offre un fond riche et velouté.

3 *Construisez les formes avec des crayons de couleur tendres : ce dessin doit conserver un aspect crayonné. Chaque ligne doit guider le regard autour des formes et décrire leur densité. Variez les tons, et exploitez les couleurs en utilisant des nuances chaudes et froides ; chaque couleur se reflète dans l'objet le plus proche.*

4 *Pour donner sa densité à l'image en deux dimensions, les poireaux ont une forme cylindrique. La lumière provenant de la gauche crée une grande zone de ton clair. La zone sombre située de l'autre côté crée l'impression de volume. Les couleurs chaudes semblent s'avancer hors de l'image, tandis que les couleurs froides semblent s'enfoncer vers l'arrière.*

5 *Travaillez l'ensemble du dessin plutôt qu'un élément après l'autre. Ne vous fiez pas uniquement aux couleurs toutes faites, mais associez des traits de diverses couleurs pour obtenir vos nuances personnelles.*

6 *Rapportez chaque objet à son équivalent géométrique, en vous servant des ombres pour suggérer les formes secondaires. Au crayon tendre, renforcez certaines ombres les plus intenses des zones de détails. Ne surchargez pas le dessin qui risquerait sinon, une fois achevé, de paraître laborieux.*

Le dessin achevé

Les zones claires et sombres ainsi que les lumières réfléchies décrivant les masses sont renforcées par ce type de dessin au trait. Le diagramme ci-dessous montre comment des formes géométriques élémentaires – cylindre, sphère et cône – peuvent constituer le point de départ du dessin (voir p. 46-47).

Nature morte et technique mixte

Nombre de grands artistes ont su créer d'admirables natures mortes à partir de modestes objets domestiques, tels des légumes sur une table de cuisine. Les objets sont en général choisis pour narrer une « histoire » dans l'espace pictural – légumes et autres aliments sont par exemple figurés avec les casseroles dans lesquelles ils vont cuire ; un journal intime est représenté à côté d'une plume d'oie.

Recherchez des objets offrant des contrastes d'échelle et de forme ; considérez-les d'abord comme des formes géométriques simples (voir p. 46-47), ce qui vous permettra d'examiner comment elles s'agencent sur le papier en tant qu'images tridimensionnelles. Recherchez également des contrastes de texture intéressants.

Déplacez les objets les uns par rapport aux autres pour obtenir une composition satisfaisante. Chevauchez-les légèrement, pour créer un lien visuel et thématique, sans exagérer, ce qui risquerait de créer un enchevêtrement confus de formes. La silhouette générale de la composition est également importante : l'œil doit être guidé à travers et autour du groupe pour découvrir les relations réciproques des éléments.

L'éclairage est un point crucial. Les zones ombrées et les ombres longues contribuent de manière décisive à l'atmosphère générale du dessin. Vous pourrez renforcer l'éclairage avec une lampe de bureau judicieusement placée ; elle ne sera pas nécessairement incluse dans le dessin – exploitez simplement sa lumière.

Réfléchissez maintenant à la technique de dessin que vous souhaitez utiliser. À l'évidence, le choix dépend dans une large mesure du sujet : des traits détaillés à la plume et à l'encre conviendront à tel sujet, tandis qu'un autre demandera un crayonné de fusain ou de crayon tendre.

Ne commencez pas à dessiner avec une idée préconçue de ce que vous allez faire : vous pourrez en fait améliorer votre travail, voire transformer vos « erreurs » en « découvertes », en laissant le hasard intervenir sur certains aspects du dessin.

La composition
Les truites sont disposées dans un plat ovale posé sur un torchon plié offrant un contraste de texture. Les angles des plis, ainsi que la position des poissons dans le plat et celle du plat sur le linge, ont été soigneusement déterminés pour créer une composition intéressante.

L'esquisse au fusain
Au fusain, esquissez rapidement la composition. Veillez à ce que les angles du torchon de même que l'élément principal, les poissons, soient placés correctement.

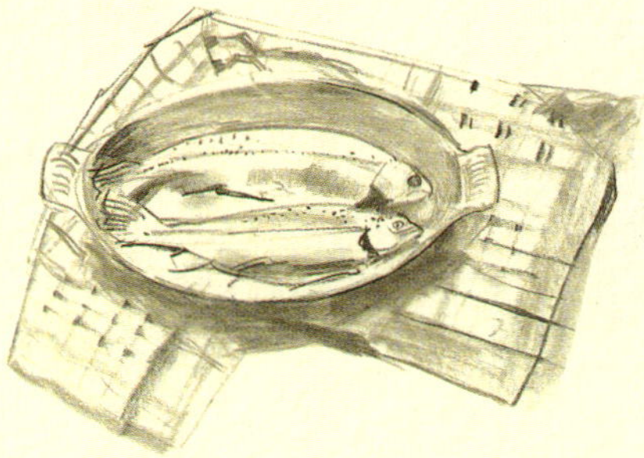

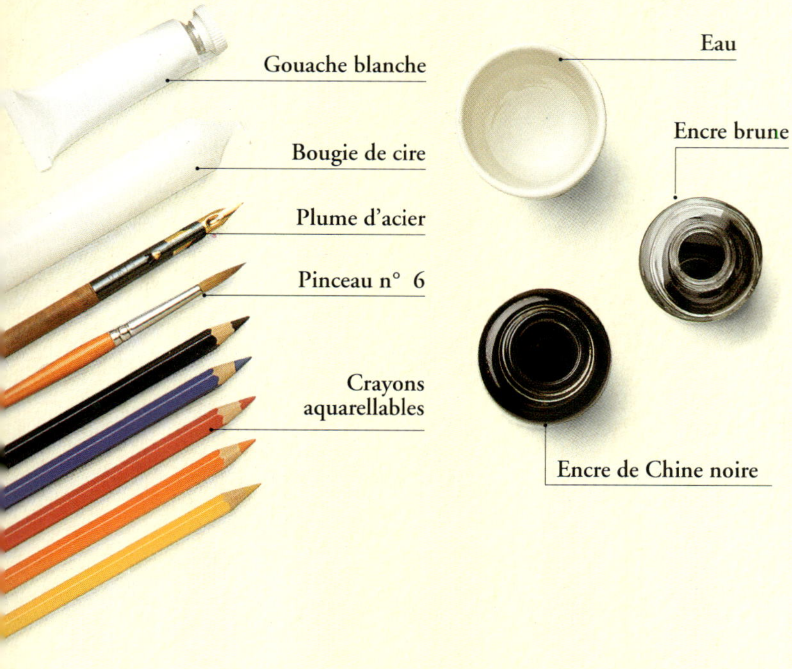

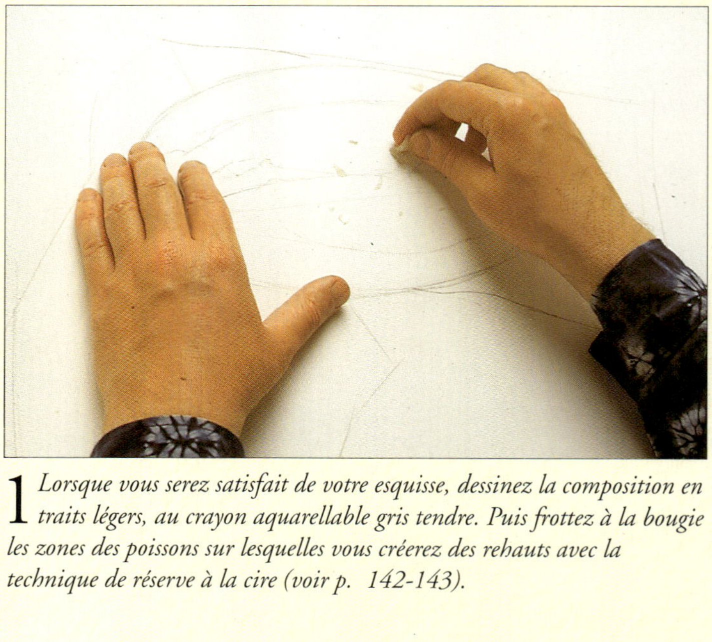

1 *Lorsque vous serez satisfait de votre esquisse, dessinez la composition en traits légers, au crayon aquarellable gris tendre. Puis frottez à la bougie les zones des poissons sur lesquelles vous créerez des rehauts avec la technique de réserve à la cire (voir p. 142-143).*

2 Commencez à appliquer la couleur au crayon aquarellable, jaune et orange pour le plat, en ajoutant les premières touches de bleu décrivant l'ombre sur le côté du plat. Commencez à construire la truite en bleu et rouge.

3 Recherchez les zones et les tons les plus sombres. Pour obtenir des tons exacts, superposez différentes couleurs : le gris jaune chaud du plat, par exemple, s'obtient par un mélange de jaune et de noir auquel l'on rajoute un peu de bleu.

4 Tracez à la plume et à l'encre les petits détails – encre brune pour le torchon et les ombres sous le plat, noire pour les détails des têtes et des ouïes. Pour dessiner les structures complexes de l'œil, tenez la plume assez légèrement et évitez de tracer des lignes trop rigides.

5 Chargez d'eau claire un pinceau n° 6 et passez-le délicatement sur les traits de crayon pour les fondre en lavis. Puis renforcez les détails à la plume et à l'encre. Soutenez la main tenant le pinceau sur l'autre main faisant pont, pour ne pas maculer les détails.

Le dessin achevé

Dessinez au crayon les derniers détails de la composition. Avec des contre-hachures (voir p. 44-45), imitez le motif des écailles. Pour rendre l'aspect luisant des écailles, appliquez au pinceau de la gouache blanche sur les zones les plus claires. Les ombres colorées sont obtenues par de nombreuses touches de couleurs différentes délayées ensuite en lavis. En appliquant chaque couleur l'une après l'autre, vous pourrez contrôler la densité du lavis.

Fleurs et plantes d'intérieur

Les artistes sont depuis toujours attirés par le défi que représente la complexité des plantes, de leurs fleurs, feuilles et tiges. Le dessin des plantes d'intérieur offre de nombreux avantages, notamment le fait que l'artiste n'a pas à subir les caprices de la météo et peut disposer plus aisément les éléments de sa composition. Le choix d'un fond adéquat est essentiel : un arrière-plan uni constitue souvent la solution la plus simple pour éviter toute interférence visuelle avec le sujet principal.

La fleur n'est pas uniquement constituée de ses pétales, même si celui-ci attire d'emblée le regard : sa tige et ses feuilles sont tout aussi importantes. Avant de dessiner, observez comment les feuilles se rattachent à la tige : elles croissent à partir de cette dernière, ce que vous devrez représenter dans votre dessin. De même, la fleur n'est pas plaquée sur la tige, mais s'en détache progressivement.

Le point fondamental, c'est le rendu exact des formes et des angles. La plupart des capitules sont essentiellement circulaires, mais si vous dessinez un bouquet et non une fleur isolée, vous verrez certains capitules de face, d'autres de profil, certains comme des cercles, d'autres comme des ellipses. Déterminez les formes et les lignes structurelles de la composition avant de dessiner les détails.

Rares sont les sujets exigeant autant de réflexion préalable quant à la lumière et à sa direction, car les fleurs se caractérisent par des gradations de ton aussi subtiles que nombreuses. Observez très attentivement les différentes zones de lumière et d'ombre, et veillez à construire toutes les modulations du ton pour obtenir un effet de volume.

La composition
Disposez les fleurs selon des hauteurs et des angles variés, comme si le bouquet jaillissait du vase, pour obtenir une composition vivante offrant de nombreux détails à explorer.

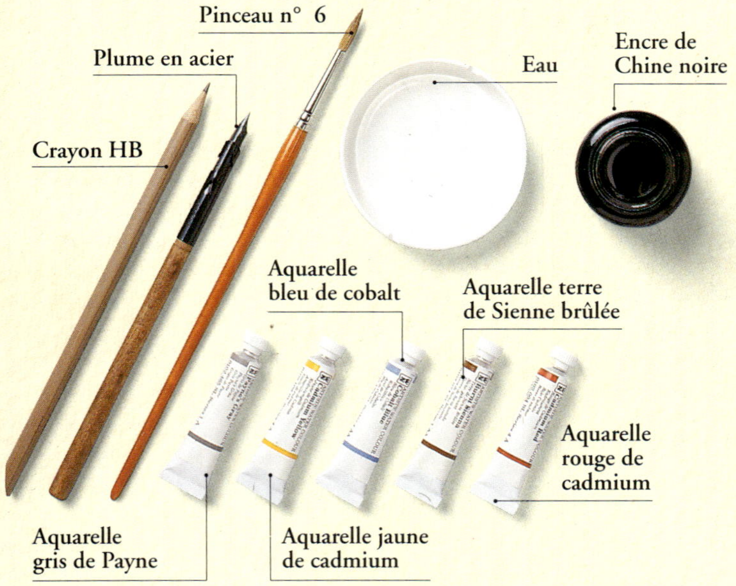

1 *Au crayon HB, esquissez les lignes et les détails principaux du bouquet. Tenez le crayon légèrement, vers l'extrémité opposée à la mine, pour faciliter le tracé de lignes amples, ni trop rigides, ni trop mécaniques.*

2 *Commencez la partie descriptive du travail à la plume et à l'encre de Chine liquide. Tenez souplement le porte-plume vers l'extrémité opposée à la plume. Dessinez en vous guidant sur les traits de crayon plutôt qu'en les recouvrant, ce qui donnera à votre travail davantage de fraîcheur. À chaque étape, observez très attentivement le sujet.*

3 Posez la main tenant la plume sur l'autre main, pour éviter de maculer les détails déjà dessinés. Tenez plus fermement la plume pour placer précisément le trait. Notez les variations d'épaisseur des lignes, obtenues en modifiant la pression sur la plume.

4 À grands traits de plume, dessinez les tiges pour raccorder les détails isolés (feuilles et fleurs) avec l'ensemble du dessin. Les variations d'épaisseur des lignes contribuent à l'effet de volume ainsi qu'à la délicatesse du sujet.

5 Travaillez maintenant à l'aquarelle. Humidifiez la zone de la cruche, puis au pinceau n° 6 peignez un lavis à grands traits, pour atténuer le contour de la cruche qui doit se fondre dans les ombres du bas. Les fleurs doivent être précisément définies : appliquez le lavis sur le papier sec.

Le dessin achevé

Ce dessin délicat et vivant montre un important travail de détail dans les parties individuelles. Les contrastes de proportions et de textures sont obtenus en fondant les contours les plus sombres de la cruche dans les ombres des fleurs et des feuilles. On s'est servi d'un minimum de couleur pour suggérer le coloris et le ton des fleurs, feuilles et tiges du bouquet. La puissante horizontale du bord de la table stabilise la composition.

Fleurs et plantes d'extérieur

À LA DIFFÉRENCE DES PLANTES D'INTÉRIEUR, que l'on peut aisément déplacer pour créer une composition satisfaisante, les plantes d'extérieur sont le plus souvent enracinées en terre. Votre choix n'en sera pas plus restreint, mais vous devrez adopter une approche plus inventive, en expérimentant différents points de vue et niveaux du regard.

Rien ne vous oblige à représenter le sujet avec la plus grande exactitude. Si l'arrière-plan est encombré, par exemple, n'en tenez pas compte. Vous pourrez également « améliorer » la nature en coupant les fleurs mortes ou en repliant une feuille derrière un élément que vous souhaitez mettre en valeur.

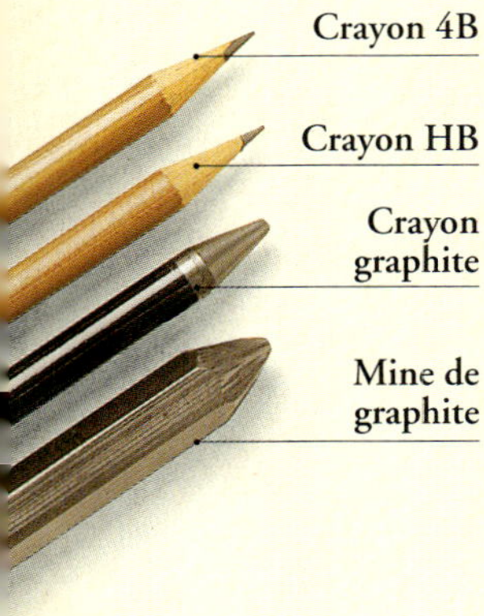

La structure de la plante est un élément fondamental. Les feuilles sont-elles simples ou composées ? La tige est-elle couronnée d'une seule grande fleur, ou bien les fleurs se répartissent-elles le long de la tige ? La tête de la fleur est-elle circulaire ou tubulaire ? Il n'est pas toujours nécessaire de représenter le moindre détail, mais même si vous privilégiez l'atmosphère du dessin au détriment de l'exactitude botanique, vous devez observer l'organisation de la plante, ce qui lui confère son caractère et son aspect particuliers. Dans le cas du dessin de plantes et de fleurs, les textures sont aussi importantes que les structures linéaires : les rebords des segments d'une fleur en forme de trompette comme la jonquille, les épines d'une tige de rose, les herbes duveteuses, le velouté des feuilles de géranium, ces éléments sont tous essentiels non seulement pour représenter les caractéristiques individuelles de la plante, mais aussi pour obtenir un effet de volume.

Vous devrez absolument parvenir à traduire le fait que la plante est un organisme vivant : elle n'est pas un objet immobile et statique, mais croît vers la lumière du soleil, en hauteur et en largeur. Un niveau de regard situé en contrebas permet de suggérer la croissance, mais montre de nombreuses tiges. En choisissant au contraire un point de vue en hauteur, en regardant la plante par au-dessus, on peut représenter avec précision les différents niveaux et chevauchements des feuilles autour de la tige.

Pour dessiner un groupe complexe, vous pourrez associer plusieurs techniques différentes, mais n'oubliez pas que chaque partie du dessin n'est qu'un élément de l'ensemble : même en travaillant des détails, ne perdez pas de vue l'évolution générale du dessin, et vérifiez régulièrement les relations mutuelles de ses différentes parties.

Le choix de la plante

Ce groupe de plantes constitue un sujet esthétique et une composition aux intéressants contrastes de texture. Les variations d'échelle, de ton, de texture et de forme des feuilles contribuent à créer un attrayant effet de volume. Le caractère naturel de la plante est mis en valeur par le mur de briques et la tuile situés à l'arrière-plan.

1 *Au crayon HB, esquissez les formes de base de la plante. Ne vous attardez sur aucune zone particulière, mais concentrez-vous sur l'infrastructure générale du dessin.* Médaillon : *Tenez le crayon vers l'extrémité opposée à la mine, pour tracer des lignes assez amples.*

2 *La plante étant esquissée, accentuez la tige principale.* Médaillon : *Au crayon 4B incliné sur le côté de la mine, tracez des marques épaisses ainsi que les zones de ton les plus sombres.*

3 *Commencez à travailler le volume de la plante, sans perdre de vue le dessin dans son ensemble.* Médaillon : *Estompez doucement avec le pouce les traits de crayon 4B pour fondre les lignes en tons.*

4 *À la mine de graphite tendre et au crayon graphite, construisez les tons les plus sombres. Les zones claires et sombres définissant la forme de certaines feuilles et d'autres éléments sont également dessinées au graphite.*

Le dessin achevé

Les variations d'aspect des lignes, obtenues avec divers crayons et mines de graphite, créent une tonalité riche. Les puissants traits sombres mettent en valeur les zones claires du fond, et ce contraste attire le regard du spectateur au centre de la composition. Remarquez comment le dessin exprime la croissance naturelle de la plante.

Les paysages simples

Le travail en extérieur, « sur le motif », implique maintes considérations pratiques très différentes du travail en atelier. Tout votre matériel doit être léger et portatif, et vous devrez prévoir avant de partir quels sont les crayons, plumes et pinceaux que vous serez susceptible d'utiliser, car rien n'est plus frustrant que d'avoir oublié tel crayon de couleur alors qu'on se trouve à des kilomètres de chez soi ou du plus proche magasin de fournitures d'art. N'oubliez pas d'emporter également des punaises ou du papier adhésif pour fixer vos feuilles de papier sur la planche à dessin et éviter ainsi que le vent ne les disperse.

Pensez à votre confort personnel. Emportez une chaise pliante, de préférence sans accoudoirs qui risqueraient de vous gêner dans vos mouvements, et suffisamment haute si vous travaillez au chevalet (voir p. 24-25). Par beau temps, portez un chapeau ou dessinez à l'ombre pour éviter les coups de soleil.

Installez-vous de sorte que le soleil soit situé sur votre gauche (si vous êtes droitier), pour ne pas être gêné dans votre travail par l'ombre de votre main ou de votre corps.

Cherchez un paysage offrant un contraste d'échelle et de texture, des falaises dominant la mer ou la campagne, par exemple, ou bien des champs labourés aux sillons tracés dans des directions différentes. Après avoir choisi votre sujet, réfléchissez aux améliorations que vous pourriez apporter à la composition (voir p. 34-35) pour guider le regard du spectateur dans l'image, par exemple par le biais de la courbe d'une rivière ou d'un sentier sinueux, parcours visuel conduisant jusqu'au sujet principal.

Les images les plus simples sont souvent les plus efficaces : n'encombrez pas votre dessin d'éléments superflus. Un ciel, un horizon et un arbre solitaire peuvent suffire à composer un paysage, mais ces trois éléments, assemblés de manière imaginative, autorisent un nombre infini de variations.

Paysage au lavis gris

Le papier a été teinté d'un léger lavis d'aquarelle gris de Payne. Le ciel occupe les deux tiers de la composition, ce qui crée habituellement une impression d'immensité, mais ici, il revêt une importance secondaire, en raison de l'espace accordé à la coque et aux mâts du bateau.

Le bateau constitue le centre d'un parcours visuel qui va du sommet du mât vers le bas du premier plan et en arrière vers l'angle gauche.

Les marques claires et sombres demeurent visibles sur le ton neutre du papier.
Le mouvement des nuages est décrit au crayon Conté blanc.

Les formes structurelles du dessin sont tracées au crayon Conté noir, et les détails sont exécutés au crayon Conté, au feutre et au stylo à bille. Les lignes intenses du feutre contrastent avec les traits plus fins du stylo à bille.

Papier blanc

Les tonalités de ce paysage dessiné sur papier blanc sont construites à la poudre de graphite. Diversifiez les traits en variant la pression exercée sur le crayon Conté noir. Le crayon rouge, qui apporte une certaine diversité, guide le regard à travers l'image, jusqu'aux falaises puis le long de l'horizon avant de revenir vers le rivage. La ligne horizontale tracée au milieu du dessin crée une impression de calme.

Lavis bleu

Cette composition met l'accent sur les formes circulaires guidant le regard autour de l'image puis vers son centre. Le lavis bleu de cobalt qui couvre la feuille crée un ton puissant. Les éléments principaux sont dessinés au crayon Conté noir et les zones sombres à la poudre de graphite estompée avec le doigt. Le crayon Conté blanc, utilisé sur diverses parties du dessin, suggère le volume des nuages ainsi que la surface de l'eau.

Lavis terre de Sienne

La composition de ce paysage repose essentiellement sur les proportions. Le papier, teinté d'un lavis d'aquarelle terre de Sienne, est occupé principalement par le ciel. Le jeu des formes triangulaires sur le sol guide le regard à travers la composition. Les nuages, exécutés avec un doigt trempé dans la gouache blanche, sont également de conformation triangulaire.

Les panoramas

Nous avons tous déjà contemplé des paysages à couper le souffle, offrant une vue à des kilomètres à la ronde. C'est là que réside le problème : on peut voir à des kilomètres, et l'on découvre une étendue si vaste que souvent rien ne paraît assez important pour constituer un élément sur lequel concentrer son attention, et votre magnifique dessin risque fort de ressembler à une scène de théâtre vide.

En appliquant quelques méthodes simples, vous parviendrez à traduire sur le papier l'étendue de ce panorama qui vous aura séduit. Proportions et tons en constituent les points fondamentaux : tous deux se rapportent à la question de la perspective et au fait que plus les objets sont éloignés, plus ils semblent rapetisser et s'éclaircir (voir p. 40-43). Réfléchissez aux proportions respectives du premier plan, du plan médian et de l'arrière-plan. Les débutants se contentent parfois de diviser la composition en trois bandes horizontales de hauteur identique. En général, préférez un rapport approximatif de 3/2/1 - consacrez trois sixièmes de l'espace pictural au premier plan, deux sixièmes au plan médian et un sixième à l'arrière-plan. Éclaircissez progressivement les tons dans chaque zone, en diminuant graduellement les contrastes entre les zones claires et les zones sombres de l'avant-plan vers l'arrière-plan.

Disposez les éléments du dessin afin qu'ils guident le regard à travers la composition. En choisissant le point de vue, cherchez un moyen de relier l'avant-plan avec l'arrière-plan, une rivière, par exemple, serpentant vers le lointain. Pour vous aider à composer votre dessin, fabriquez un viseur avec deux morceaux de carton rigide en L qui, par chevauchement des deux moitiés, formeront un cadre rectangulaire de dimensions variables, et qui vous permettront de définir précisément les limites de la composition.

Rien ne vous oblige à représenter le paysage tel qu'il apparaît en réalité : quelques modifications seront peut-être nécessaires. Vous pouvez par exemple réduire les dimensions de telle zone particulière, ou bien déplacer un arbre ou un bosquet vers l'avant ou l'arrière. Vous pouvez même supprimer certains éléments si leur intérêt vous semble disproportionné par rapport au sujet principal.

L'exécution d'un panorama de grandes dimensions soulève un autre problème particulier, celui de la durée relativement importante du travail. De plus, les conditions climatiques et d'éclairage peuvent varier considérablement, même durant une courte période de temps.

Les impressionnistes, qui privilégiaient le travail en plein air pour capturer les effets changeants de la lumière sur le paysage, avaient appris à travailler très rapidement. D'autres artistes se contentent d'exécuter des esquisses « sur le motif » à partir desquelles ils travailleront en atelier. Ces deux approches se valent : à vous de choisir celle que vous preférez.

Le paysage
Ce charmant panorama, au lumineux ciel nuageux, se compose de buissons et d'arbres aux formes puissantes et aux tons sombres. Les nuages dessinent une ligne parallèle à l'horizon et dominent la scène comme une voûte.

1 *Au crayon HB, esquissez la scène et disposez soigneusement les éléments. À la plume et à l'encre noire, ajoutez les détails, les tons ainsi que des lignes énergiques. Travaillez sur toute la surface du dessin, sans vous consacrer exclusivement à telle zone particulière.*

2 À la plume de bambou et à l'encre noire, rajoutez tons et textures sur l'ensemble du dessin. Détaillez sans exagérer chaque élément pour qu'il soit reconnaissable.

3 Toujours à la plume de bambou et à l'encre noire, dessinez des rangées de points et de traits courts pour figurer le volume des feuillages. Rajoutez les détails des buissons et des arbres.

4 À l'encre brune cette fois-ci, construisez d'autres détails et complétez les tons, pour définir la forme de la rivière et renforcer l'aspect des différentes espèces d'arbres. Toute la scène doit être traitée en ton clair.

5 À la plume d'acier, prolongez les rangées de points et de traits courts pour figurer les buissons. Ces marques sont plus petites et moins denses que celles qui représentent le massif boisé situé devant cette zone.

Le dessin achevé

Des touches et des traits d'encre achèvent les détails du paysage. Les zones sombres sont suggérées par des groupes de points et de traits créant la texture. Ces traits construisent également les tons, puissants dans certaines zones, subtils et délicats dans d'autres. Les lignes droites de la maison au toit pointu contrastent avec les formes arrondies des arbres et des buissons. Les nuages, peu nombreux, suggèrent à la fois l'éloignement et le ciel pesant.

Le ciel et les nuages

Le ciel peut revêtir d'innombrables aspects, du bleu intense du désert à la lumière blafarde d'une froide journée d'hiver au bord de la mer, des délicates volutes de nuages emportées par la brise au ciel d'orage pesant sur la terre. Un dessin de paysage réussi ne saurait minimiser l'importance du ciel. Le peintre paysagiste anglais John Constable (1776-1837) en était éminemment conscient lorsqu'il exécuta ses merveilleuses études de nuages, si vigoureuses et si précises que la course du vent semble perceptible.

Certaines techniques conviennent plus particulièrement à la représentation des nuages qui contribuent à définir le caractère et l'humeur du ciel. En étalant de la poudre de graphite sur le papier, avec les doigts, on figure la fuite des nuages d'altitude poussés par le vent ; au fusain, en traits et touches amples, on suggère la pesanteur d'un ciel lourd, sinistre ; en estompant la poudre de graphite et le fusain avec une gomme mie de pain, on éclaircit certaines zones ; et si l'on travaille les nuages au lavis d'aquarelle, on pourra rehausser les zones les plus claires sur les masses sombres à l'aide d'une éponge humide.

Le ciel doit s'harmoniser avec le reste de la composition. Si des éléments hétérogènes interfèrent dans la zone du ciel – des montagnes ou des gratte-ciel s'élevant au-dessus de l'horizon, par exemple – il vaudra probablement mieux figurer un ciel simple, vide. À l'inverse, si le ciel est tourmenté, encombré de nuages lourds annonçant l'orage imminent, accentuez-en le caractère dramatique en optant pour un niveau de regard bas afin que le ciel prédomine dans l'image.

En raison des lois de la perspective (voir p. 40-43), les nuages surplombant le spectateur paraissent considérables, mais semblent rapetisser et s'éclaircir en s'éloignant vers l'horizon, phénomène optique qui permet, dans le dessin, de suggérer la distance.

La course des nuages
Ce dessin est exécuté au crayon, au fusain, à la plume et à l'encre de Chine noire. À gauche : *Certaines zones du papier sont humidifiées, et des taches d'encre noire diluée sont étalées au pinceau pour figurer le mouvement des nuages lourds.*

Ciel d'orage
Le dessin est exécuté sur du papier gris. Le sol est dessiné aux crayons HB et 4B. Les grandes zones ombrées sont construites à la poudre de graphite.
À gauche : *La zone du ciel a été humidifiée à l'eau claire, et les volutes des nuages exécutées à la gouache blanche.*

Ciel menaçant
La composition réserve la plus grande surface du papier à la zone du ciel. L'église est dessinée aux crayons 2B et HB.
Ci-dessus : *Étalez généreusement la poudre de graphite sur la zone du ciel, et estompez-la avec les doigts.*

Ciel pommelé

1 *Après avoir esquissé la scène au carré Conté et au crayon HB, imitez en petites touches l'aspect tacheté du ciel avec un pinceau n° 6 chargé d'un masque liquide (voir p. 140-142).*

2 *Laissez sécher le masque liquide. Humidifiez complètement toute la zone du ciel avec une éponge trempée d'eau.*

3 *Avec l'éponge, étalez un lavis d'encre de Chine diluée sur la zone humide. Retournez la feuille de papier vers vous, afin que le lavis ne s'écoule pas sur la zone du sol.*

4 *Sur le papier encore humide, étalez à l'éponge des zones plus petites de ton plus intense pour décrire la forme des nuages.*

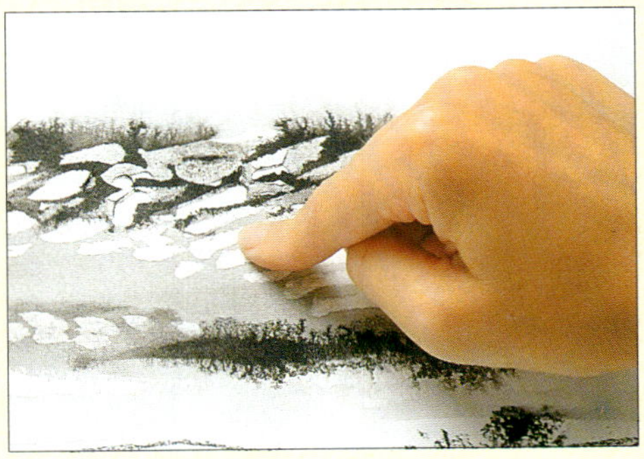

5 *Lorsque les lavis d'encre sont complètement secs, retournez le papier à l'endroit et retirez le masque liquide en le frottant délicatement avec le doigt.*

6 *En inclinant un crayon HB sur le flanc de la mine, foncez la zone du ciel pour créer un effet de profondeur et de volume.*

Le dessin achevé

Ce dessin est un bel exemple de ciel richement varié. Celui-ci occupe la plus grande partie de l'espace pictural, mais le sol conserve son importance. La courbe de l'avant-plan complète les formes du ciel. Les différentes textures sont obtenues au carré Conté et au crayon HB. Les lignes, lavis et tons créent une ambiance très attrayante.

Les marines

Puisque les deux tiers de la surface du globe sont recouverts d'océans, l'existence d'une longue tradition picturale relative à la mer n'a rien d'étonnant. Pour peindre des marines évocatrices, certains artistes n'ont même reculé devant rien : Turner (1775-1851) se serait attaché au mât d'un navire ballotté par une mer démontée pour s'imprégner de l'ambiance de la tempête et exécuter ensuite l'œuvre ci-dessous *Tempête de neige : vapeur au large d'un port.*

Constamment en mouvement et toujours changeante, la mer exerce sur nous une grande fascination. La rapidité d'exécution du dessin est ici primordiale : utilisez une technique permettant de couvrir promptement la feuille – la plume et le lavis, ou le fusain, sont idéals. Efforcez-vous d'anticiper le mouvement. Concentrez-vous sur une petite zone et observez comment les vagues viennent se briser sur le rivage : vous remarquerez vite un rythme – un effondrement suivi d'une période de calme lors du reflux de l'eau.
Or, si le rythme est régulier, le mouvement ne l'est pas. Observez l'écoulement de l'eau autour des obstacles et des rochers, de même que les lignes onduleuses qui marquent l'endroit où la vague atteint la plage. Avant de commencer à dessiner, essayez d'imprimer dans votre esprit ces rythmes et ces mouvements.

Observez les formes du mouvement. La vague qui se brise sur le rivage s'enroule sur elle-même : sa forme est essentiellement tubulaire. Estimez la hauteur des vagues en vous référant à un élément du rivage, bateau ou arbre.

Pour créer un effet de volume, associez diverses techniques de crayonné et d'ombrage dans un même dessin – un crayon 4B, par exemple, pour les ombres intenses sous le rouleau de la vague, et un crayon HB pour le sommet incurvé des vagues. Modulez le ton en variant la pression exercée sur le crayon.

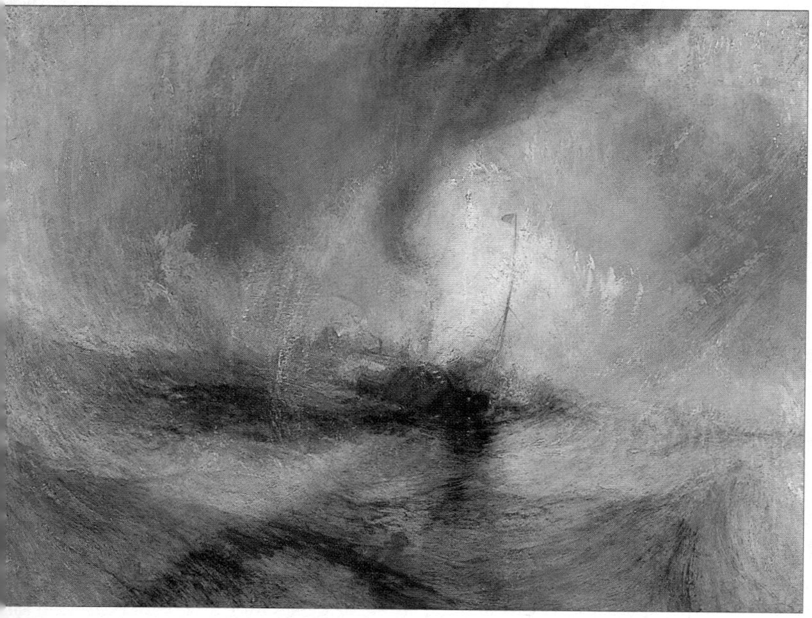

Tempête de neige : vapeur au large d'un port,
J. M. W. Turner, 1842
L'impression de mouvement associée à la puissance et à la violence de la composition est typique des œuvres de vieillesse de Turner, qui a exécuté maints dessins et aquarelles figurant la mer dans tous ses états.

Mer dangereuse
De puissants traits de fusain tendre créent les vagues ; l'écume est estompée à la gomme mie de pain. Une technique analogue est utilisée pour le ciel, mais les tons sont plus clairs et les réserves pratiquées à la gomme mie de pain moins distinctes. La forme des nuages est obtenue en estompant délicatement au doigt la fine couche de fusain.

Les zones de ton plus clair du ciel sont construites en estompant à la gomme mie de pain les traits de fusain courant le long de la partie supérieure des nuages. Le mouvement des nuages reflète celui des vagues.

Les formes de l'écume ont été soigneusement construites à la gomme mie de pain.

La diagonale de la haute falaise dominant l'angle supérieur gauche guide le regard vers la mer. Une telle diagonale crée une impression de mouvement et d'urgence.

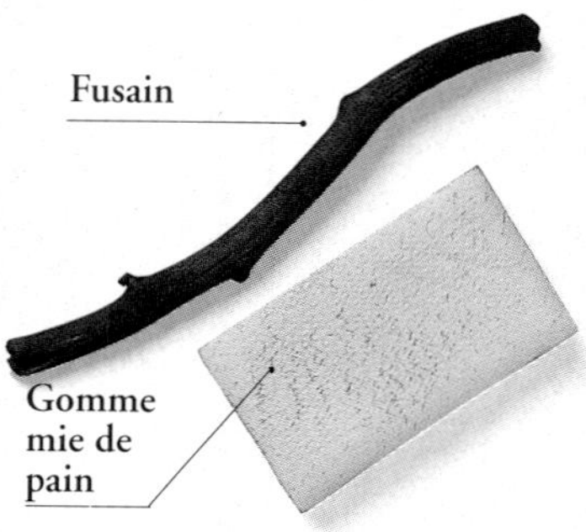

Les brisants

Cette esquisse traduit l'énergie des vagues se brisant sur les rochers. Ceux-ci, ainsi que la mer, sont dessinés à la plume et à l'encre de Chine, à l'aquarelle bleu de cobalt et terre de Sienne brûlée. Des éclaboussures de gouache blanche effectuées au pinceau n° 4 figurent l'écume. Lignes et pointillés sont tracés à la plume d'acier et à l'encre.

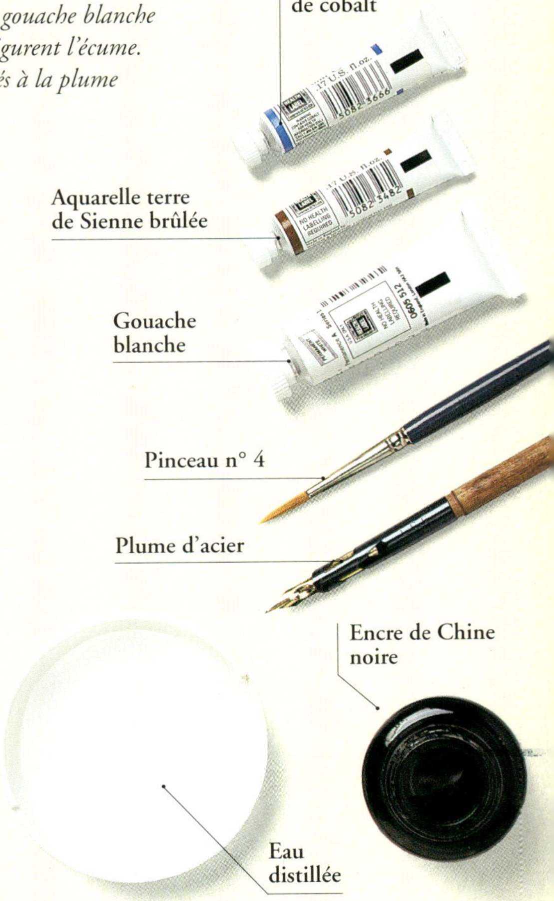

Horizon bas

Un vol de mouettes plongeant du ciel vers la ligne d'horizon constitue le point de convergence de ce dessin au fusain sur papier blanc à gros grain. Le petit globe du soleil équilibre la masse des oiseaux, et son reflet renforce l'intérêt de la surface de l'eau. Le ton sombre des nuages, qui forment une voûte au-dessus de la mer, accentue l'éclat brillant du soleil. Les formes énergiques du ciel noir et blanc créent une impression de mouvement et d'activité qui contraste avec le calme de la mer.

Le rivage

Une forme diagonale traverse l'angle supérieur gauche de la feuille jusqu'aux falaises où elle rejoint la puissante horizontale de la mer. Partant du coin inférieur gauche, la courbe de la mer guide le regard vers le point de convergence, le groupe de brisants et les falaises au-delà. Ce dessin est exécuté au fusain sur un papier teinté d'un léger lavis d'aquarelle bleu de cobalt. Les rehauts à la gouache blanche renforcent l'intérêt et la texture de la surface.

Les intérieurs

LORS DU CHOIX DU SUJET DE VOTRE DESSIN, ne négligez jamais l'évidence. Ce qui pourra sembler fastidieusement banal aux yeux de l'un passionnera l'autre. Édouard Vuillard, grand peintre français de la fin du XIXe siècle, a exécuté des œuvres magiques à partir de sujets de prime abord bien peu prometteurs, des scènes de la vie domestique. De fait, il appartenait à un groupe d'artistes dont le nom reflétait le choix du type de sujet, les intimistes, et qui dépeignaient invariablement des scènes ordinaires de la vie quotidienne, démontrant ainsi que des objets aussi communs qu'un miroir ou une étagère dans une salle de bains pouvaient se métamorphoser en une composition aussi originale qu'attrayante. En demeurant attentif à toutes les possibilités qui s'offrent à vous, vous pourrez également transformer en poésie la prose quotidienne.

La représentation d'une pièce de votre logement constitue un exercice très formateur ; vous serez étonné de découvrir à quel point les objets quotidiens peuvent sembler différents dès lors qu'on les observe avec un regard neuf dans l'intention de les dessiner.

Choisissez l'angle d'une pièce, ou un placard, et imaginez que vous le voyez pour la première fois. Nous possédons tous des objets auxquels nous accordons une valeur sentimentale – photographies, bibelots, livres ou autres cadeaux. Pour réussir à les dessiner, il sera souvent nécessaire d'oublier les souvenirs auxquels nous les associons afin de ne considérer ces objets qu'en termes de formes et de tons. On se facilitera la tâche en les observant les yeux mi-clos, ce qui estompe les détails.

Dessiner les choses telles qu'elles sont, sans déplacer ni modifier les divers éléments de la composition, constitue un exercice formateur vous obligeant à faire preuve d'inventivité afin que le dessin ne soit pas qu'un simple « enregistrement » de la scène. Vous devrez essayer différents points de vue et niveaux du regard pour obtenir une composition optimale, en consignant ces diverses approches dans votre carnet de croquis (voir p. 26-27).

L'un des avantages qu'offre le dessin d'une scène domestique, c'est qu'à la différence d'un dessin de paysage, il est relativement aisé de déplacer les objets afin d'obtenir une composition satisfaisante. Ne cédez cependant pas à la tentation de tout ranger : des revues éparpillées sur le sol, un livre ouvert, ou une tasse de café posée sur la table contribuent à créer l'atmosphère d'une pièce et à pénétrer la personnalité de celui qui l'habite.

Chambre avec vue

Bien que l'âtre et le miroir occupent un espace important dans la pièce, ce sont les étagères chargées de livres et de bibelots aux couleurs vives qui prédominent. Cette composition structurée, assez formelle, offre maints détails à explorer.

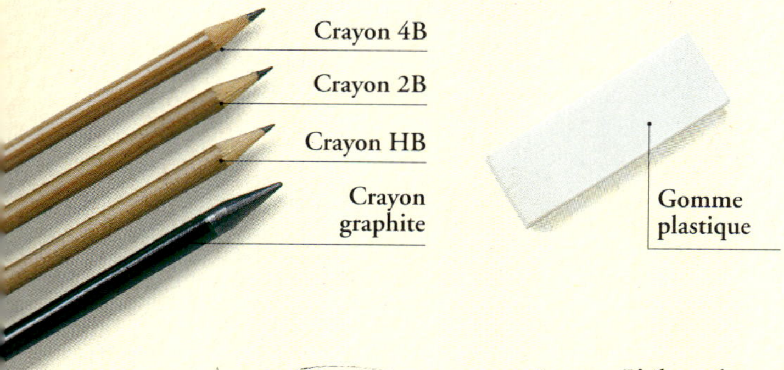

L'ébauche

Dans le cas d'un décor aussi familier que votre domicile, il sera utile de préparer la composition en dessinant une ébauche préliminaire qui vous aidera à voir la scène d'un œil plus objectif.

1 *Au crayon HB, esquissez la scène dans ses lignes générales. Déterminez ce qui devra ou non y figurer, et être mis en valeur. Ici, l'accent est mis sur l'âtre et le miroir.*

2 *Accentuez les principales structures horizontales et verticales. Comme dans l'étape précédente, travaillez sur toute la surface du dessin.* Médaillon : *Construisez les zones de ton sombre au crayon graphite.*

3 *Aux crayons 2B et 4B, définissez plus précisément les lignes structurelles dans les zones ombrées. Le ton plus intense et les lignes plus puissantes contribuent à créer une impression de volume.*

4 *Utilisez la plus grande gamme de techniques possibles pour achever la représentation de la scène en valeurs et en lignes. Les variations de ton obtenues en associant lignes épaisses et traits plus fins créent la profondeur de la composition.*

5 *Enfin, construisez des zones plus claires aux endroits nécessaires, en estompant à la gomme plastique le ton gris du crayon pour faire apparaître la blancheur du papier (voir p. 50-51). La forme des flammes peut s'obtenir de la même façon.*

Le dessin achevé
La massivité de l'âtre en marbre et les détails du foyer contribuent à l'attrait de ce dessin subtil. L'angle du miroir crée une réflexion dynamique qui ne perturbe pas l'effet d'ensemble de ce dessin.

Les paysages urbains

L'EXEMPLE ILLUSTRÉ dans cette double page est une vue emblématique de Venise, mais rien ne vous empêche de choisir le panorama qui s'ouvre sous votre fenêtre ou un paysage d'une autre ville. Ne soyez pas trop ambitieux lors de vos premiers essais, car les bâtiments sont parfois difficiles à dessiner : il vaudra mieux commencer par une scène relativement simple, une devanture de magasin ou un immeuble isolé, plutôt que par une rue entière. À mesure que vous progresserez, vous pourrez inclure des passants, car les villes sont faites autant de citadins que d'habitations.

Envisagez le « paysage urbain » simplement en termes de paysage, plutôt qu'en le considérant comme un sujet doté de particularités propres, car les paysages, qu'ils soient urbains ou ruraux, partagent de nombreuses similitudes. Dans les deux cas, si vous travaillez « sur le motif » et non d'après photographie, vous devrez tenir compte de la météo et vous munir d'un équipement transportable (voir p. 24-25) ; enfin, ces deux types de sujets offrent souvent un potentiel considérable de compositions dans une même scène, ce qui vous oblige à déterminer d'abord les meilleurs point de vue et niveau du regard. Le cadre de visée, fabriqué avec deux L en carton rigide (voir p. 80), vous sera très utile.

Pour dessiner, installez-vous confortablement, sur une table de café proche de la devanture, ou sur un banc public dans un parc, car poser son chevalet dans une rue animée, sous le regard des passants, peut constituer une épreuve redoutable. Vous attirerez également moins l'attention en jetant subreptícement sur votre carnet de croquis des esquisses que vous achèverez plus tard chez vous.

La principale différence entre le paysage rural et le paysage urbain réside dans le fait que l'exécution d'un dessin figurant des immeubles requiert une connaissance même rudimentaire des lois de la perspective (voir p. 40-43). Les bâtiments étant essentiellement constitués de lignes parallèles, vous devrez établir très précisément les points de fuite implicites. Tracez d'abord une ligne représentant le niveau de votre regard (l'horizon), puis déterminez les angles des convergentes par rapport à cette ligne et définissez le point de fuite sur celle-ci. Toute modification du point de vue se traduit par une altération de la perspective.

***Le Grand Canal, Venise*, Antonio Canaletto**
Dans cette scène de la vie quotidienne qu'animent d'innombrables détails, la perspective de ces édifices guident le regard vers le lointain.

La cité des Doges
Venise offre ses beautés où que se tourne le regard. Cette vue générale du Grand Canal est le sujet principal du dessin.

1 *En effectuant une visée au crayon, estimez les proportions respectives des bâtiments et des éléments de l'avant-plan (voir p. 36-37).* Médaillon : *Esquissez au crayon HB l'ensemble de la scène.*

2 *Placez une feuille de papier sur votre dessin en guise de sous-main, pour ne pas maculer les traits de crayon en cours de travail. Aux crayons B et 2B, tracez les principales lignes et les tons les plus sombres des édifices.*

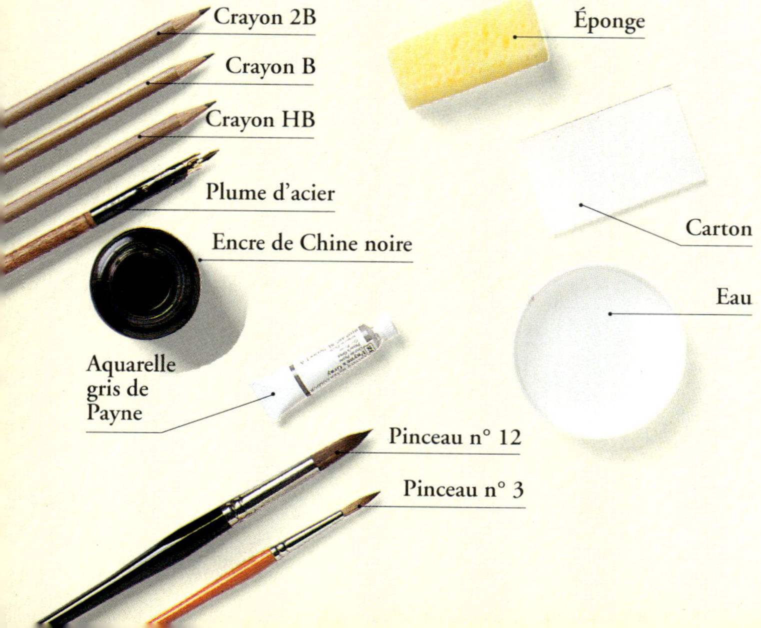

3 *Si l'esquisse vous satisfait, appliquez au pinceau n° 3 un lavis couvrant gris de Payne pour dessiner les mâts et les principales formes de l'embarcadère. Laissez sécher chaque lavis avant de peindre le suivant.*

4 *Le dernier lavis étant sec, construisez les textures contrastées et les reflets de la gondole avec le dos de la plume d'acier trempée dans l'encre de Chine.*

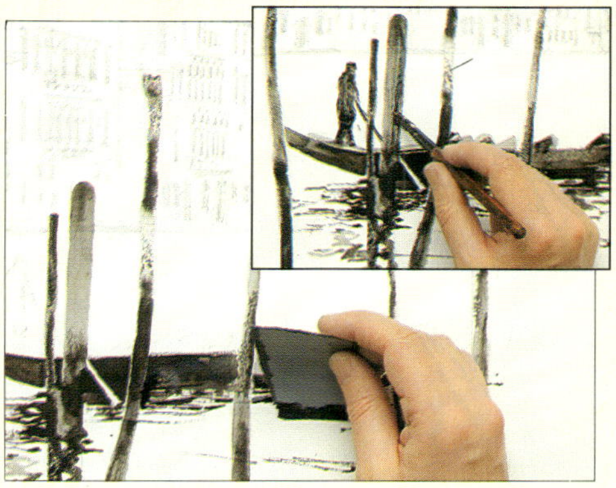

5 *Découpez un rectangle de carton de 10 x 7,5 cm. Trempez le bord du carton dans un lavis gris de Payne plus dilué et tracez avec la tranche les ondulations de l'eau. Une fois sec, rajoutez les détails à la plume.*

6 *Retournez la feuille vers vous et humidifiez-la à l'eau. Dessinez les reflets au pinceau n° 12 chargé d'un lavis gris de Payne. Inclinez la feuille pour faire dégouliner le lavis et imiter l'aspect de l'eau. Pour arrêter l'écoulement du lavis, utilisez du papier buvard.*

7 *Après avoir laissé sécher les lavis les plus sombres de la gondole et des mâts, ainsi que les détails à l'encre, appliquez un léger lavis gris de Payne pour le canal. Attendez qu'il soit complètement sec avant de le compléter, ce qui préservera sa fraîcheur.*

8 *Enfin, retournez le dessin pour l'examiner. Si certaines tonalités vous semblent trop intenses, estompez légèrement les lavis incriminés avec une éponge propre plongée dans l'eau claire puis essorée à fond.*

Le dessin achevé
Ce dessin associe au travail détaillé du crayon la subtilité du lavis d'aquarelle et la richesse de l'encre.

Le léger lavis gris de Payne crée un ton spontanément varié qui imite les mouvements de l'eau, contrastant avec les tons intenses des bâtiments, des mâts de l'embarcadère et de la gondole.

L'architecture

De la Grèce classique au postmodernisme, rares sont les disciplines qui reflètent autant les époques et les différents styles nationaux que l'architecture. Une hacienda mexicaine ne présente guère de points communs avec un manoir anglais, bien que les deux partagent la même fonction de base. Que vous soyez en vacances et souhaitiez saisir la couleur locale, ou recherchiez simplement à découvrir votre ville sous un regard neuf, consignez ce que vous voyez sur une feuille de papier.

Réfléchissez aux intentions d'origine de l'architecte avant de commencer le dessin, et efforcez-vous de traduire un sentiment analogue dans votre travail. En dressant le plan de la cathédrale Saint-Paul de Londres, illustrée dans cette double page, sir Christopher Wren avait notamment l'intention de susciter un sentiment de respect, de même que les dimensions de la basilique devaient inspirer la crainte. Un immeuble d'habitation ou une petite maison de campagne provoquent une impression très différente.

Tenez également compte du contexte. Faut-il isoler l'édifice de son environnement par le choix du point de vue ou la suppression d'éléments superflus ? Faut-il rajouter d'autres éléments pour suggérer les abords ? Examinez ces questions avant de commencer votre travail. Rien n'est plus frustrant, le dessin une fois fini, que de découvrir qu'une approche différente aurait été préférable.

Crayon HB

Déterminez donc en premier lieu quel doit être le point de vue. Sauf si vous souhaitez exécuter une vue détaillée de la façade, il est rarement intéressant de dessiner un édifice de face, ce qui a tendance à le faire paraître plat, davantage élément de décor d'un théâtre d'amateur qu'une structure tridimensionnelle. Installez-vous plutôt sur un angle, afin de voir deux façades du bâtiment, et incluez un autre élément – un arbre ou un lampadaire, devant ou derrière le sujet choisi – ce qui permet également de créer une impression de profondeur.

Le niveau de regard choisi est aussi essentiel. Vous pouvez obtenir une image passionnante en adoptant un niveau du regard bas pour dessiner un bâtiment très élevé : par un curieux effet d'optique, celui-ci semblera tomber à la renverse. À l'inverse, vous pouvez opter pour une vue plongeante sur les immeubles voisins du haut d'un point de vue élevé, comme un gratte-ciel.

Quel que soit le point de vue et le niveau du regard choisis, mettez en œuvre les principes de base de la perspective (voir p. 40-43), décisifs pour obtenir un dessin d'architecture convaincant.

Enfin, envisagez l'angle de la lumière le mieux adapté. À midi, quand le soleil est à son zénith, les ombres projetées sont rares : un édifice dessiné dans cette lumière risque de paraître plat, sans volume. Le meilleur moment de la journée, c'est tôt le matin ou tard dans l'après-midi, lorsque les zones de lumière et d'ombre sont bien distinctes. Un contraste net entre les zones claires et sombres constitue la méthode classique pour traduire les formes en créant un effet de volume (voir p. 52-53).

La cathédrale Saint-Paul de Londres
Puissante et majestueuse, la cathédrale Saint-Paul de Londres est un édifice célèbre. L'exploitation des différents niveaux des tours, des flèches et de la coupole, comme des autres éléments, constitue un excellent point de départ pour l'interprétation d'une telle construction.

1 *Au crayon HB, esquissez l'architecture de l'édifice, en vous guidant sur la ligne puissante et dynamique de la silhouette. Dessinez les ellipses de la coupole, en veillant à ce qu'elles correspondent les unes aux autres (voir p. 41).*

2 *Construisez les tons les plus sombres des zones d'ombre entre les colonnes de la galerie de la coupole. Il n'est pas nécessaire d'utiliser pour ce faire un crayon plus tendre : appuyez simplement davantage sur celui que vous utilisez déjà.*

3 *Construisez maintenant les tons de la façade plongée dans l'ombre. Un sujet aussi complexe risque de se désintégrer en une série de vignettes finement détaillées : on pourra unifier la composition en appliquant un grisé sur l'ensemble du dessin.*

Le dessin achevé

Les tons et textures riches des feuillages autour de l'édifice sont rajoutés à la fin. Le dessin achevé présente une structure massive s'élançant vers le ciel comme une âme soupirant vers Dieu. La tour carrée de droite apporte une touche finale essentielle, dirigeant le regard vers le corps principal de la cathédrale. L'accentuation de la base de l'édifice offre une assise solide.

La croix qui se découpe sur le ciel contraste avec la structure massive de la coupole et offre par ses détails une silhouette intéressante. De fins traits de crayon sont requis ici.

La tour massive de l'avant-plan, qui constitue une silhouette intéressante, guide le regard dans le dessin. Un ton plus sombre la met en valeur.

Les tons sombres et puissants de la base contribuent à étayer l'édifice.

Les détails architecturaux

Les détails architecturaux sont soit structurels (arcades ou colonnades), soit purement décoratifs (les gargouilles des cathédrales médiévales d'Europe ou les carrelages raffinés de la mosquée bleue d'Istanbul). Même sur les demeures les plus modestes, l'on découvre maints détails intéressants, portes et fenêtres de formes diverses, poignées de porte et autres boîtes aux lettres : la liste des sujets potentiels est quasiment infinie.

Le support idéal pour les dessins de détails architecturaux, c'est le carnet de croquis : tiré de la poche, vous y crayonnerez les motifs qui auront attiré votre attention lors de vos pérégrinations. Au lieu de les dessiner isolément, rassemblez sur une même page plusieurs éléments d'une même construction pour en rendre l'essence.

Parfois, les détails architecturaux font partie intégrante du bâtiment considéré dans son ensemble. Bien que leur aspect puisse varier considérablement selon l'époque, les arcades et les colonnades, par exemple, sont généralement davantage conçues pour soutenir la masse de l'édifice que pour l'orner. Dans ce cas, il vaudra la peine de suggérer le fait que le motif se prolonge au-delà de ce qui est réellement dessiné. Figurez par exemple une porte à demi-ouverte, faisant ainsi allusion à ce qui se trouve derrière. Optez pour un point de vue vous permettant de traduire un effet de relief : il vaudra généralement mieux vous installer légèrement de côté. À l'évidence, ombres et tonalités sont ici essentielles ; choisissez également la technique la mieux adaptée au sujet.

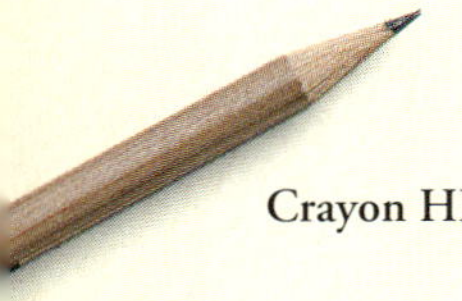

Crayon HB

Tenez compte de la perspective (voir p. 40-43). En dessinant par exemple une porte à demi-ouverte, la ligne du haut de la porte s'incline vers le bas si celle-ci s'ouvre vers l'avant, et vers le haut si elle s'ouvre vers vous. Le bas de la porte est incliné dans la direction opposée. Considérez aussi la manière avec laquelle le point de vue choisi affecte les formes que vous dessinez : en esquissant un arc ou une coupole, veillez à rendre précisément les ellipses.

Le point de vue frontal convient mieux à certains sujets, notamment lorsque vous choisissez de montrer la décoration plutôt que la forme, les entailles finement découpées d'une colonne corinthienne, par exemple, ou les bas-reliefs d'un tombeau égyptien.

Certains sujets, tels les moulures en stuc, se situent quelque part entre ces deux approches. Un point de vue frontal vous permet de scruter la complexité des détails de la surface, tandis que vous utiliserez les valeurs et les ombres pour figurer le léger relief de la moulure.

L'heure de la journée et la direction de la lumière sont toutes deux très importantes pour la mise en valeur du volume (voir p. 52-53) : la lumière de début de matinée et de fin d'après-midi révèlent bien les formes.

Les points de vue

Le choix du point de vue à partir duquel l'on dessine est toujours important. Essayez diverses approches jusqu'à ce que vous ayez trouvé celle qui vous convient. Si vous souhaitez mettre en valeur ou amplifier certains éléments, optez pour un niveau du regard bas ; un point de vue de hauteur normale convient aux études détaillées.

Le point de vue latéral permet d'étudier l'aspect tridimensionnel du sujet.

Le point de vue frontal convient à l'exploration des détails complexes.

1 *En tenant le crayon vers l'extrémité opposée de la mine, pour travailler en traits souples et libres, suivez les lignes de la vue d'ensemble. Ne tracez d'abord que les lignes essentielles décrivant l'infrastructure des édifices et montrant les relations mutuelles des angles.*

2 *Esquissez très légèrement la structure principale sans détailler exagérément les différentes parties, mais indiquez soigneusement les positions relatives des colonnes de la balustrade ainsi que les angles des deux édifices. Cette perspective élémentaire donne aux bâtiments leur densité et permet de décrire de manière convaincante les détails des façades.*

3 *En tenant souplement le crayon entre le pouce et l'index, déterminez puis construisez soigneusement les valeurs. Vérifiez précisément les rapports de tontalité en fermant les yeux à demi, afin de distinguer les différentes zones de lumière et d'ombre. Construisez les tons en traits aléatoires, afin de créer une zone générale de gris conservant cependant une certaine vigueur.*

4 *Comme auparavant, travaillez sur l'ensemble du dessin, sans achever une partie avant une autre, ce qui renforcera l'unité du travail et harmonisera les différents aspects de la scène.*

Le dessin achevé

Les zones de valeurs continues, mais vivantes, créent une atmosphère appropriée au sujet. Le regard peut se déplacer à la surface du dessin et s'arrêter sur les éléments très détaillés. Remarquez comment les zones de tons les plus intenses s'équilibrent les unes par rapport aux autres, de sorte qu'aucune partie de mur ne semble artificiellement accentuée. La composition est ancrée sur l'épaisse ligne inférieure des fondations sur lesquelles les édifices s'élèvent au-dessus du canal.

L'autoportrait

Certains tableaux les plus précieux de l'histoire de la peinture sont des autoportraits, qui suggèrent la personnalité de l'artiste et donnent, par les vêtements et les détails de l'arrière-plan, un aperçu du monde dans lequel vivait celui-ci. Rembrandt et Van Gogh, par exemple, sont célèbres pour leurs autoportraits.

L'autoportrait est un sujet de choix pour quiconque s'intéresse au dessin de personnages et au portrait, et ce pour des raisons pratiques. D'abord, l'autoportrait permet de développer sa confiance en soi, car le dessinateur novice peut reculer devant l'idée de demander à autrui de poser pour lui. Ensuite, c'est la certitude de disposer d'un modèle qui gardera la pose aussi longtemps qu'on le souhaite ! Enfin, c'est un défi stimulant : nous estimons tous savoir précisément ce à quoi nous ressemblons, mais l'observation attentive de notre visage pourra nous faire découvrir des traits et des expressions demeurés inaperçus de nous-mêmes.

La méthode traditionnelle consiste à installer un miroir à une hauteur permettant de voir confortablement son reflet tout en dessinant. Ce dispositif présente toutefois un inconvénient : le reflet du visage est en fait inversé et apparaît tel que nous nous voyons dans un miroir, non tel que les autres nous voient. Ceux-ci pourront penser que l'image obtenue n'est pas exactement ressemblante. C'est pourquoi certains artistes utilisent une installation à deux miroirs leur permettant de dessiner le reflet du reflet, et ainsi de rétablir l'image telle que la voit normalement autrui.

Crayon 2B

Autoportrait à l'âge de 63 ans, **Rembrandt**
Rembrandt a peint ce portrait en 1662, vers la fin de sa vie (il mourut en 1669). L'utilisation, typique dans son œuvre, du clair-obscur, concentre l'attention sur son visage.

Le miroir
Tout en se regardant dans le miroir, l'artiste cherche des angles de vue (tête inclinée ou droite) ainsi que des expressions.

1 *Avec une règle et un stylo feutre, l'artiste marque sur le miroir le sommet et le côté droit de la tête, afin de pouvoir toujours retrouver la même position.*

2 *Au crayon 2B, l'artiste esquisse les traits du visage, en veillant à ce que les yeux soient équilibrés des deux côtés de la ligne centrale reliant le sommet de la tête au menton.*

3 *Chaque fois qu'il se regarde dans le miroir, il doit adopter la même expression, tâche rendue plus facile à mesure que les traits couvrent le papier. Il construit les zones d'ombre du côté du nez pour obtenir un effet de relief.*

4 *Il esquisse ensuite les formes allongées des yeux et des paupières.* Médaillon : *Au crayon 2B, il renforce les ombres déterminées par l'épaisseur de la paupière supérieure.*

5 *Il s'assure que la forme générale de la chevelure court autour de la tête, afin que les cheveux apparaissent comme une masse recouvrant la sphère du crâne.*

6 *Le portrait n'est pas seulement constitué d'un visage et d'une chevelure. L'artiste esquisse les tons de l'épaule et de la partie de la poitrine plongées dans l'ombre. Les zones sombres et claires contribuent à créer une illusion de volume.*

Le dessin achevé

Ce dessin présente une gamme de tons variés. Une lumière réfléchie apparaît dans la partie la plus sombre du visage, et la tonalité la plus intense traverse le visage du front au col de la chemise. Les formes de la barbe et les rides de la partie éclairée du visage sont décrites en traits légers. Ce type de modulation permet d'obtenir une image tridimensionnelle convaincante.

Portrait et grille portative

La grille portative qui figure sur cette double page est une version plus perfectionnée des systèmes de mesure exposés p. 38-39. Placée devant le sujet, la trame de cette grille, qui sert de référence au dessin, permet de déterminer avec précision les dimensions et positions relatives des éléments de l'espace pictural. La grille portative illustrée ici bénéficie d'une amélioration supplémentaire, le fil à plomb. Installez celui-ci le long d'une verticale de la grille et placez le sujet de sorte que l'un de ses traits (le bord du visage ou l'angle extérieur d'un œil) coïncide avec le fil à plomb, ce qui vous permettra de vérifier à tout moment que ni la position du modèle, ni votre point de vue, ne se sont modifiés au cours du travail.

Crayon HB

La feuille de papier qui recevra le dessin est elle aussi couverte d'un quadrillage ; il n'est cependant pas nécessaire que les deux quadrillages (celui de la grille portative et celui de la feuille) aient la même dimension ni le même nombre de carreaux. En traçant sur la feuille des carreaux plus petits ou plus grands que ceux de la grille portative, vous augmenterez ou diminuerez l'échelle du dessin.

La mise au carreau, le dessin exécuté de cette manière, ne constitue qu'une esquisse préliminaire qui devra être reportée ensuite sur une feuille de papier vierge. Le système de la grille portative vous oblige à observer très attentivement le sujet. Dès lors que vous aurez déterminé exactement, dans l'esquisse, l'échelle et les positions relatives des éléments du sujet, vous ne devriez pas rencontrer de difficulté particulière en répétant l'opération pour le dessin définitif. Vous pouvez alors élaborer votre dessin définitif en rajoutant si nécessaire des détails.

La fabrication d'une grille portative

Fixez une plaque de verre sur un cadre en bois robuste. Enfoncez à intervalles réguliers des punaises le long des bords supérieur, inférieur et latéraux du cadre, puis tendez du fil à repriser noir autour des punaises pour obtenir la trame de la grille. Attachez un fil à plomb sur une potence horizontale fixée sur le bord supérieur du cadre, de sorte qu'il recouvre une verticale de la grille lorsqu'on la voit de face. Vous pouvez déplacer la potence le long de la traverse pour régler la position du fil à plomb afin qu'il coïncide avec le sujet. Les dimensions de la grille portative sont dictées par le fait qu'elle doit pouvoir être installée commodément devant le sujet.

Les punaises sont disposées à intervalles réguliers le long des montants et des traverses.

Faites coïncider le fil à plomb avec l'une des verticales de la grille.

La hauteur du plomb (ou le poids) importe peu, pourvu qu'il ne gêne pas l'observation du sujet.

Il est essentiel que la base soit solide, car la grille portative doit être parfaitement verticale.

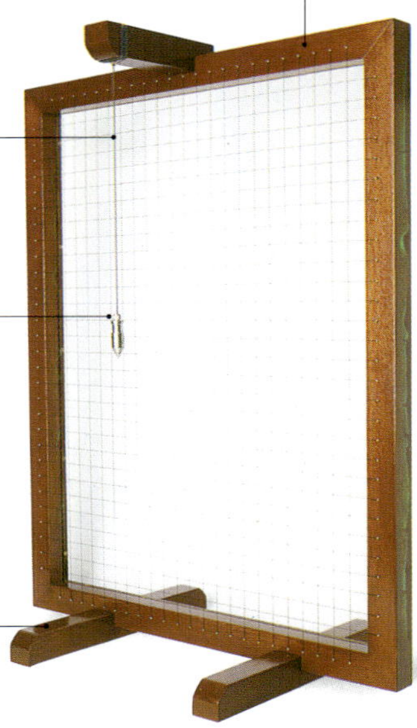

Le dispositif
Installez le sujet derrière la grille portative, en vérifiant que la seconde est parallèle au premier. Déplacez le fil à plomb à l'endroit souhaité. Calez votre planche à dessin en l'inclinant légèrement, précisément en face de la grille portative, afin de ne pas déplacer votre regard du bord inférieur au bord supérieur, ce qui déformerait la perspective.

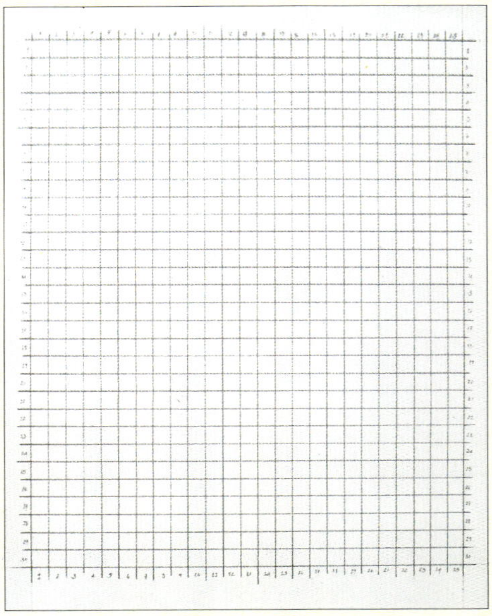

Le quadrillage
Au crayon HB, tracez un léger quadrillage sur la feuille. Plus les carreaux sont grands, plus l'échelle du dessin augmente, et réciproquement. Vous pouvez également subdiviser certains carreaux en grilles plus petites pour dessiner des zones particulièrement détaillées.

1 *Au crayon HB, et en comptant soigneusement les carreaux de la grille pour déterminer leur emplacement exact, esquissez les éléments principaux. Tracez le contour du visage et de la chevelure, et indiquez les yeux, sourcils, nez et bouche.*

2 *Avec le flanc de la mine, tracez de longues lignes courbes, ainsi que l'angle du cou, des épaules, et du col de la chemise et du gilet du modèle.*

3 *En larges coups de crayon, dessinez le contour des bras et du col en V du gilet. Comptez les carreaux vers le bas pour localiser l'emplacement des mains. Esquissez la forme de chaque doigt.*

4 *Toujours en vous référant à la grille, ombrez les zones plus sombres ainsi que les plis des vêtements du modèle. Gardez les yeux mi-clos pour distinguer plus précisément les différents tons. Avec le flanc de la mine, construisez un ombrage peu couvrant, en variant la pression pour moduler les tons.*

Le dessin achevé

L'ensemble des traits du modèle, de même que les modulations de l'ombrage créant une impression de volume, ont été déterminés et dessinés en fonction de la grille. De cette approche apparemment rigide et mécanique, il résulte un beau portrait exprimant le calme et l'humeur introspective du modèle.

La chevelure est dessinée à grands traits, sans individualiser les mèches folles, mais en respectant la forme générale de la coiffure.

Le côté non exposé à la lumière présente les ombres les plus profondes.

Les zones fortement éclairées sont laissées vierges, à l'exception des contours qui les délimitent

La ligne horizontale du bras posé sur la table fournit une puissante base à la composition qu'elle équilibre.

L'art du portrait

Lorsque vous aurez pris de l'assurance et maîtriserez les questions de proportions de la tête et d'emplacement des traits du visage, il sera temps d'aborder les considérations artistiques – la représentation de la personnalité et du caractère du modèle. Maints grands portraitistes semblent posséder le don d'exprimer la « vérité intérieure » de leur modèle, d'en révéler bien plus que celui-ci ne l'aurait escompté. Le secret réside dans l'observation attentive et le choix des techniques qui vous permettront de traduire le tempérament du sujet.

Certains portraits semblent aussi raides que compassés, comme si le modèle au garde-à-vous haïssait chaque minute de la pose. Travaillez dans une ambiance aussi détendue que possible : parlez avec votre modèle ou faites-lui écouter de la musique. L'exécution d'un portrait étant souvent un travail de longue haleine, le modèle doit être confortablement installé dans une pose naturelle. Si celui-ci a tendance à se tenir voûté, rien ne pourra le persuader de se tenir droit sans que son attitude ne paraisse douloureusement inconfortable.

En fait, le langage du corps est souvent aussi significatif, voire davantage, que l'expression du visage. Une personne heureuse, assurée, redresse la tête et vous regarde droit dans les yeux, tandis qu'une personne triste a tendance à s'affaisser sur sa chaise, à se voûter et à regarder ses pieds. Recherchez de tels indices avant de commencer le dessin, puis choisissez en conséquence la technique adaptée.

Crayon HB

Le crayon HB

Cette esquisse est exécutée au crayon HB. Des traits rapides construisent les tons du visage. Médaillon : *Même si le dessin est rapidement esquissé, l'angle des ellipses de la tasse doit être exact.*

Eau

Stylo à pointe tubulaire de 0,25

Le stylo à pointe tubulaire

Celui-ci produit une ligne fine lorsqu'on travaille à traits rapides, et pleine lorsqu'on la trace plus lentement. Trempez le doigt dans l'eau pour fondre les zones de hachures, sur le sommet de la tête par exemple. Médaillon : *Des contre-hachures (voir p. 44-45) construisent de petites zones de valeur autour des yeux et du nez.*

Le stylo à bille

Le stylo à bille roule en douceur sur le papier ; il est parfaitement adapté à l'esquisse rapide, comme ce dessin exécuté sur du papier journal, support mince et se froissant facilement, et sur lequel le stylo à bille glisse en traits légers. Médaillon : *Pour construire les valeurs les plus sombres, comme les cheveux, repassez légèrement à plusieurs reprises sur les mêmes zones, sans accroître la pression du stylo.*

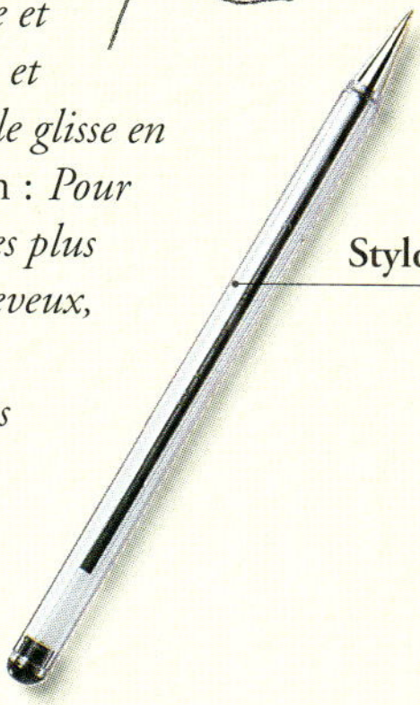

Stylo à bille

Crayon H

Le crayon H

Le crayon H trace une ligne fine et légère : il est adapté aux poses introspectives. Travaillez avec précaution pour ne pas percer le papier avec la mine dure. Médaillon : *Avec la pointe de la mine, dessinez les éléments les plus sombres et les plus détaillés, comme l'œil et le nez.*

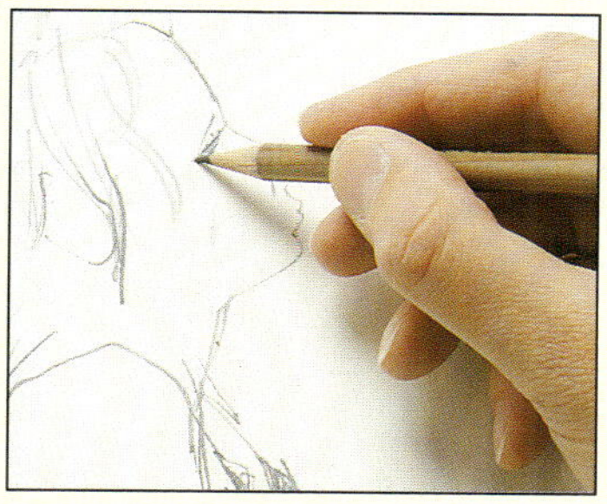

Le crayon 2B

Le crayon 2B produit une ligne souple, adaptée au tracé net du profil. Pour dessiner précisément la ligne partant du sommet de la tête jusqu'à la nuque, utilisez une grille imaginaire (voir p. 38-39). Médaillon : *Augmentez la pression pour construire les zones d'ombre plus intense.*

Crayon 2B

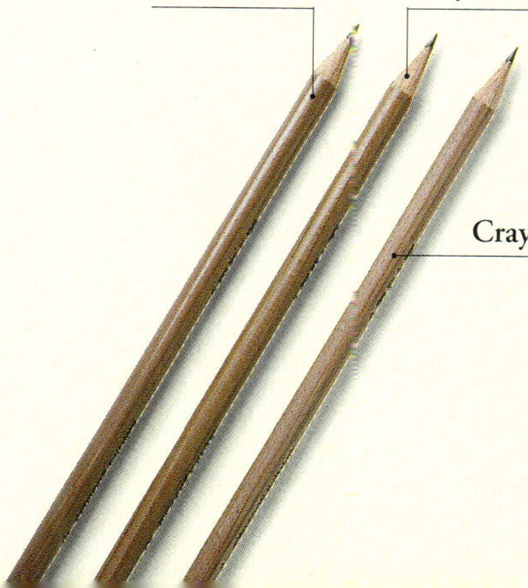

Crayon H

Crayon 2B

Crayon 4B

Crayons de gradations diverses

La source lumineuse est ici placée sous le sujet. Le visage n'étant d'ordinaire pas éclairé de cette façon, les tons devront être construits de manière plus convaincante afin que le portrait soit vraisemblable. Médaillon : *L'utilisation de crayons de diverses gradations accroît la maîtrise des valeurs tonales.*

Les enfants

Mary Cassatt (1845-1926), artiste américaine qui travailla essentiellement à Paris à la fin du XIXe siècle, a exécuté de merveilleux dessins d'enfants, mais on en trouvera d'autres exemples dans l'œuvre de maints artistes célèbres. Les peintres amateurs aiment également depuis toujours dessiner leur progéniture, car il est en effet très satisfaisant d'exécuter une série de portraits qui constitueront autant de souvenirs vivants des étapes de la croissance d'un enfant.

Le dessin d'enfants présente certaines difficultés, la première étant que les bambins ne peuvent demeurer longtemps immobiles. Vous parviendrez à surmonter ce problème en vous arrêtant fréquemment de travailler afin qu'ils puissent se dégourdir les jambes. Veillez également à ce que leur pose soit confortable pour réduire le risque de les voir gigoter d'impatience.

Outre ces questions pratiques, vous devrez également tenir compte de certaines considérations techniques. Les proportions du corps humain varient considérablement au cours de la croissance de l'enfant jusqu'à l'âge adulte. La taille relative de la tête, proportionnellement au reste du corps, se modifie, de même que la longueur des bras et des jambes par rapport au buste. Le cou soutient médiocrement la tête du nourrisson, mais se raffermit au fur et à mesure de la croissance ; les jambes longues caractérisent la période de l'adolescence ; les traits du visage des tout-petits occupent un espace plus restreint de la tête et sont moins précis que ceux de l'adulte.

Un dernier mot : les enfants peuvent incarner de charmants sujets de dessin, surtout s'ils font partie de la famille, mais évitez toute approche trop sentimentale.

Fillette au chapeau
La fillette porte son chapeau rabattu sur les yeux et regarde le spectateur. Les mains sont à peine esquissées, pour ne pas détourner l'attention du visage.
Médaillon : *L'ombre sous le chapeau crée un effet de volume.*

Crayon 2B

Les proportions de l'enfant

Ces schémas illustrent la modification des proportions relatives de la morphologie de l'enfant, de l'âge tendre à l'adolescence. La mesure de la tête (voir p. 54-55) constitue l'une des méthodes les plus efficaces pour vérifier l'exactitude du rendu d'un portrait ou d'un dessin en pied. Remarquez également les variations de la longueur relative des jambes par rapport au reste du corps. Vers l'âge de 12 ans, les proportions du corps de l'adolescent sont proches de celles de l'adulte.

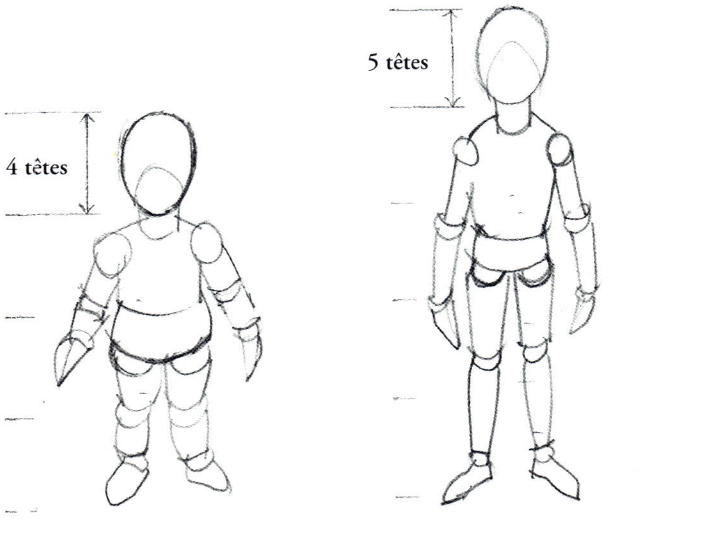

1 an

4 ans

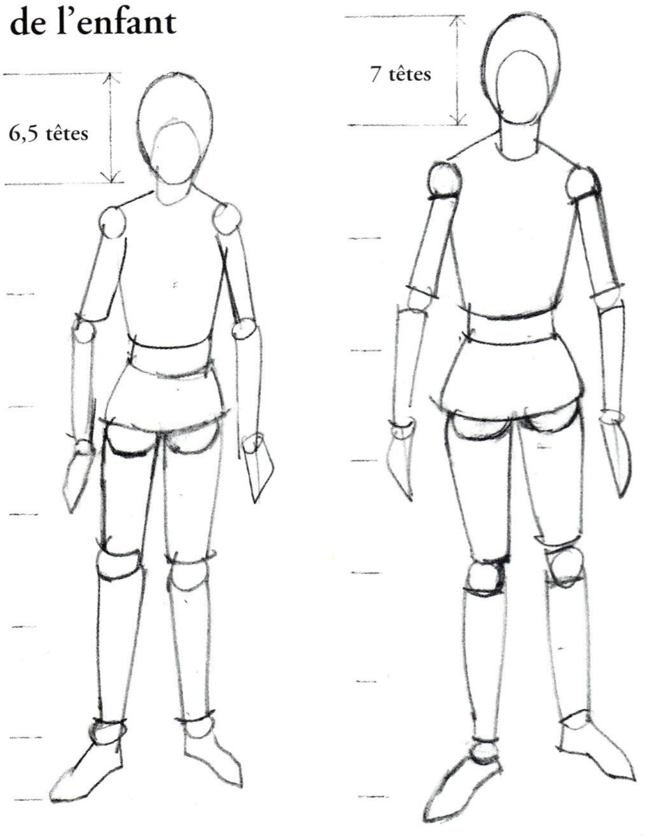

8 ans

12 ans

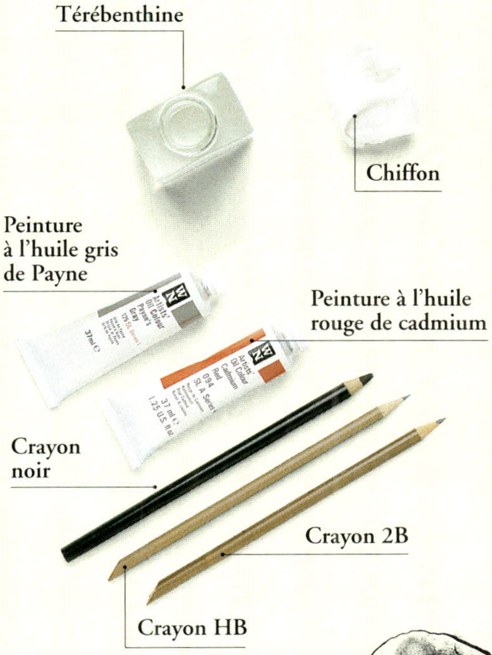

Fillette sagement assise

La forme du pull-over est obtenue au rouge de cadmium étalé au chiffon, et les traits sont dessinés avec des crayons de diverses gradations. Le gris de Payne dilué à la térébenthine est étalé au chiffon jusqu'à la limite des cheveux. Médaillon : *Le col du pull-over est dessiné au crayon noir.*

Portrait de groupe

Les contours des figures sont esquissés à la plume d'acier et à l'encre de Chine. Médaillon : *La gorge de la fillette en avant-plan et les cheveux du garçonnet en arrière-plan sont ombrés avec le pouce trempé dans l'encre.*

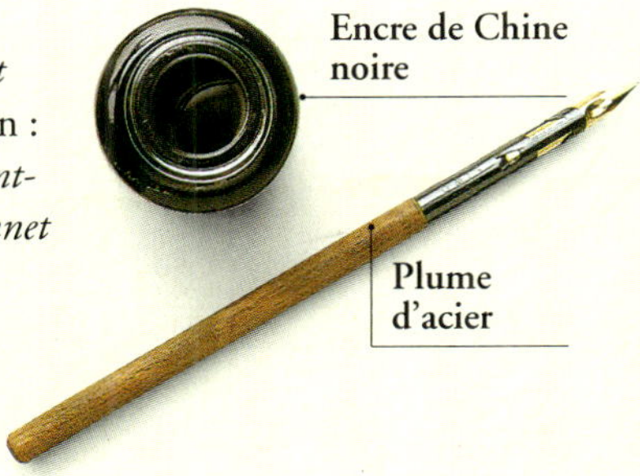

Fillette de profil

Ce profil en pied met en valeur les jambes longues, le corps mince et les traits encore juvéniles montrant l'élégance d'une adolescente aux proportions proches de celles de l'adulte. Médaillon : *Construit en traits fins et rapprochés, l'ombrage forme une masse colorée. Recherchez toujours dans chaque couleur des traces d'autres couleurs.*

Le dessin du corps humain

Le corps humain constitue depuis des siècles le sujet classique de l'art occidental, qualifié par Michel-Ange d'« objet le plus éminent de l'art ».

Cependant, le dessin du corps humain peut paraître très intimidant au premier abord. L'astuce consiste à s'exercer à observer les différentes parties du corps comme autant de formes géométriques simples (voir p. 54-55). Considérez le bras et l'avant-bras, la cuisse et la jambe, en termes de cylindres reliés entre eux, la poitrine et les fesses comme des variations de la sphère, et la tête comme contenue dans une forme cubique. Cette approche conférera au dessin une solide infrastructure, à partir de laquelle vous modifierez subtilement les formes de base pour élaborer la musculature et les articulations, en tenant compte des lois de la perspective (voir p. 40-43), car les formes varient en fonction de l'angle de vue et du niveau de regard.

En dessinant un nu, veillez à ce que la chair ressemble à de la chair. Pour vous exercer à dessiner des formes doucement arrondies, telles que la poitrine, remplissez partiellement d'eau un ballon de baudruche et posez-le sur une surface plane, ce qui déformera le ballon : vous pourrez appliquer au dessin de nu cet exercice qui vous familiarisera avec le dessin de solides montrant des variations de formes. Des formes plus rigides, comme les genoux et les épaules, requièrent une approche différente ; le contraste de leurs tons clairs et sombres est souvent plus important que dans le cas des formes arrondies.

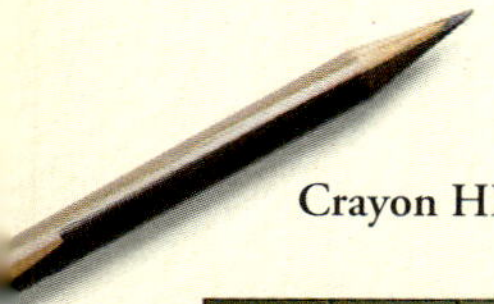

Crayon HB

L'étape suivante consiste à examiner le fonctionnement du corps. Une connaissance approfondie de l'anatomie humaine, du nom du moindre muscle et tendon ne vous sera d'aucune utilité. Le secret, c'est l'observation attentive : en dessinant, veillez à ce que la tête ou le buste ne soit pas tournés de façon anormale, et que les membres présentent la bonne inclinaison. L'équilibre de la pose est également essentiel : le corps ne peut se pencher au-delà d'une certaine limite sans tomber. Le déplacement, même minime, d'un membre affecte l'ensemble du corps. Vous le constaterez en étudiant votre reflet en pied dans un miroir : tenez-vous les jambes écartées, afin que le poids de votre corps soit également réparti, puis déportez votre poids sur la jambe gauche ; la hanche gauche se soulève tandis que l'épaule droite s'incline vers le bas pour compenser le déplacement du centre de gravité et vous permettre de conserver l'équilibre.

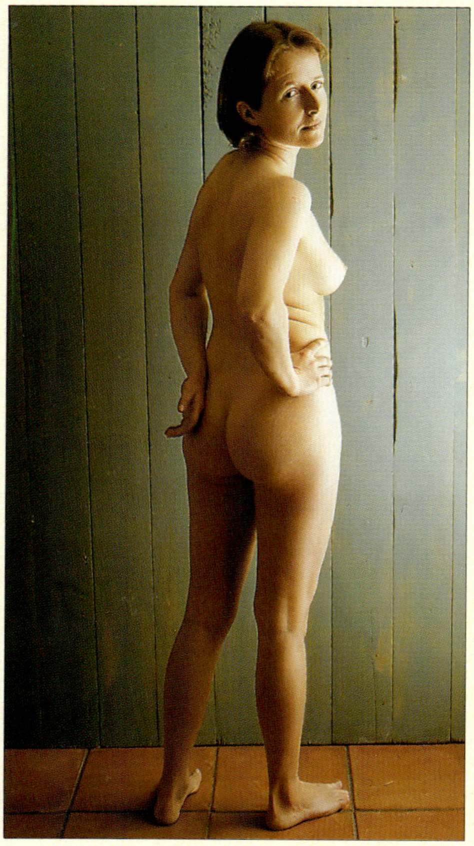

La pose
Le modèle est placé devant un fond uni ; la lumière provient d'une fenêtre située à droite. Ce dispositif offre un puissant contraste entre les zones claires et sombres : faites bon usage des tons et des ombres pour créer une impression de volume.

1 *En effectuant une visée au crayon (voir p. 36-37), vérifiez avec le pouce les longueurs relatives des parties du corps. Esquissez le contour du sujet, en notant comment les membres s'articulent en formes géométriques simples. Commencez à construire la principale zone sombre sur le dos et les fesses, en hachures peu couvrantes (voir p. 44-45).*

2 *Continuez à construire les valeurs par des hachures sur la tête, sur la droite du visage, sur les épaules et sur le dos. En travaillant avec une mine bien taillée, tracez l'ombre décrivant la forme sphérique des fesses.*

3 *Accentuez le contour de la hanche et de la cuisse, et ombrez en traits amples la partie postérieure des jambes. La partie antérieure des jambes est fortement éclairée : ces zones sont à peine ou pas du tout ombrées.*

4 *Après avoir posé les valeurs en touches légères sur les zones appropriées de l'ensemble du dessin, renforcez et assombrissez celles-ci pour obtenir leur densité exacte. La position et l'angle des pieds sont importants : soutenant le personnage, ceux-ci doivent paraître reposer sur une surface dure.*

5 *Rajoutez les petits détails et augmentez le contraste des valeurs aux endroits requis. Veillez à ne pas créer une opposition de tons trop marquée, ni à trop mettre en valeur les détails, pour ne pas ruiner l'équilibre du dessin.*

Le dessin achevé
La façon dont la tête se tourne pour regarder par-dessus l'épaule, ainsi que l'opposition de l'angle des épaules avec celui des hanches, contribuent à créer la nécessaire impression de tension de cette pose décontractée et naturelle. Le simple contraste de lumière et de ton unifie le dessin.

Pour dessiner une pose correctement équilibrée, la méthode la plus simple consiste à tenir un fil à plomb (réel ou imaginaire) tombant à partir du creux du cou jusqu'au sol, puis de déterminer où celui-ci recoupe les membres et les autres parties du corps. Si, debout, vous déportez le poids de votre corps sur un pied, le gros orteil de ce pied se trouve sur ou à proximité du fil à plomb. Si votre poids est équilibré sur les deux pieds, le fil à plomb touche le sol à mi-distance entre ceux-ci. Utilisez ensuite un système de grille ou de mesure (voir p. 36-39) pour dessiner les membres et les autres parties du corps à leur taille exacte.

Ne développez jamais les détails isolés - doigts, orteils ou traits du visage - au détriment de l'ensemble, car ils prendraient alors trop d'importance par rapport au reste du dessin.

Accordez-vous un espace de travail suffisant : l'idéal, c'est de vous installer à environ 2,5 m du sujet. Si vous vous rapprochez, certaines parties risquent d'être déformées par un effet de perspective. Vous exagérerez, par exemple, les dimensions de la tête du modèle si celui-ci, debout, est approximativement de votre taille, car sa tête sera plus proche de vous que les autres parties de son corps et paraîtra ainsi plus grande qu'elle ne l'est en réalité.

Le corps humain est dans l'ensemble symétrique. Tenez-en compte, même en le figurant en perspective afin que les parties les plus éloignées semblent plus petites que les plus proches.

Quelques astuces vous permettront de juger de l'exactitude du dessin. Afin d'apprécier les petits défauts d'équilibre de la pose ou d'emplacement des parties du corps au cours de l'exécution d'un dessin de personnage, regardez dans un miroir l'image inversée du dessin.

Vous pouvez également retourner le dessin vers vous pour rechercher les erreurs d'exécution, souvent difficiles à distinguer tant l'image du corps humain nous est familière.

Fusain

Dessin rapide au fusain

Il est difficile de tenir longtemps cette pose : le fusain convient bien à l'esquisse rapide. Travaillez avec la pointe du fusain pour tracer des lignes précises, autour des doigts, du profil et des pieds. Pour les grandes zones d'ombre, travaillez avec le corps du fusain, et modulez les tons en les estompant avec le doigt. Lumière et pose sont les deux sujets de ce dessin : le personnage est partiellement éclairé de dos, et les ombres de la chaise produisent un motif intéressant.

Dessin détaillé au crayon HB

Instrument adapté à l'exécution d'études détaillées comme celle-ci, le crayon HB trace des lignes fines dans une vaste gamme de tons. Remarquez comment les traits de crayon courant dans diverses directions animent le dessin. En laissant vierges les zones de lumière, et en les cernant de zones d'ombre, on crée une impression de légèreté.

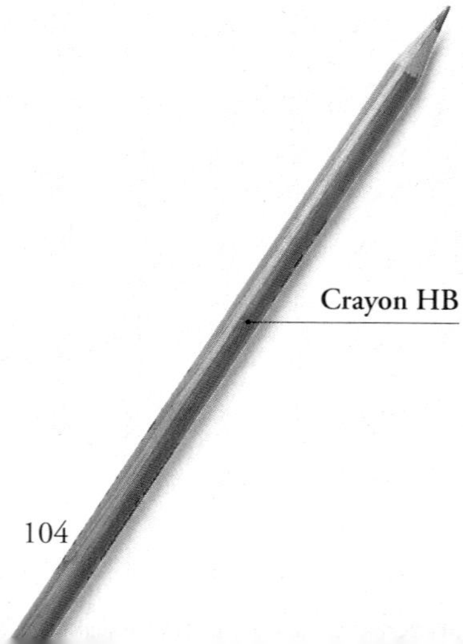

Crayon HB

Fines hachures à la plume et à l'encre diluée

Le contraste brutal que présente normalement un dessin à la plume et à l'encre peut sembler impropre à une étude aussi délicate et intime que celle-ci. Diluez l'encre avant de commencer à travailler et construisez progressivement le dessin en touches légères. Renforcez au fur et à mesure les tons en resserrant les hachures. La délicatesse de la facture convient à la pose lovée, presque fœtale.

Un sujet très vivant au crayon aquarellable

Le crayon aquarellable peut tracer une ligne très précise, adaptée à la mise en couleur de zones très restreintes, comme le contour du pull-over. La couleur peut également se délayer en lavis pour travailler les cheveux. Remarquez la précision des contours décrivant le pantalon : les plis du vêtement épousent la forme sous-jacente des jambes de l'enfant.

Dessin linéaire au crayon Conté noir

Ce dessin linéaire a été rapidement esquissé au crayon Conté, car ce type de pose ne peut être tenu longtemps. Le poids du corps est porté sur le pied gauche, ce qui projette vers le haut la hanche gauche. La tête inclinée sur le côté contribue aux nombreux angles intéressants de la pose. La ceinture et les vêtements, de même que la structure du corps, présentent maintes formes cylindriques. Dessinez avec soin les différentes ellipses (voir p. 41).

Le corps humain vêtu

Le dessin du corps humain vêtu présente des difficultés particulières qui résultent de la nécessité de figurer le personnage et sa pose tout en décrivant ses vêtements. Il s'agit d'observer la manière avec laquelle le tissu tombe sur le corps. Les étoffes légères comme la soie ou le coton ont tendance à se draper en nombreuses petites fronces rapprochées, tandis que le velours et le tweed, plus lourds, forment des plis plus rigides et plus distants.

Le drapé des vêtements dépend également de la structure du corps qu'ils recouvrent. Observez d'abord l'anatomie du sujet et recherchez les formes géométriques élémentaires qui constitueront l'infrastructure du dessin. Étudiez ensuite comment les plis des vêtements suggèrent le corps qu'ils cachent, l'« anatomie » du tissu. Rares sont les habits si ajustés qu'ils enserrent le moindre contour du corps. Si par exemple le modèle fléchit le bras, des plis se forment sur la manche autour du coude, la façon dont l'étoffe se fronce est déterminée aussi bien par le mouvement du coude que par le poids et la raideur du tissu.

Pour exercer votre regard à l'observation des vêtements, dessinez des tissus à motifs répétés, à rayures ou à pois. Comptez le nombre d'occurrences du motif sur une zone donnée, et veillez à inclure dans votre dessin le même nombre de répétitions. Si le motif s'organise en rangées, tracez des lignes parallèles les suggérant. Il est alors plus facile de comprendre comment modifier la direction du motif là où l'étoffe forme des plis sur les contours du corps.

Crayon HB

***Robe violette et anémones*, Henri Matisse**
Ce tableau illustre à merveille la façon dont le tissu suit les contours du corps. Remarquez le changement de direction des rayures sur les bras et les jambes du modèle.

La pose
Cette pose énergique montre un contraste entre la torsion de la tête et l'extension de la jambe droite ainsi que du bras gauche avec les verticales parallèles du mur et du sol. Les ombres sont aussi importantes que les zones claires.

1 *Au crayon HB, esquissez la structure de la composition. Une verticale imaginaire partant du bord des yeux sert de ligne de référence pour l'emplacement des éléments qui la recoupent. Commencez à décrire les plis du tissu autour de la taille.*

2 *Dessinez vers le bas, en vérifiant que les angles du modèle s'accordent avec la chaise sur laquelle il est assis. Tracez les plis de l'étoffe couvrant les genoux – ces plis traduisent à la fois le poids du tissu et la forme du corps sous-jacent.*

3 *L'esquisse, montrant notamment le côté droit du personnage plongé dans l'ombre, est presque achevée. Commencez à rajouter les détails, comme les pois de la jupe, en esquissant très légèrement les lignes directrices des rangées. Des pois partiellement dessinés suggèrent les plis.*

4 *Les lignes directrices facilitent l'analyse du drapé du tissu sur les genoux. Là où l'étoffe se plisse sur le corps, les pois prennent la forme de cercles déformés et d'ellipses. Veillez à dessiner autant de pois qu'en compte chaque zone.*

5 *Construisez les ombres et accentuez-les sur les plis de l'étoffe couvrant les jambes. Des lignes sombres donnent leur profondeur aux plis et au drapé, tandis que des lignes claires contournent les plis de la cuisse et du genou.*

Le dessin achevé

La pose alanguie mais rythmique contraste avec les lignes robustes de la chaise. Remarquez comment les pieds de la chaise ancrent solidement la composition. L'ensemble des éléments, du haut de la chaise aux pieds du modèle, sont unifiés par une large bande d'ombre descendant sur le côté droit du modèle. Cette bande de tonalité intense est également visible sur la chaise dessinée en traits puissants, très sombres, pour créer un contraste entre la dureté du bois et la souplesse des vêtements et du corps.

Les mains

EXTRÊMEMENT EXPRESSIVES, les mains peuvent traduire la personnalité et l'humeur du modèle que vous dessinez. Songez par exemple aux poings fermés par la colère, aux mains jointes dans la prière, ou à la main tendue, paume vers le ciel, d'un mendiant.

Commencez par observer vos propres mains. Posez une main devant vous sur la table, et étendez les doigts au maximum : la main rayonne en forme d'éventail à partir du poignet. Observez comment les doigts se séparent de la partie pleine de la main. La base de l'auriculaire est située légèrement en dessous de celle des trois doigts du centre – en fait, la base et l'extrémité de chaque doigt sont un peu décalées les unes des autres.

Les cinq doigts se présentent sous la forme de petits cylindres (deux seulement pour le pouce, plus court, trois pour les autres). Des plis et des rides traversent le pourtour des articulations ; celles-ci sont un peu plus épaisses, car c'est ici que les tendons se rattachent à l'os. Notez que le pouce est tourné sur le côté, ce qui lui permet de travailler en opposition avec les autres doigts.

Observez maintenant les sillons sur la peau de la paume, sur les articulations des doigts et autour de la base de la main, au niveau du poignet ; ces rides, dont le dessin vous permettra de créer un effet de volume, deviennent plus profondes lorsque l'on replie les doigts.

Ensuite, serrez fortement le poing : sa forme est très grossièrement cubique. La peau est tendue sur les os et les articulations forment une crête aussi dure qu'ondulée traversant le dos de la main. Observez attentivement cette crête : elle contribuera à donner l'impression d'un dessin en chair et en os.

Crayon Conté sanguine

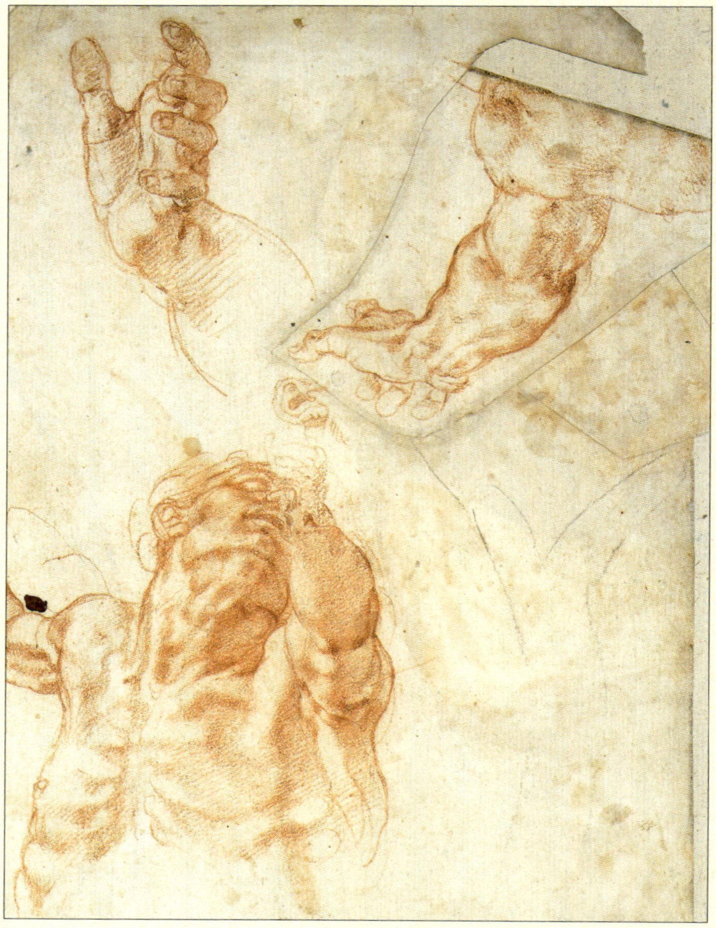

Étude pour Aman dans la chapelle Sixtine, **Michel-Ange**
Ces dessins préparatoires pour les fresques de la chapelle Sixtine, au Vatican, révèlent le talent consommé de Michel-Ange. Loin de n'être que de simples exercices techniques, ils donnent une extraordinaire impression de vie.

La structure de la main

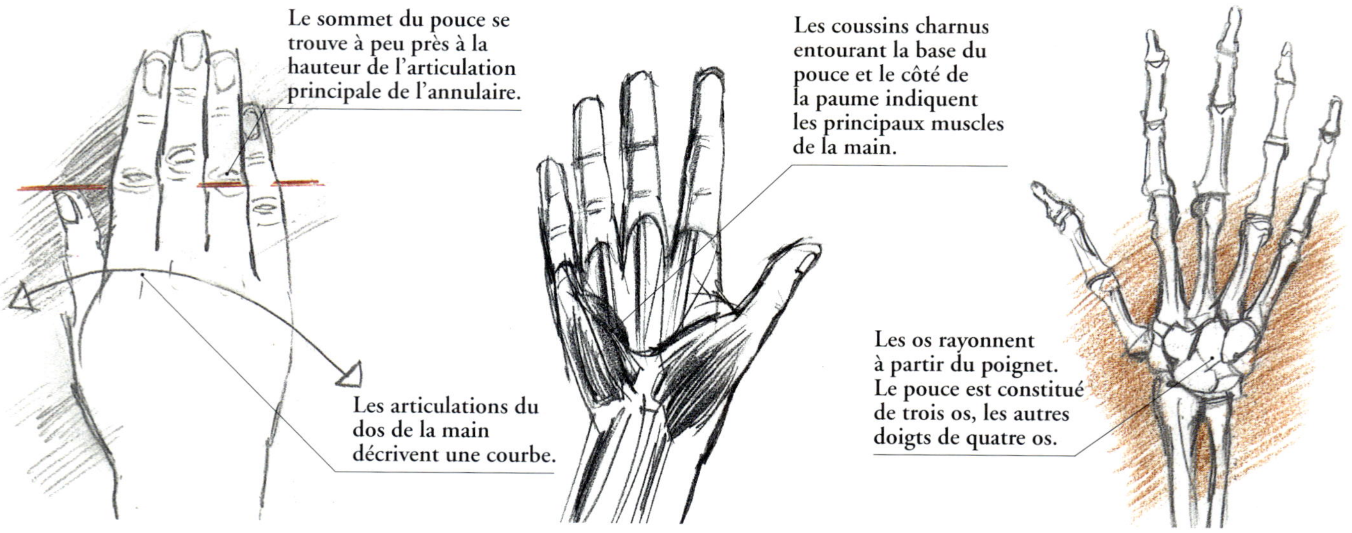

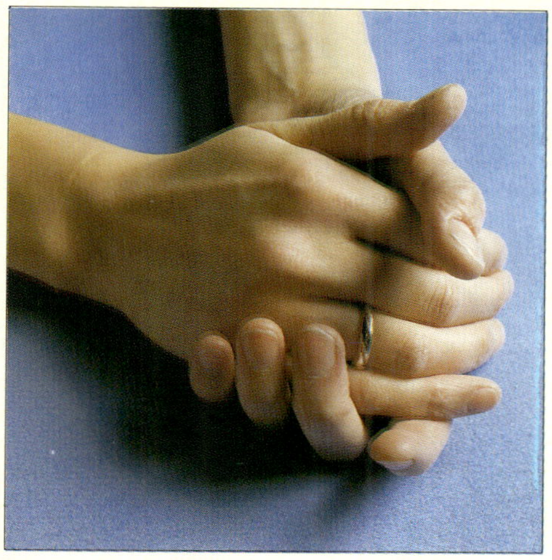

La pose

La source lumineuse doit être suffisamment puissante pour créer un bon contraste de lumière et d'ombre. L'éclairage et la pose détendue vous aideront à lire les formes générales ainsi que les détails des doigts.

1 *Esquissez au crayon Conté sanguine les formes de base, en accentuant les lignes entre les doigts. Dessinez soigneusement le contour, en veillant à rendre avec précision le moindre changement de direction ou d'épaisseur de la ligne.*

2 *En hachures peu couvrantes (voir p. 44-45), construisez progressivement les tons du dos de la main et des côtés plus sombres des doigts. Pour les modelés les plus intenses, tracez des hachures très rapprochées. Les hachures courent dans des directions différentes, afin de ne pas obtenir un résultat trop mécanique.*

3 *Travaillez l'infrastructure cylindrique des doigts pour les effiler en fuseau. Remarquez la lumière réfléchie éclairant les doigts de la main gauche, et contribuant ainsi à créer un effet de volume.*

Le dessin achevé

Dans cette étude, lumière et ombre jouent un rôle décisif : toutes les formes cylindriques présentent des tons clairs, intermédiaires et sombres, et l'utilisation de l'ombre ainsi que de lignes plus sombres décrivant les doigts crée un puissant effet de relief. La réduction de chaque élément en forme simple est d'un grand secours dans le dessin de la main. Les angles – des doigts les uns par rapport aux autres et des poignets par rapport aux mains – sont déterminants. Remarquez que l'ombre portée du pouce de la main gauche décrit comme un anneau sur les doigts en dessous, contribuant ainsi à renforcer la densité du dessin.

Les oiseaux

Maintes espèces d'oiseaux, créatures aussi merveilleuses que fascinantes, ont été représentées par le naturaliste américain John James Audubon (1785-1851) dont l'œuvre constitue encore aujourd'hui la base du travail des peintres d'histoire naturelle.

Examinez d'abord quels sont les traits les plus caractéristiques de l'oiseau à dessiner. Un oiseau-mouche, par exemple, possède un long bec avec lequel il boit le nectar des fleurs, et ses ailes minuscules constamment en mouvement le maintiennent au-dessus des fleurs. Les longues plumes iridescentes de la queue du paon attirent le regard. Les rapaces sont munis d'un bec et d'ergots acérés leur permettant de déchirer leurs proies. Vous pourrez aisément rendre dans vos dessins ces aspects caractéristiques sans connaître l'anatomie de l'oiseau de manière approfondie.

Le dessin de spécimens empaillés constitue un excellent exercice préliminaire. Il est particulièrement difficile de saisir plus qu'un éclair fugitif dans le cas d'un oiseau en vol, mais dans un muséum d'histoire naturelle, vous pourrez l'étudier aussi longtemps que nécessaire. Munissez-vous cependant d'un équipement facilement transportable et discret, surtout pas, pour des raisons évidentes, d'un grand chevalet ni de nombreux godets de peinture et d'eau.

Un carnet de croquis et une petite boîte de crayons sont la solution idéale. Les carrés Conté utilisés dans cet exemple offrent plusieurs avantages : outre leur vaste gamme de couleurs, ils s'effritent moins et sont moins salissants à utiliser que les pastels et les craies, se manient facilement, produisent des lignes homogènes, et l'on peut fondre les couleurs contiguës en les estompant légèrement du doigt. Il n'est pas nécessaire de fixer le dessin (voir p. 152-153), mais protégez-le d'une feuille de papier calque pour ne pas le maculer.

Les plumes

Les trois fonctions principales des plumes sont le vol, la conservation de la chaleur et la parade sexuelle. Examinez la fonction des groupes de plumes que vous dessinez. Si le dessin d'oiseaux vous intéresse plus particulièrement, la connaissance de quelques rudiments de l'anatomie de l'oiseau vous sera utile. L'illustration ci-dessous montre la façon dont les plumes de l'aile se rattachent au squelette. Rien ne saurait cependant remplacer l'observation attentive et intelligente d'un sujet réel.

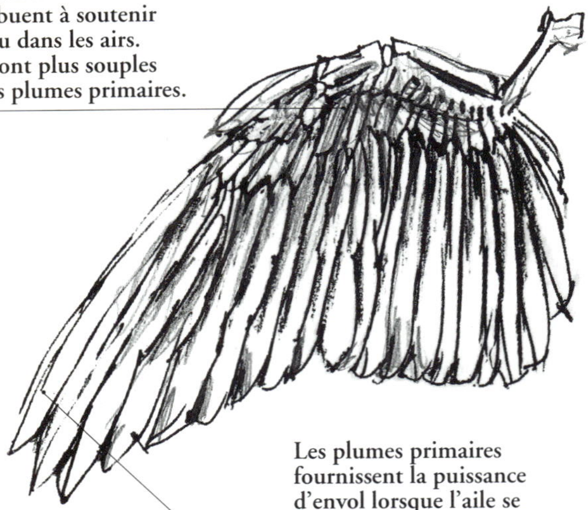

Les plumes secondaires contribuent à soutenir l'oiseau dans les airs. Elles sont plus souples que les plumes primaires.

Les plumes primaires fournissent la puissance d'envol lorsque l'aile se rabat vers le bas. Les primaires de l'extrémité de l'aile servent également à diriger le vol.

Crayon HB

Carrés Conté

Le choix du point de vue

Esquissez quelques études au crayon selon différents angles (à gauche) pour déterminer le meilleur point de vue. Le puissant dos arrondi et les yeux perçants contribuent à exprimer le caractère de cet oiseau. La vue de profil met en valeur le bec sur un fond uni. En ne figurant qu'un seul œil, l'on accentue l'aspect menaçant du perroquet.

1 *Au crayon HB, esquissez très légèrement le contour. Avec des carrés Conté bleu, vert et violet, ajoutez des touches de couleur autour du contour et des différentes parties de l'oiseau.*

2 *Estompez doucement les marques de carré Conté avec le doigt pour fondre les couleurs, en veillant à ne pas déborder des contours de l'oiseau.*

3 *Ajoutez les couleurs de la tête, des ailes et du bec. En appuyant fortement, frottez un carré Conté terre de Sienne tenu en largeur. Utilisez un brun plus sombre pour les zones ombrées.*

4 *Construisez les nuances de vert, avec un jaune vert et un vert plus sombre pour les zones ombrées, afin de créer un effet de volume.*

5 *Appuyez fortement sur la pointe des carrés Conté bleu, noir et violet pour décrire les principaux groupes de plumes, et tracez les longues plumes pointues avec l'arête du carré Conté vert.*

6 *Rajoutez détails et formes, en superposant du jaune au vert pour le vert clair des plumes. Atténuez l'éclat du jaune en l'estompant avec le doigt.*

7 *Rajoutez des touches de jaune et d'orange sur le tronc pour renforcer sa couleur chaude. Détourez au carré Conté blanc la partie inférieure des plumes de l'aile, pour obtenir un contour net.*

Le dessin achevé

Ce perroquet d'Amazonie montre une « pose » typique : l'aile est étendue, le bec vient lisser le sommet des plumes, et un œil prudent, presque agressif, fixe le spectateur. Le volume et les détails du tronc demeurent discrets, pour ne pas détourner l'attention de l'oiseau.

Les animaux

RARES SONT LES ANIMAUX QUI DEMEURENT IMMOBILES suffisamment longtemps pour que vous puissiez les dessiner en détail, mais quelques « ficelles du métier » vous faciliteront la tâche, notamment la rapidité d'exécution acquise en vous exerçant au dessin du contour à l'aveugle (voir p. 32-33).

Avant de dessiner, étudiez le sujet, observez sa façon de se déplacer. En bondissant, soulève-t-il ensemble ses quatre pattes ? Sa queue sert-elle de balancier ? Les animaux en cage arpentent souvent leur espace en un « rythme » précis que vous pouvez apprendre à anticiper. Une connaissance approfondie de leur anatomie n'est pas utile, mais il existe une quantité d'ouvrages de référence traitant du sujet. Les animaux rapides, comme le guépard, possèdent un arrière-train puissant. Les prédateurs, comme le loup, se caractérisent par une mâchoire aux muscles développés et aux dents acérées pour déchirer leurs proies. Réfléchissez aux éléments caractérisant le mieux chaque animal puis veillez à les accentuer dans votre dessin.

Comme dans le cas du dessin du corps humain, examinez l'anatomie de l'animal en termes de formes géométriques simples - cubes, sphères, cylindres et cônes (voir p. 46-47). Observez la lumière et les ombres pour créer une image aux volumes arrondis.

S'il vous est difficile d'approcher des animaux vivants, vous pourrez les dessiner à partir d'une émission de télévision ou d'une vidéo. Cependant, n'utilisez pas l'arrêt sur image, car vos dessins risqueront de paraître statiques : il vaut mieux apprendre à dessiner rapidement l'animal en mouvement, pour exprimer toute sa vitalité, même si vos premiers essais se révèlent décevants.

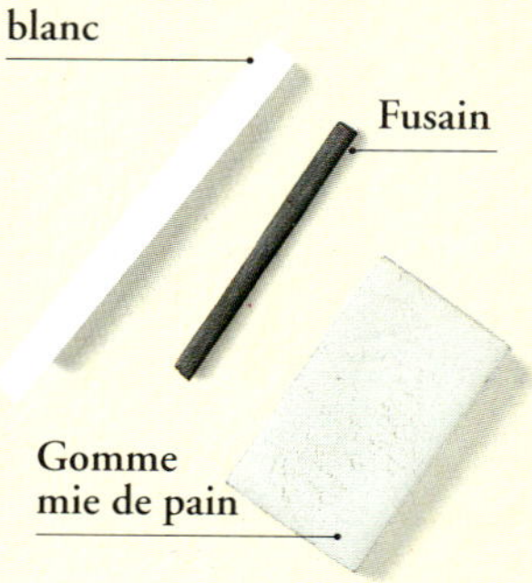

Chat – carré Conté blanc et fusain

Le fusain, qui permet de couvrir rapidement de grandes surfaces, est utile lorsque la vitesse d'exécution est essentielle. Les tons plus clairs sont obtenus en estompant le fusain à la gomme mie de pain ; les reflets dans les yeux sont dessinés au carré Conté blanc.

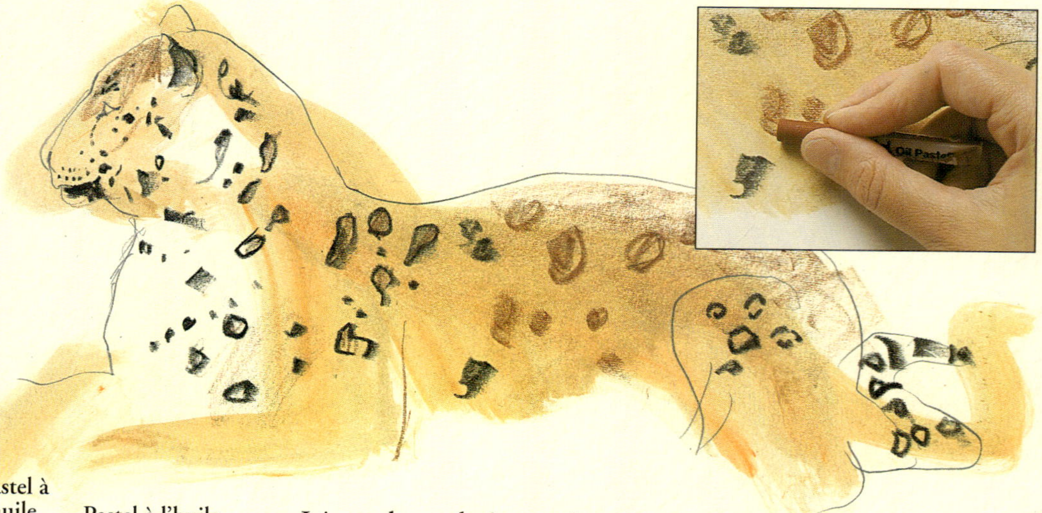

Léopard – technique mixte

La peinture à l'huile diluée à la térébenthine est frottée sur le papier, en touches larges, avec un chiffon propre. Utilisée de la sorte, elle sèche rapidement. Médaillon : *Lorsque la peinture est sèche, les taches de couleurs sont dessinées aux pastels à l'huile ; le contour souple et musculeux du dos et de l'arrière-train est tracé au crayon 2B.*

Lionne et lion – technique mixte

Les peintures acryliques ocre jaune et terre d'ombre brûlée, appliquées avec un chiffon propre humide, rendent la forme et la couleur des animaux. La peinture sèche rapidement : les détails seront dessinés au crayon graphite avant que les lions ne bougent.
Médaillon : *Les profonds plis des mâchoires de la lionne sont tracés au crayon graphite.*

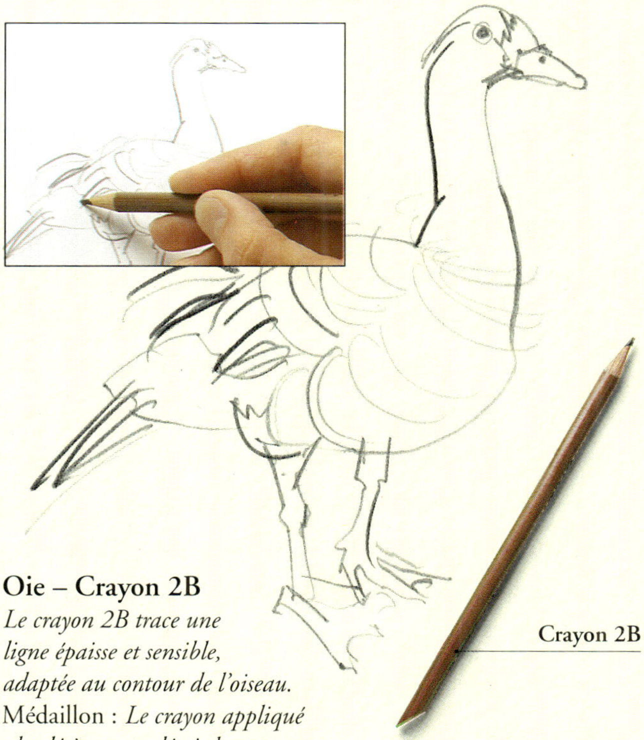

Oie – Crayon 2B

Le crayon 2B trace une ligne épaisse et sensible, adaptée au contour de l'oiseau.
Médaillon : *Le crayon appliqué plus légèrement décrit le contour des plumes secondaires et de la queue de l'oie.*

Hiboux – Crayon HB

Le crayon HB est l'instrument convenant le mieux à ce type d'étude finement détaillée : il permet d'obtenir une grande gamme de tons, du noir intense pour les éléments importants, les yeux et le bec, au gris clair.
Médaillon : *Des traits légers accentuent les détails minutieux des plumes de la tête.*

Les insectes

Les scientifiques qui étudient le règne animal doivent disposer de représentations visuelles très précises. Avant l'invention de la photographie, le dessin et la peinture constituaient l'unique moyen de diffusion de ce type d'information : les naturalistes devaient se faire peintres et cultiver le talent de dessinateur. Au XVIIIe siècle, le capitaine Cook emmenait toujours dans ses expéditions un dessinateur capable de consigner sur le papier la flore et la faune des pays qu'il découvrait ; au XIXe siècle, Charles Darwin, père de la théorie de l'évolution et lui-même artiste accompli, rapportait de nombreux dessins de ses voyages à bord du *HMS Beagle*. De nos jours encore, des dessins aussi détaillés que précis illustrent fréquemment les magazines et les manuels scolaires.

Les insectes, qui comptent au moins un million d'espèces, forment les trois quarts des espèces connues sur terre. Leur diversité est stupéfiante : de mouches si petites que l'on peut à peine les observer à l'œil nu aux papillons aussi grands qu'une assiette, en passant par toutes les tailles, formes et

Technique mixte

Utilisez tout le matériel disponible pour enrichir le dessin et renforcer sa puissance de description. Ici, une fine couche de poussière de pastel est frottée sur le corps encré du scarabée pour rendre le reflet iridescent caractéristique de ses élytres.

Scarabées

Les détails et la forme générale, de même que les couleurs de camouflage, font du scarabée un sujet aussi passionnant que complexe. La masse de l'abdomen et des élytres contraste avec les pattes et les antennes, fines et souvent hérissées de pointes. Crayons aquarellables et encre brune permettront de traduire avec succès de tels contrastes.

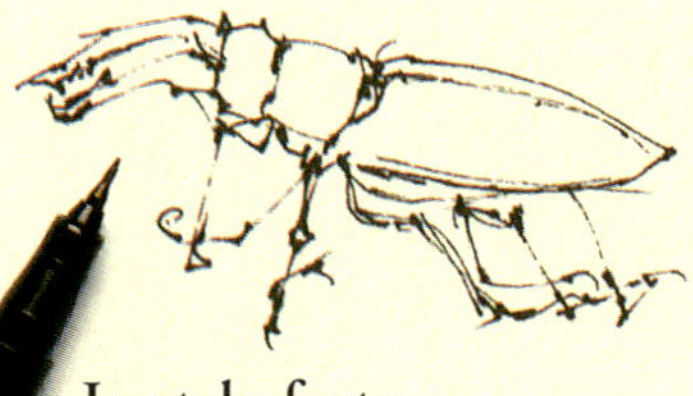

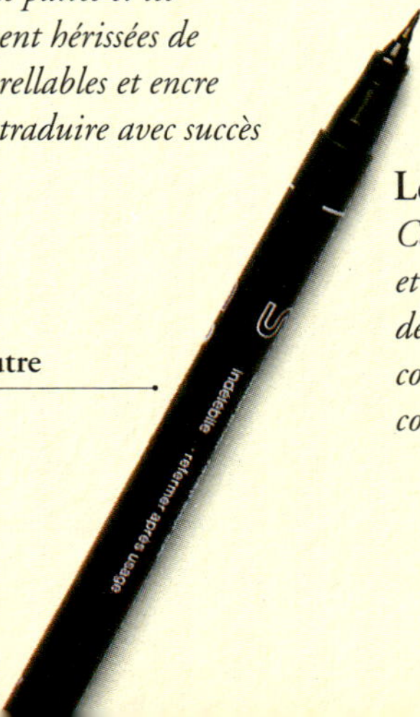

Le stylo-feutre

Certains feutres, à pointe très fine et très dure, produisent des traits délicats. L'encre bue par le papier contribue à rendre le « velouté » des coloris intenses de la carapace.

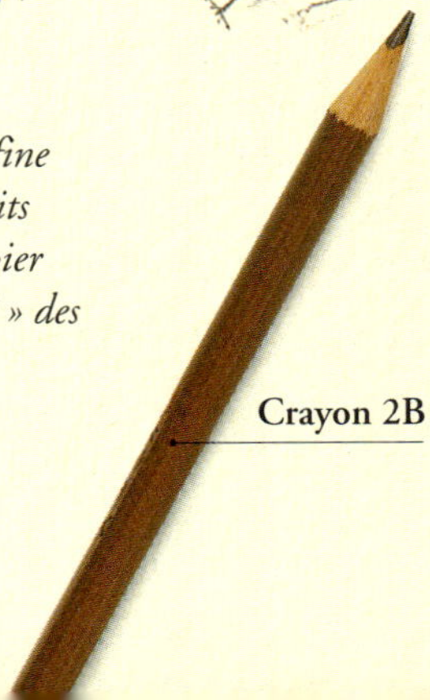

Le crayon

Cette description linéaire est obtenue au crayon 2B. Le papier joue également un rôle considérable : une surface grenée produit un dessin plus sombre, plus intense, tandis qu'un papier plus lisse convient mieux aux détails minutieux.

couleurs imaginables. Les insectes offrent à l'artiste l'occasion d'exploiter les différences visuelles que présentent la massivité de l'abdomen et la délicatesse des pattes et des antennes, de même que l'extraordinaire subtilité de leurs coloris.

Hormis les plus grands papillons, la plupart des insectes sont souvent de petite taille : vous devrez les observer minutieusement, parfois à l'aide d'une loupe, pour représenter la complexité de leurs détails anatomiques, l'articulation des ailes, les différents segments des élytres, la longueur des pattes relativement au corps.

La technique de dessin dépendra, comme d'habitude, de ce que vous cherchez à exprimer. La forme de l'insecte est à l'évidence essentielle, mais vous devrez également examiner ses autres qualités. Si vous dessinez un insecte véloce, à l'aspect agressif et aux lignes dures, comme le lucane, la meilleure approche sera probablement un dessin à la plume et à l'encre ; au contraire, s'il s'agit d'un insecte fragile et délicat, aux ailes arachnéennes et irisées, comme la libellule, un léger dessin à la plume complété au crayon aquarellable conviendra peut-être mieux. Les instruments à pointe fine – plume, pinceau, feutre et crayon – sont adaptés à ce type de travail, mais rien ne vous oblige à respecter un choix prédéterminé : en expérimentant l'ensemble des instruments dont vous disposez, vous découvrirez des techniques et des méthodes de travail que vous ne soupçonniez pas auparavant.

La plume et l'encre
Les variations de la pression exercée sur la plume permettent d'obtenir des lignes de qualités différentes. Vous pourrez dessiner de la sorte les petits détails sombres et veloutés des ailes du papillon.

La loupe
Une loupe ne sera pas inutile, car elle permet d'observer bien plus précisément des détails esthétiquement intéressants, mais difficiles à voir à l'œil nu. Cependant, faites attention de ne pas isoler les détails de leur contexte, ni de les accentuer au détriment du reste de la composition.

Les crayons de couleur
Les crayons de couleur offrent d'innombrables possibilités. Les coloris des ailes sont obtenus par la juxtaposition de petites touches de couleurs différentes, fondues ensemble par l'œil. Rien ne vous interdit d'utiliser plus de deux couleurs, pour créer des nuances plus subtiles.

Papillons
Cette étude traduit la fragilité et la légèreté des mouvements des papillons. Les crayons de couleur sont parfaitement adaptés au sujet, car la blancheur du papier transparaît sous le trait, ce qui permet de rendre l'éclat subtil de ces insectes.

Les mécanismes simples

Le dessin d'un objet composé de pièces en mouvement peut constituer une gageure. Travaillez d'abord sur des mécanismes simples, afin d'exercer votre œil à interpréter les relations mutuelles de ses différentes parties.

L'objet illustré dans cette double page est une maquette d'avion en fil de fer sommairement plié et tordu, exprimant davantage l'idée d'énergie et de mouvement que ne le ferait une maquette plus détaillée et plus raffinée.

Cet avion constitue en quelque sorte une maquette tridimensionnelle au trait, dont le contour sera tout naturellement représenté à la plume et à l'encre, puisque aucune question de modulation du ton ne se pose ici. La plume permet de maîtriser facilement l'épaisseur du trait et glisse librement sur le papier. Le bec de la plume est suffisamment fin pour autoriser de brusques et subtils changements de direction du trait, pour représenter la moindre pliure ou torsion du fil de fer.

Bien que le sujet soit ici interprété assez librement, vous devez donner au dessin une solide infrastructure. Commencez par dessiner au crayon une esquisse exacte en termes d'échelle, de configuration et de construction d'ensemble. Cette méthode s'applique aussi bien au dessin de personnage et de paysage qu'à la nature morte.

Adapter la technique au sujet
Le dessin d'une maquette d'avion peut se traduire par une certaine rigidité mécanique. Ne fondez cependant pas le choix de la technique et de la méthode de travail sur quelque idée préconçue concernant la construction de l'objet en réalité, mais sur l'interprétation possible des caractéristiques visuelles du sujet. Cette maquette présente une forme irrégulière, hérissée d'aspérités et exprimant une énergie considérable, que traduiront bien la plume et l'encre.

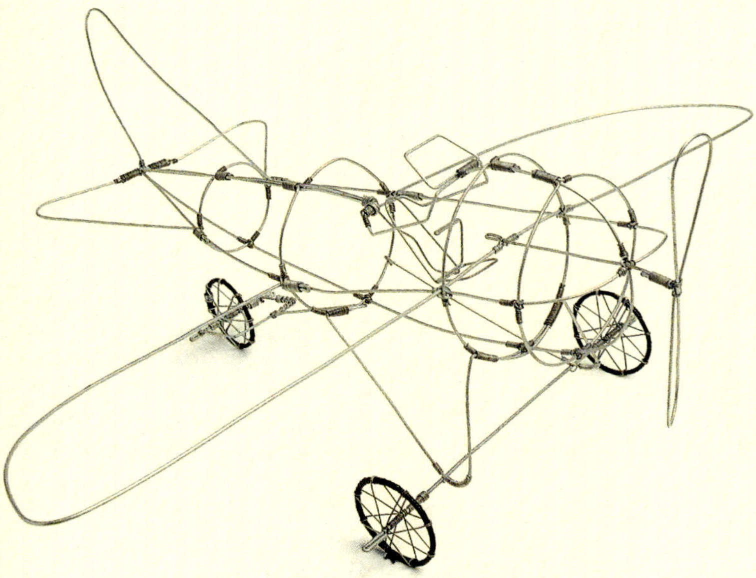

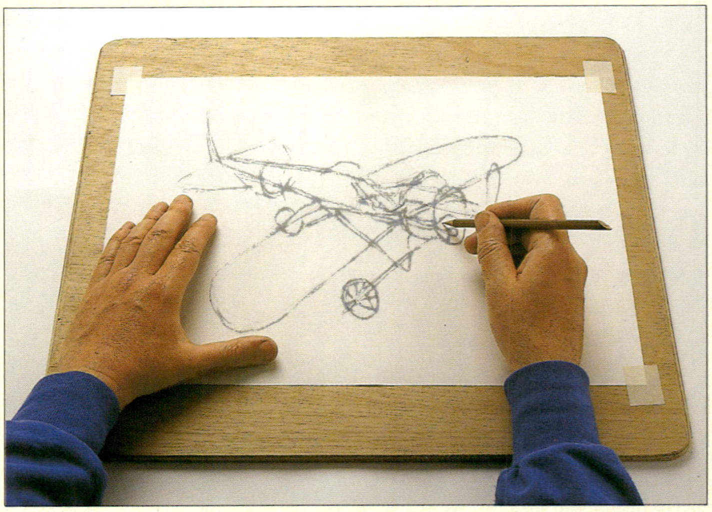

1 *Esquissez l'infrastructure en tenant fermement le crayon HB près de la mine. Dessinez la construction générale de la maquette. Éloignez-vous régulièrement de l'esquisse pour vérifier l'exactitude de l'échelle et des proportions.*

2 *L'esquisse étant achevée, travaillez avec la plume. La prise devra être cette fois-ci assez lâche, afin que la plume chargée d'encre puisse courir sur le papier en suivant les traits de crayon. Une prise trop ferme produirait un tracé rigide.*

3 *À mesure que progressera votre travail, le réseau de lignes commencera à exprimer le caractère du sujet. Appuyez davantage sur la plume pour tracer les lignes les plus proches de vous, afin d'épaissir le trait et de suggérer un effet de relief.*

4 *Après avoir achevé les formes principales de l'avion, rajoutez les détails. Vérifiez que toutes les ellipses sont dessinées correctement (voir p. 41), et veillez à conserver la fluidité du trait de plume.*

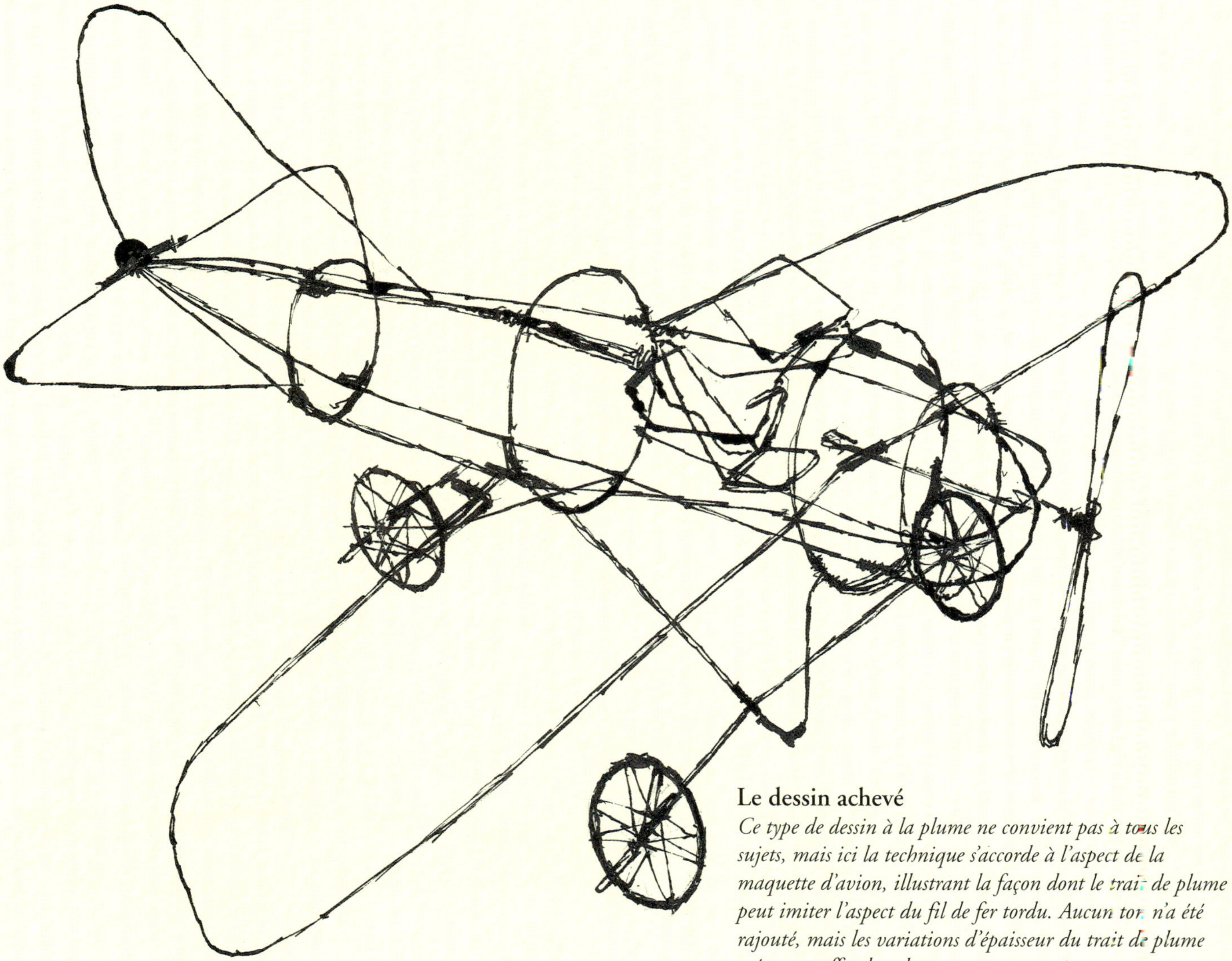

Le dessin achevé

Ce type de dessin à la plume ne convient pas à tous les sujets, mais ici la technique s'accorde à l'aspect de la maquette d'avion, illustrant la façon dont le trait de plume peut imiter l'aspect du fil de fer tordu. Aucun ton n'a été rajouté, mais les variations d'épaisseur du trait de plume créent un effet de volume.

Les mécanismes complexes

Lorsque vous aurez acquis de l'assurance, vous pourrez aborder des mécanismes plus complexes, défi stimulant qui a souvent séduit les artistes. Les carnets de croquis de Léonard de Vinci, par exemple, regorgent de dessins de mécanismes et de machines décrivant autant leurs composants que leur construction.

Les ustensiles mécaniques présentés sur cette double page ont été fabriqués avec une grande précision, leurs structures et leurs composants étudiés dans les moindres détails, ce que votre dessin devra impérativement exprimer. Adoptez, pour ce faire, une approche analytique disciplinée.

La première étape consiste à examiner le fonctionnement du mécanisme. Il est intéressant de manipuler de modestes objets domestiques, comme ce batteur et ce tire-bouchon, pour observer le fonctionnement de leurs composants et se faire une idée des principales pièces mobiles. Examinez ensuite la forme des différentes pièces. Comment s'imbriquent-elles, où se chevauchent-elles ?

Étudiez diverses compositions, en veillant à ce que les principales pièces mobiles soient parfaitement visibles. Même si vous accentuez le caractère mécanique, formel, du sujet, vous pourrez en obtenir un dessin esthétiquement attrayant. Cherchez autant que possible un point de vue qui vous permette d'incorporer une ombre exprimant l'aspect tridimensionnel de l'objet.

Réfléchissez aux qualités que vous souhaitez représenter dans le dessin – les bords acérés, les surfaces métalliques luisantes, la complexité des détails des pignons et des roues – avant de choisir la technique et la méthode d'exécution.

Le fond teinté (voir p. 64-65) est une technique particulièrement adaptée aux mécanismes, car leurs angles métalliques et tranchants jettent souvent de violents reflets. Si vous travaillez sur du papier blanc, vous suggérerez les reflets en laissant vierges certaines zones, car il est impossible de les dessiner sur un fond blanc. En travaillant sur un fond teinté, vous pourrez au contraire créer des reflets, ou rehauts, à leur emplacement exact, au moyen de la craie ou du pastel blanc.

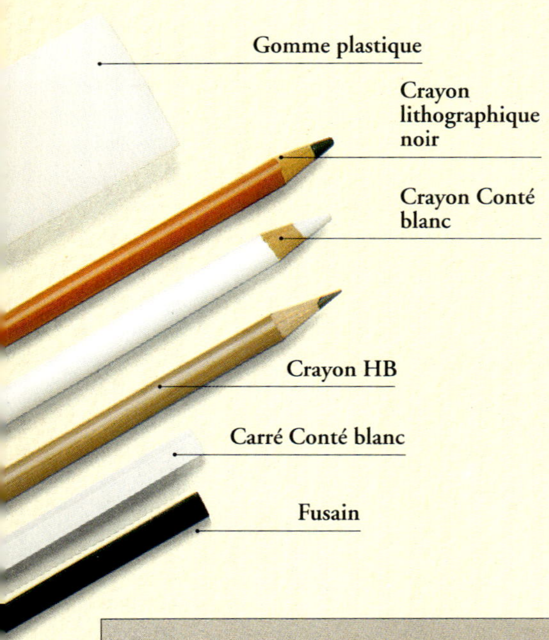

Formes et ombres

Le tire-bouchon et le batteur sont disposés sur une surface blanche unie qui met en valeur leurs formes. La composition est simple, mais précisément conçue pour que toutes les pièces mobiles soient bien visibles. La lumière d'une lampe de bureau placée en haut à gauche crée des ombres allongées et précises, rappelant mais ne redoublant pas exactement la forme des objets. Cet éclairage renforce l'aspect tridimensionnel des objets, mais constitue également un intéressant défi artistique : la création d'ombres formant comme l'image « fantôme » de l'objet.

1 *Tracez au crayon HB, sur un papier teinté, les principales lignes de construction des objets et de leurs ombres. Effacez les erreurs avec une gomme plastique. Esquisser d'abord le squelette de la composition puis effacez-le, après avoir vérifié que les ellipses sont correctement reliées.*

2 *Renforcez les tons au crayon lithographique noir et au fusain, avec une touche de noir sur la base du tire-bouchon, et construisez au crayon lithographique les zones de valeur les plus intenses le long des lames de métal du batteur.*

3 Au carré Conté blanc, commencez à indiquer l'arrière-plan « négatif », en faisant ressortir les silhouettes du batteur et du tire-bouchon. Avec le pouce, étalez la craie sur le papier, jusqu'au rebord des objets.

4 Au crayon Conté blanc bien taillé, rajoutez les petits détails, tels que les espaces entre les éléments du batteur. La gamme des tons devrait désormais s'étendre du gris sombre au gris clair.

5 Commencez à dessiner les détails les plus minutieux, comme les parties noires du tire-bouchon. Utilisez une feuille de papier propre en guise de sous-main, afin de ne pas maculer le dessin.

6 Au crayon Conté blanc, indiquez l'arrière-plan « négatif » et rajoutez les reflets. Au crayon lithographique, précisez les détails du dessin : ceux-ci donneront aux surfaces leur aspect métallique.

Le dessin achevé

Ce dessin exprime la rigidité métallique du tire-bouchon et du batteur contrastant avec leurs ombres plus douces. Les zones blanches de l'arrière-plan, travaillées jusqu'au rebord des objets de la composition, créent un effet de volume simple mais convaincant.

Les techniques évoluées

Les empreintes de taches

Si maintes formes d'art exigent une concentration intense et beaucoup de talent, cela ne saurait exclure l'amusement ni les diverses possibilités de stimuler votre imagination. Par exemple, on peut créer des images à partir de taches, en éclaboussant d'encre ou de peinture la feuille de papier, puis en imprimant sur une autre feuille la tache ainsi obtenue, ou en repliant la feuille sur la tache pour en obtenir une image symétrique. On développera ensuite les formes que suggère la tache, en rajoutant des traits d'encre à la plume, au pinceau ou à l'éponge. Observez la tache imprimée sous différents angles, le cas échéant en retournant la feuille vers vous, ce qui pourra vous inspirer de nouvelles idées.

L'agrément de ce type de travail réside en grande partie dans la découverte des possibilités qu'offrent les diverses consistances de l'encre ou de la peinture. En imprimant sur la feuille de dessin une peinture épaisse, « collante », on obtient une image dense, aux textures souvent riches et variées, comme celles des « fleurs » de la page suivante. En diluant la peinture en un lavis très fluide, l'empreinte tend au contraire à être plus floue et à se répandre au-delà des contours de la tache d'origine. Combinez encre et peinture dans le même sujet : leurs différences de consistance produiront d'intéressants contrastes de texture. Faites également des essais de couleur : des combinaisons inattendues pourront vous inspirer et vous donner de nouvelles idées.

L'aspect de l'image finale dépend également du type de papier utilisé. Une surface lisse laisse bien visibles les moindres détails de la tache, tandis qu'une surface grenée, comme le papier aquarelle pressé à froid (voir p. 22-23), donne une forme plus générale. Ne vous restreignez pas aux papiers à dessin habituels, et utilisez des papiers de grammages divers, des papiers usagés, des papiers recyclés, voire du papier d'emballage.

Ce type d'exercice vise à développer l'approche expérimentale de votre travail : réagissez à ce qui se passe sur le papier et, surtout, laissez courir votre imagination !

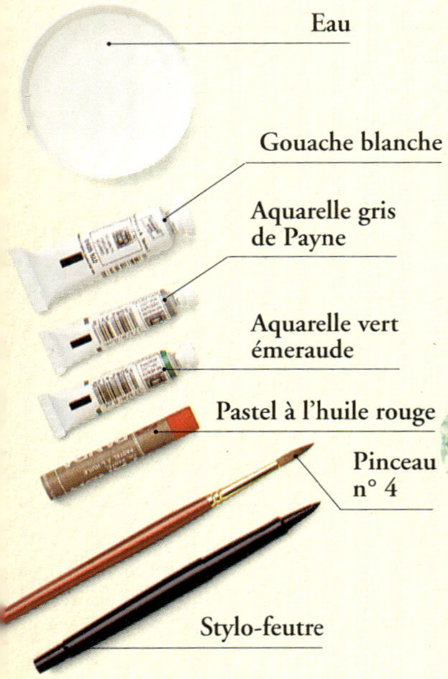

Divertissement animalier
Les deux animaux fantastiques qui émergent de ces taches auraient pu tout aussi bien devenir des paysages ou des extra-terrestres. La création d'images à partir de taches d'encre développera votre confiance en vous ainsi que votre imagination. Laissez-vous surprendre par le résultat.

La réalisation de l'empreinte
Étalez sur le papier de l'aquarelle vert émeraude directement sortie du tube. Au-dessus de la tache verte, déposez au pinceau n° 4 une tache d'aquarelle gris de Payne très diluée. Posez sur les taches une feuille vierge et frottez le dos de la feuille avec les doigts. Les différences de consistance des peintures créent des empreintes de textures contrastées. Médaillon : *Soulevez la seconde feuille de papier en un seul mouvement pour ne pas maculer l'empreinte. Cherchez dans les taches imprimées les idées que celles-ci pourraient vous inspirer. Puis utilisez une autre technique – gouache blanche, pastel à l'huile rouge ou feutre – pour matérialiser sur la tache les formes décelées.*

Paysage en empreinte

1 *Mélangez l'encre de Chine et l'aquarelle vert émeraude avec une petite quantité de gouache blanche et d'eau. Au pinceau n° 4, peignez un promontoire en touches tourbillonnantes pour créer une texture.*

2 *Repliez soigneusement le papier le long de la ligne inférieure de la tache de peinture, puis frottez le dos du papier pour créer un « reflet ». Celui-ci répète la première tache, mais en teintes plus claires. Dessinez le bateau et son reflet à l'encre et au pinceau n° 4.*

3 *Avec un petit morceau de carton trempé d'encre, rajoutez la canne à pêche et son ombre, puis les derniers détails au pinceau n° 4, comme les vagues à l'avant de la barque.*

Taches florales

Le papier choisi pour réaliser la tache influe sur l'aspect de l'image obtenue. Ici, c'est un papier glacé à surface lisse : l'encre est entraînée vers le haut lorsqu'on retire la seconde feuille, renforçant ainsi la texture de l'image.

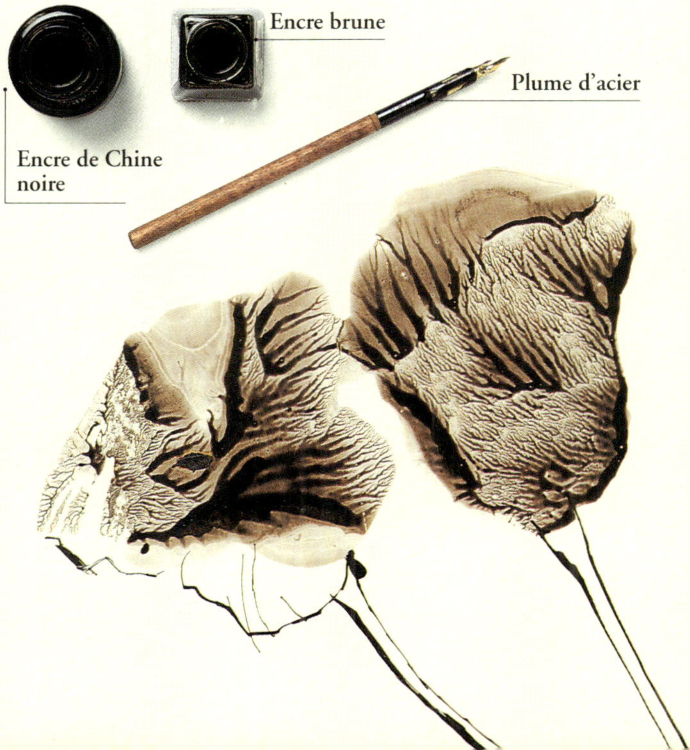

1 *Déposez une tache d'encre brune sur une bande de papier glacé. Posez la bande, tache vers le bas, sur une feuille de papier identique, puis appuyez. Soulevez soigneusement la bande de papier, et examinez le résultat obtenu.*

2 *Rajoutez un peu plus d'encre sur la première tache puis effectuez une nouvelle empreinte. À la plume et à l'encre de Chine, dessinez les tiges et les feuilles afin d'améliorer la ressemblance des fleurs.*

Les reflets

En ajoutant quelque part dans le dessin un reflet du sujet, ou en faisant du reflet lui-même le point de convergence du dessin, on s'ouvre des possibilités infinies en termes de composition. Le même sujet peut être vu deux fois, l'une des vues étant l'exact reflet inversé de l'autre dans le miroir ; un tel dispositif permet également de figurer le sujet de face et de dos, ou de face et de profil, selon l'emplacement de la surface réfléchissante. Cette dernière n'est pas nécessairement un miroir. Dans le cas d'un paysage urbain, exercez-vous à dessiner les scènes que réfléchit la façade vitrée d'un immeuble moderne, et dans le cas d'un paysage champêtre, incluez son reflet dans les eaux calmes d'un étang. Chez vous, composez une nature morte dont les objets se reflètent dans un plateau en inox.

Certaines surfaces sont plus réfléchissantes que d'autres. Le miroir, dont l'une des faces est recouverte de tain, reflète le plus précisément les objets : il convient à la représentation des détails minutieux du sujet et de son reflet. Le paysage reflété par la surface d'un étang est souvent troublé par les rides de l'eau, tandis que le reflet d'une surface métallique telle que le cuivre est plus terne, suggérant à peine les formes et les coloris du sujet. Ces différents types de reflets pourront cependant tous accroître l'intérêt de vos dessins.

Quelle que soit la surface réfléchissante choisie, les dessins de reflets présentent certaines caractéristiques communes. L'objet et son reflet sont nécessairement vus selon des angles différents, car objet et surface réfléchissante ne peuvent occuper physiquement le même espace ; l'on constate également une modification de l'échelle, même minime, entre les deux : la réussite de votre dessin dépend de la représentation exacte de ces changements de perspective (voir p. 40-43, 58-59). Cependant, l'objet et son reflet doivent avant tout constituer ensemble une composition puissante.

Vous pouvez également choisir de ne figurer que le reflet : dans ce cas, il vaudra mieux toutefois suggérer dans le dessin le monde « réel » – une berge ou un tronc d'arbre au bord de la composition – afin de donner son contexte à l'image réfléchie. Un reflet peut également sembler abstrait. Une telle approche fonctionne parfois. C'est à vous de choisir.

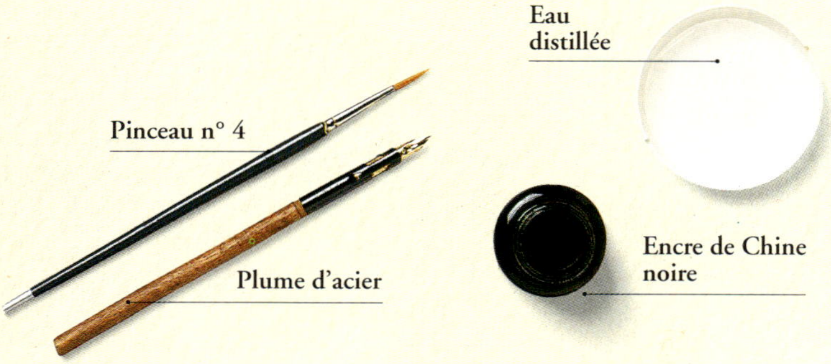

La pose

Le modèle est placé au centre de l'espace pictural, mais le point de convergence (le reflet dans le miroir) se trouve à droite, à peu près sur l'un des tiers de l'image (voir p. 34-35). Le regard du spectateur est guidé le long de l'épaule vers la tête puis vers le reflet.

1 *À la plume d'acier et à l'encre de Chine diluée, esquissez l'emplacement des principaux éléments – le dos, l'arrière de la tête et le bord du visage reflété dans le miroir.*

2 *En tenant fermement la plume vers le bec, afin de bien la maîtriser, commencez à construire l'infrastructure du dessin, en consolidant les traits de plume.*

3 *Avec une encre moins diluée, esquissez l'épaule et les plis du tricot sur le bras, puis renforcez le contour du profil du reflet.*

4 *Avec le pinceau n° 4 trempé dans l'eau, indiquez les formes du tricot. Déposez une tache d'encre très diluée au centre de la zone humidifiée. L'encre se répand de façon aléatoire jusqu'aux bords de cette zone.*

5 *Déposez une tache d'encre diluée légèrement plus sombre au centre de la zone humidifiée. L'encre se répand au hasard jusqu'à l'extérieur des bords de cette zone.*

6 *Couvrez d'un lavis la zone des cheveux, comme dans les étapes 4 et 5. Avec la pointe du pinceau, dessinez les plis sur le dos du tricot.*

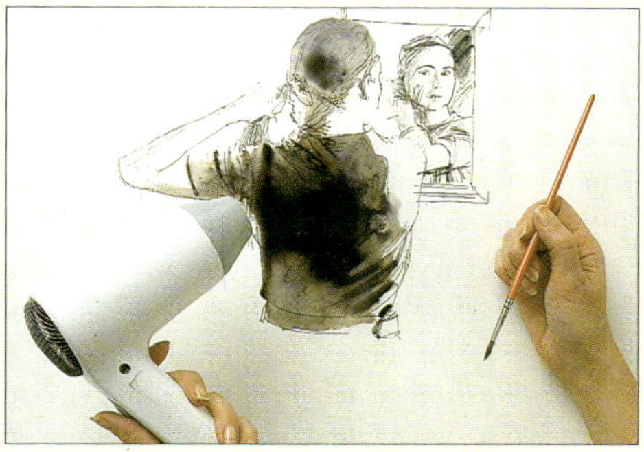

7 *Séchez les lavis avec un sèche-cheveux réglé au minimum. Si les lavis s'étendent trop loin, repoussez l'encre dans la zone souhaitée avec le flux d'air.*

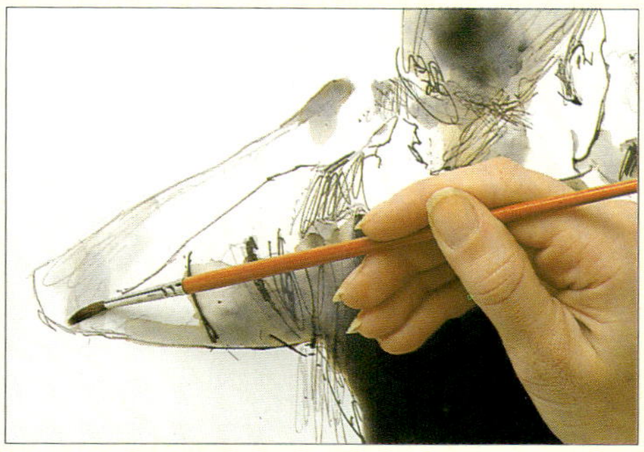

8 *À l'encre de Chine diluée, rajoutez les tons sombres le long des bords extérieurs du bras gauche et de l'épaule du modèle.*

9 *À la plume d'acier, indiquez le mouvement de la chevelure peignée en arrière et tirée sur un côté de la tête.*

Le dessin achevé

L'inclusion du reflet offre la possibilité de dessiner la même tête selon deux perspectives différentes. Les deux « moitiés » de l'image se chevauchent juste assez pour que l'on puisse établir un lien entre elles, mais demeurent parfaitement distinctes. Contrastes et redoublement des formes abondent : les formes arrondies de la tête, du coude et des épaules s'opposent au rectangle du cadre du miroir, tandis que la forme triangulaire de la main gauche et du bras du modèle se répète dans la main droite et le bras du reflet. Le regard du spectateur est guidé dans la composition par une puissante diagonale partant du coude gauche jusqu'aux yeux du reflet, le point de convergence de la composition.

L'utilisation d'un fond coloré

Le papier sur lequel vous dessinez n'est pas nécessairement blanc. De fait, la préparation d'un fond teinté est une technique utilisée depuis longtemps en dessin (voir p. 64-65), Giorgio Vasari la mentionnait déjà dans son ouvrage sur la vie des grands peintres de la Renaissance.

L'utilisation d'un fond teinté se justifie à plus d'un titre. La couleur crée une ambiance : le bleu est froid, le rose est chaud. Le choix de la couleur est affaire de préférence personnelle, mais il est important d'adopter un ton moyen, sur lequel demeurent visibles les blancs, les gris, du gris intermédiaire au gris sombre, et les noirs. Des papiers de couleur mi-teinte, offrant une grande gamme de coloris et de surfaces, sont disponibles dans le commerce, mais teinter soi-même son papier est une activité des plus satisfaisantes.

Tout fond teinté influence le ton du noir qu'on y applique : un fond rouge tend à l'intensifier, un fond bleu sombre à l'éclaircir. Les traits et les zones sombres sont tracés au fusain ou au crayon tendre, et les reflets, ou rehauts, réalisés en gommant les zones concernées (voir p. 50-51), ou en les dessinant à la craie ou au carré Conté blanc. L'intensité des blancs, qui mettent en valeur les détails et décrivent la lumière, varie en fonction de la pression exercée sur la craie ou le carré Conté. La gouache blanche est adaptée aux fonds aquarellés. Elle est soit diluée, soit appliquée telle que sortie du tube pour créer des reflets subtils. Veillez à ne pas exagérer les rehauts, plus particulièrement durant la phase initiale de l'exécution, car il est très difficile de corriger ensuite une touche de blanc trop vif.

1 *Teintez le papier tendu sur la planche à dessin avec un léger lavis d'aquarelle bleu de cobalt appliqué à l'éponge (voir p. 64-65). Étalez en frottant la poudre de graphite sur la surface, pour suggérer les principales zones de ton. Au fusain, esquissez les traits principaux.*

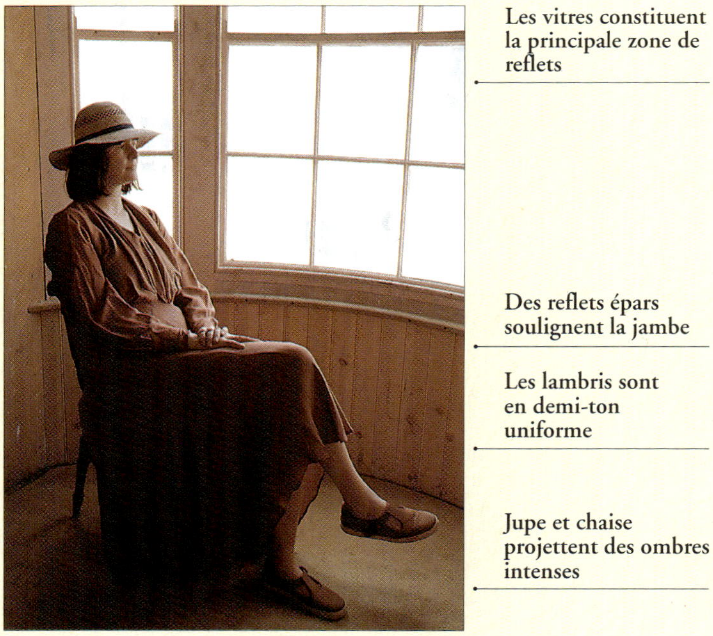

La gamme des tons

Lorsque la gamme des tons est importante, commencez par les tons intermédiaires, puis construisez les tons clairs avant de définir le ton des ombres.

2 *En maîtrisant du doigt l'étalement de la poudre de graphite, construisez de plus grandes zones de valeur. Travaillez sur toute la surface sans privilégier telle zone particulière. Ne perdez jamais la vue d'ensemble du sujet et du fond.*

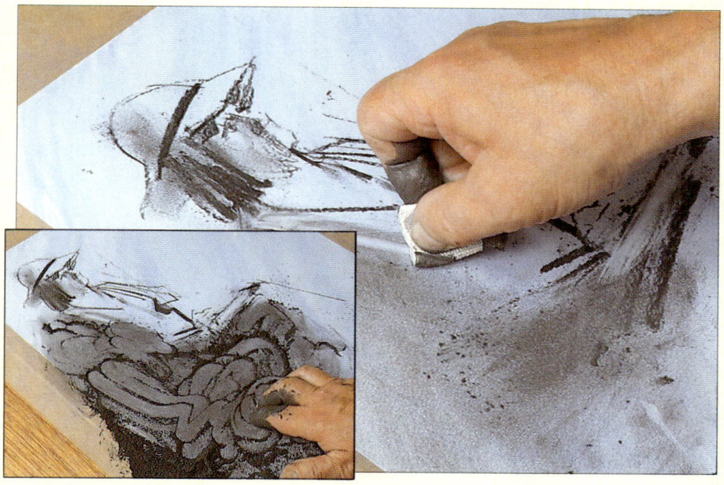

3 *Construisez à la gomme mie de pain les tons les plus clairs, en estompant le fusain (voir p. 50-51).* Médaillon : *En étalant généreusement la poudre de graphite, créez une grande zone sombre, sur un plan vertical, du genou au sol.*

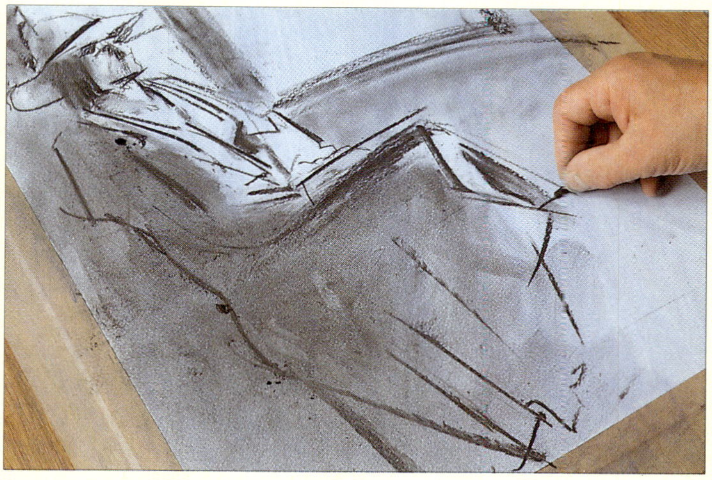

4 *Décrivez en lignes et en modelé les plis lourds et l'ourlet de la jupe. Veillez à ce que personnage et fenêtre soient bien cadrés dans l'image. Laissez un espace suffisant pour le dessin des jambes et des pieds sous la jupe.*

5 *Au carré Conté blanc, construisez les tons les plus clairs sur le personnage et derrière le profil du visage.* Médaillon : *Toujours en décrivant les tons clairs, construisez les tons les plus intenses des zones les plus sombres, comme celle de l'ourlet le long de la jambe.*

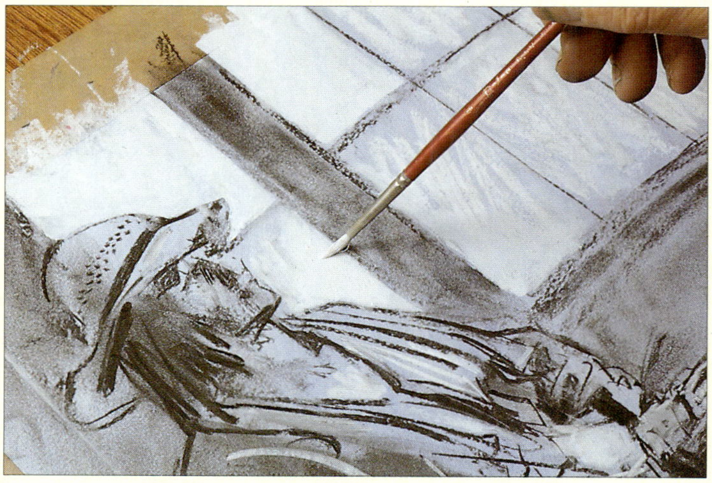

6 *Au pinceau n° 3 chargé de gouache blanche, construisez les zones les plus lumineuses, les vitres et la poitrine du modèle, ce qui contribue à créer un effet de volume.*

Le dessin achevé
Le contre-jour, le personnage à demi-silhouetté et la zone claire de la fenêtre se complètent l'un l'autre. En commençant par les demi-tons, on évite un contraste de tons trop puissant.

Le dessin au fusain estompé

Le fusain est l'un des instruments de dessin les plus anciens et les plus universels : les hommes préhistoriques dessinaient déjà sur les parois des grottes avec des morceaux de charbon de bois. Cette technique, élémentaire d'apparence, offre une grande souplesse d'exécution.

Le fusain est la technique qui s'apparente le plus à la peinture : monochrome, il permet d'obtenir une vaste gamme de traits, du détail linéaire le plus fin aux grandes zones de noir intense et velouté, de construire ombres et tons sur de grandes surfaces, et se prête bien à l'estompage à l'aide d'un chiffon, des doigts ou d'une gomme mie de pain. Si l'on ne dispose pas de gomme mie de pain, on pourra utiliser de la véritable mie de pain doucement malaxée entre les doigts jusqu'à obtenir une consistance pâteuse. Les techniques d'estompage et de rature permettent de créer des angles de lumière et des rehauts dans les zones sombres. De plus, on peut effacer le trait de fusain avec un chiffon, ce qui offre la possibilité de retravailler ou de modifier à volonté le dessin, méthode particulièrement utile lors de la mise en place d'une composition complexe. Picasso, John Constable et Matisse esquissaient au fusain leurs compositions.

Expérimentez les différentes nuances et duretés des diverses sortes de fusain. Il vaudra parfois mieux associer le ton brunâtre du fusain de vigne au ton plus noir et plus riche du fusain de hêtre. De façon générale, plus le fusain est tendre, plus son trait est intense et sombre.

Dans l'exemple illustré sur cette double page, le ton intermédiaire du fond teinté au fusain détermine la surface. Le fond teinté en lignes et zones de ton gris moyen à gris sombre s'associe aux zones claires et aux rehauts pour créer l'unité du dessin.

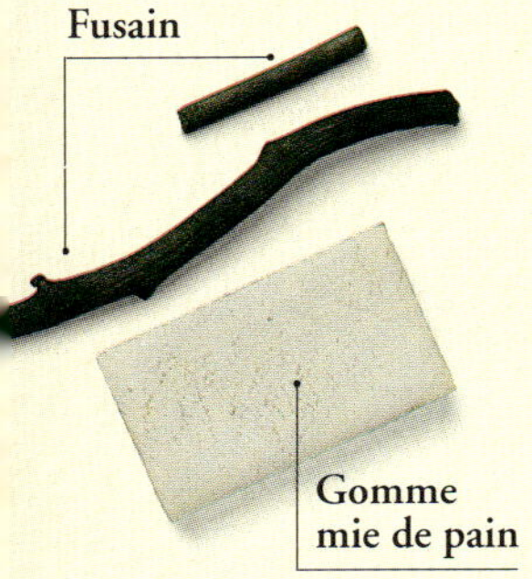

La composition
Créer une œuvre d'art à partir d'un objet banal est une pratique à cultiver, à condition de traiter le sujet avec originalité et talent.

1 *Le fond de ce papier épais est teinté au fusain tenu en largeur (voir p. 64-65). Commencez par tracer en noir l'ombre entre les deux manteaux, avec la largeur et la pointe du fusain. Continuez à construire les tons pour créer les formes. Pour apprécier le contraste des valeurs de ton, gardez les yeux mi-clos.*

2 *En lignes simples, tracées le long des grandes zones sombres, décrivez les formes de base. Une puissante horizontale indique la planche du portemanteau, et contraste avec les verticales des plis des manteaux. Travaillez sur toute la surface du papier.*

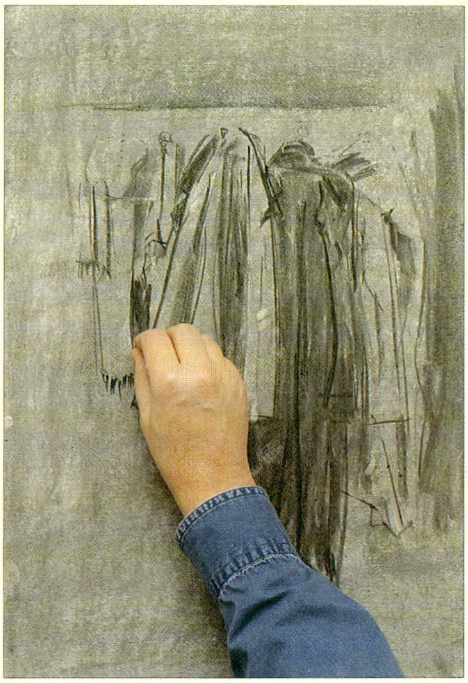

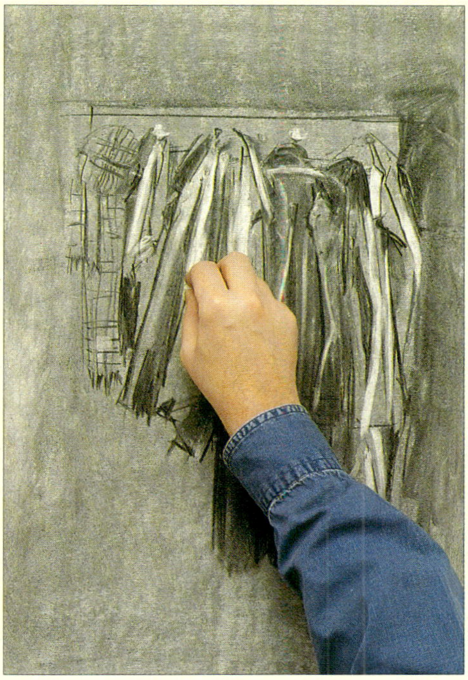

3 Continuez à renforcer les ombres en conservant les références horizontales et verticales. Exploitez les différences de longueurs pour accroître l'intérêt du dessin. Suggérez en ton le bleu nuit du plus long manteau.

4 Dessinez en lignes fines le motif de l'écharpe. Travaillez soigneusement pour conserver l'arrondi du tissu malgré le quadrillage.

5 Créez les rehauts avec une gomme mie de pain taillée en lamelle, en effaçant le ton gris. Les rehauts, trop violents à l'origine, pourront être retravaillés avec précision après la mise en place des lignes directrices.

6 Éloignez-vous du dessin pour en avoir une impression d'ensemble. Les détails des motifs de la casquette et de l'écharpe apportent une nouvelle dimension à la surface. Affinez davantage la surface et construisez d'autres tons clairs et intermédiaires en estompant le fond sombre.

7 En frottant avec les doigts, adoucissez les zones foncées derrière les manteaux. Éclaircissez également d'autres zones. Enfin, protégez le dessin à l'aide d'un fixatif en aérosol *(voir p. 152-153).*

Le rendu du mouvement

L'ÉTUDE DU MOUVEMENT DES ÊTRES HUMAINS et des animaux est une science relativement neuve. En observant des images datant d'avant la fin du XIXe siècle, on constate que les mouvements représentés semblent parfois étranges, voire impossibles en termes d'anatomie. Sur les gravures du XVIIIe siècle figurant des steeple-chases, par exemple, les chevaux sautent au-dessus des haies en lançant leurs pattes presque à l'horizontal vers l'avant et l'arrière. Ce ne fut pas avant l'invention de la photographie que l'on a pu étudier en détail les mouvements les plus complexes. Le photographe Eadweard Muybridge (1830-1904) fut un pionnier en ce domaine : ses clichés de cheval au galop ont permis pour la première fois de décomposer la succession des mouvements des pattes de l'animal, démontrant qu'au moins l'une d'entre elles demeurait toujours en contact avec le sol.

De nos jours, nous sommes constamment confrontés à des photographies de gens et d'animaux en mouvement ; grâce à ces images, ainsi qu'aux ralentis et arrêts sur image de la télévision, le commun des mortels en sait plus sur les mécanismes et les rythmes du mouvement qu'il ne l'imagine, bien que cette connaissance demeure en grande partie inconsciente : quelques faits fondamentaux, associés à une observation attentive, constitueront tout ce qu'il vous faudra savoir pour la traduire sur le papier.

Comme nous l'avons appris dans le dessin du corps humain (voir p. 102-105), le point fondamental, c'est l'équilibre. Lorsqu'ils se déplacent, les êtres humains et les animaux corrigent instinctivement leur équilibre, afin de ne pas tomber à la renverse. De façon générale, le mouvement d'un membre produit un mouvement correspondant, en direction opposée, de l'autre côté du corps. Vous devrez observer les angles de la tête qui contrebalance le mouvement des épaules, ainsi que la ligne transversale des épaules, qui équilibre celle des hanches.

La Répétition du ballet sur la scène, **Edgar Degas**
Les puissantes diagonales de la composition créent une extraordinaire impression d'énergie et de vitalité. La pose des danseuses est précaire : l'on a le sentiment de contempler l'instant figé d'un mouvement continu.

Dessiner d'après la télévision
Dessiner un événement sportif diffusé à la télévision est un exercice très utile. Observez les gestes durant quelques temps avant de dessiner, en essayant de fixer dans votre esprit le rythme, ainsi que les modifications des angles du corps.

Les angles respectifs des épaules et des hanches se modifient selon le déplacement du poids du corps d'une jambe sur l'autre.

L'effet de volume est créé en ajoutant le modelé sur la jambe arrière, et en ne touchant pas à la jambe avant, la plus éclairée.

Crayon de fusain

1 *Cherchez une ligne exprimant l'élan principal du coureur – ici, le côté gauche de la poitrine, de la cuisse et du mollet. Tracez cette ligne au crayon de fusain, en variant la pression pour épaissir le trait et accentuer les arrondis de la musculature.*

2 *Dessinez légèrement l'emplacement des épaules et de l'os de la hanche pour vous assurez que les angles sont exacts. Dessinez le côté droit du torse, de l'épaule au genou, et indiquez les principaux plis de la manche droite. Marquez d'un trait épais l'intérieur de la cuisse gauche pour montrer qu'elle s'avance plus que la jambe droite.*

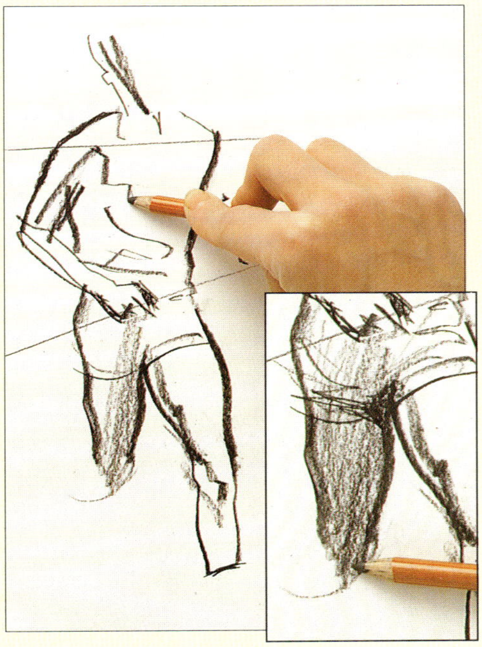

3 *Dessinez le côté droit de la tête, en veillant à obtenir un angle correct, puis le bras droit et la main droite. Tracez les principaux plis du short et du maillot du coureur : ils indiquent la tension des muscles.* Médaillon : *Assombrissez l'intérieur de la cuisse droite pour créer un effet de volume.*

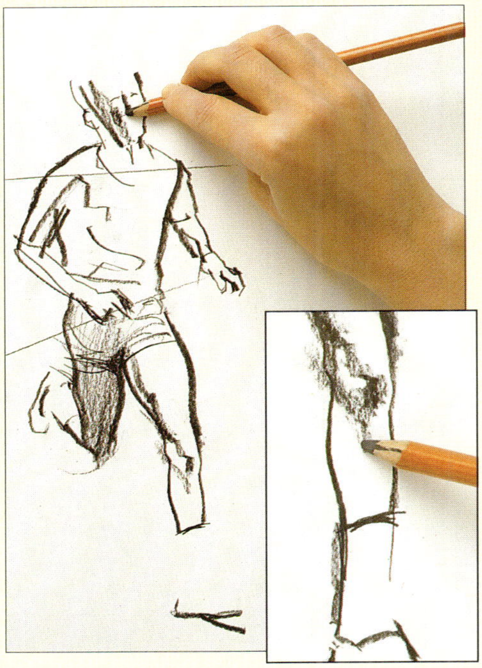

4 *Dessinez légèrement le mollet et le pied droits, puis le bras gauche, en veillant à rendre exactement leur angle par rapport au corps. Marquez l'emplacement du pied droit et de son ombre. Dessinez les traits du visage.* Médaillon : *Achevez le dessin du personnage, en fonçant aux endroits nécessaires pour suggérer la forme.*

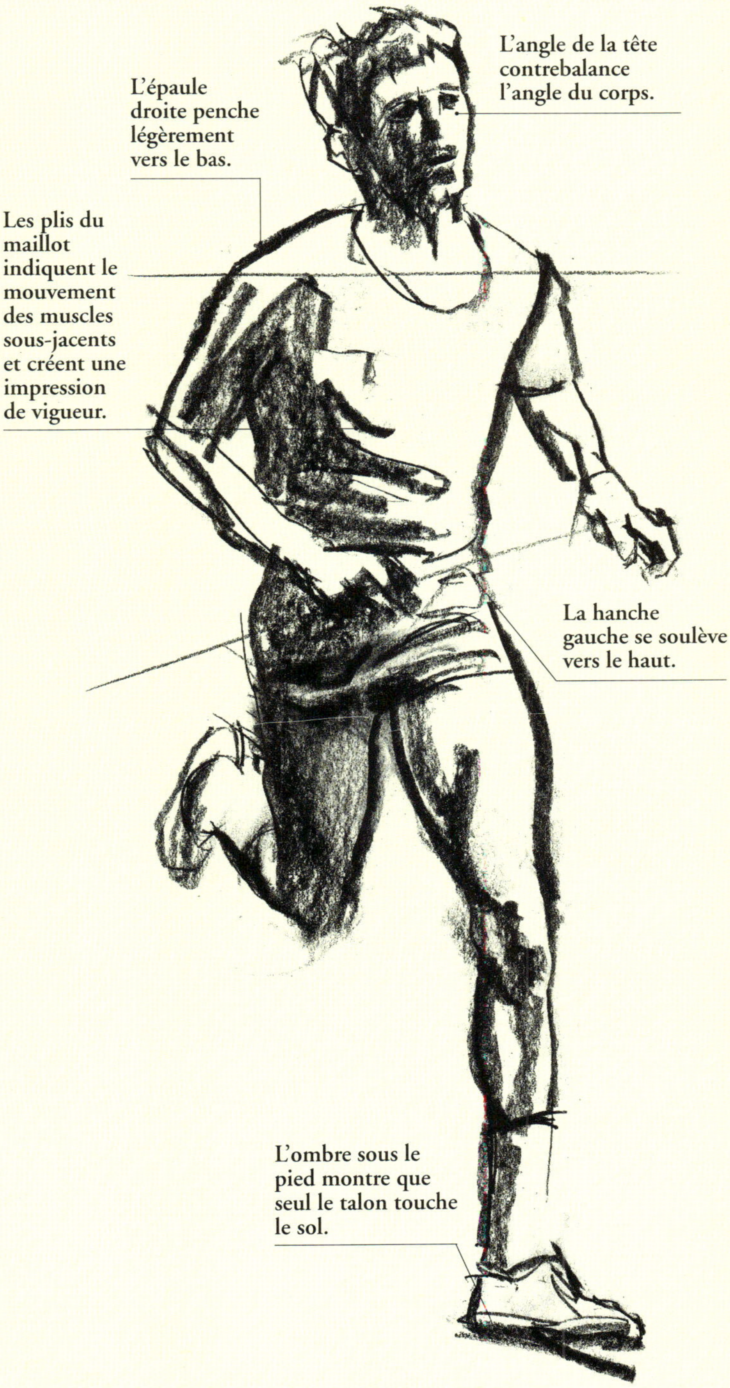

Ces angles indiquent également la puissance et la rapidité du mouvement. En général, plus le corps est penché en avant, plus l'action est rapide et intense. Songez au sprinter s'élançant des starting-blocks au départ d'une course : si l'on dessinait une verticale partant du talon du coureur et une diagonale du talon au front, on obtiendrait un angle très obtus ; en traçant ces mêmes lignes sur un personnage debout et immobile, l'angle sera bien plus aigu.

Tout geste se compose de nombreux petits mouvements effectués en séries, souvent répétés. Un coureur ou un nageur, par exemple, conserve le même rythme de base et répète les mêmes gestes durant la course. Dans le cas des sports d'équipe, on constate également, sur une longue durée de temps, la répétition des mêmes actions. Pensez au saut dynamique du basketteur lançant le ballon dans le filet. Efforcez-vous de suivre l'action durant toute sa durée, plutôt que de vous focaliser sur une seconde de l'action à son apogée. Avant de dessiner, essayez de fixer dans votre esprit le rythme du mouvement.

Pour vous exercer à dessiner le mouvement, regardez un événement sportif à la télévision ou enregistré sur votre magnétoscope. Ce dernier se révèle particulièrement utile, car il vous permet de visionner plusieurs fois de suite la même séquence, et donc de vous imprégner du rythme du mouvement. Résistez cependant à la tentation de l'arrêt sur image, car il s'agit de rendre l'essence du mouvement – la tension des muscles d'un sprinter, l'équilibre de la pirouette d'une ballerine, la violence des coups d'un boxeur – plutôt que de représenter une pause immobile. Vous devrez avant tout chercher à exprimer le fait que le mouvement est en train de s'accomplir.

La rapidité d'exécution est essentielle au dessin de personnages en mouvement : les exercices du chapitre « L'éducation du regard » (voir p. 32-33) devraient ici porter tous leurs fruits. Aussi, utilisez une technique autorisant un travail rapide : fusain, crayon très tendre et lavis sur dessin à l'encre et à la plume constituent autant de possibilités.

Les muscles, siège du dynamisme du corps, sont à l'origine des mouvements. Les athlètes professionnels sont dotés d'une puissante musculature : les muscles des cuisses des coureurs et des danseurs sont extrêmement développés, tandis que les haltérophiles et les nageurs montrent des biceps proéminents. Utilisez ces muscles pour créer une impression de volume. Observez également le drapé des vêtements sur le corps (voir p. 106-107).

Retirer une botte

Ce dessin a été rapidement exécuté aux crayons de couleur, afin que le modèle n'ait pas à tenir longtemps cette pose inconfortable. L'arrondi des épaules, tandis qu'elle se penche en avant, et les plis de la jambe gauche du pantalon, alors qu'elle retire sa botte, révèlent l'effort fourni. Médaillon : *Les traits de crayon gris accentuent les plis du cuir et renforcent l'effet de relief.*

Boxeurs

Les rayures tracées à la plume de bambou font écho à la violence des coups. L'ombre épouse les puissantes diagonales des poses. Remarquez comment penche le côté gauche du corps du boxeur donnant le coup : l'épaule gauche s'abaisse tandis que le poing droit frappe de toutes ses forces.
Médaillon : *Les tons intenses autour de la tête sont construits à la plume de bambou.*

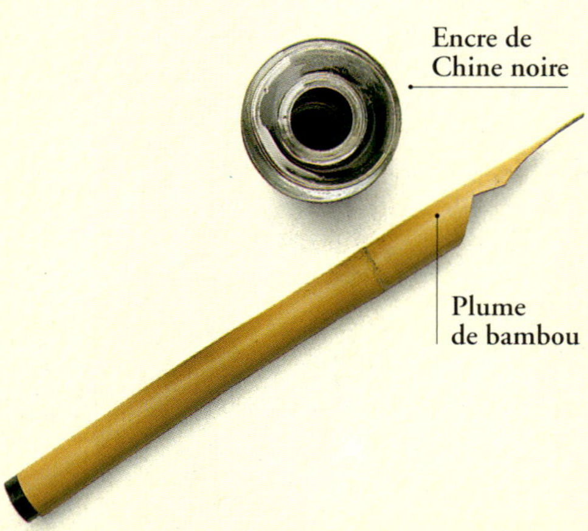

L'installation d'une clôture

L'effort physique qu'implique la mise en place des pieux dans le sol suscite l'impression de mouvement. Remarquez les jambes très écartées, les têtes inclinées vers l'avant et les épaules arrondies. Médaillon : *L'ombrage grossier met en valeur la tension des muscles de la cuisse.*

Ouvrier de chantier naval

Les angles de la pose traduisent le poids de l'homme lourdement appuyé contre la coque du navire pour y enfoncer les rivets. Médaillon : *Le carré Conté noir est utilisé pour renforcer les contours et pour rajouter le détail des plis des vêtements, ce qui contribue à indiquer le mouvement du corps sous l'étoffe.*

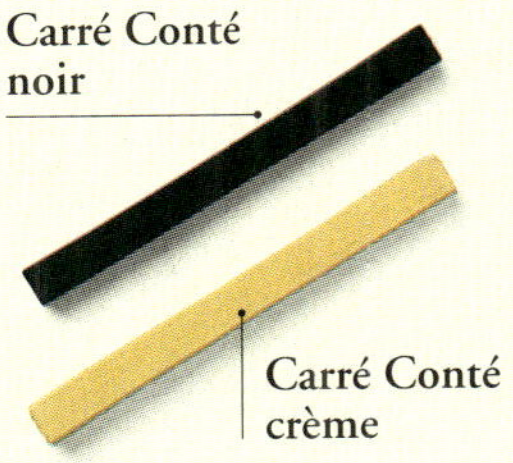

Danseur de ballet

Cette esquisse rapide traduit l'énergie et la grâce du danseur. Le poids de son corps pèse sur le pied droit. Remarquez l'angle de la hanche droite (étirée vers le haut) et de l'épaule gauche (inclinée vers le bas), ainsi que la peau tendue du bras levé vers le haut contrastant avec les plis du côté gauche du maillot. Médaillon : *Pour éclaircir et varier le ton, estompez-le avec le pouce.*

Le dessin au trait

Le dessin au trait – à ne pas confondre avec le détourage (voir p. 48-49) – est l'une des techniques les plus raffinées des arts plastiques. À la différence d'un simple détourage, qui ne peut rendre le volume du sujet, le dessin au trait décrit les contours et les formes afin de créer une image en trois dimensions. C'est une technique dont l'histoire remonte à la Grèce antique et à l'Égypte, et qui a atteint son apogée dans l'œuvre de maîtres du dessin plus proches de nous, tels que John Ruskin et Edgar Degas.

Le dessin au trait consiste à décrire un objet massif à l'aide de la plume, du crayon, du pinceau ou de la craie. C'est une technique élémentaire qui requiert cependant l'observation attentive du sujet et la mesure exacte de ses différentes parties. Une ligne vigoureuse peut saisir l'énergie rythmique d'un danseur de ballet ; une ligne précise, incisive, peut illustrer la beauté de la nature. Quel que soit le contexte, la ligne doit être sensible. Suivez les contours, les bords qui décrivent en lignes la forme. Le simple tracé de cette forme pourra cependant sembler plat, sans vigueur, et n'exprimant pas la densité de l'objet. Variez l'épaisseur du trait, en utilisant des crayons de différentes duretés, ou en accentuant la pression sur la plume. Efforcez-vous d'imaginer l'objet dans son ensemble, suggérez également ce qui se trouve au revers. Tirez parti des plis et des autres traits qui déterminent la forme, en la traversant ou en l'entourant, ainsi que des imbrications et des recouvrements des formes secondaires.

Le rendu de la forme par la ligne

Le homard est un excellent sujet de dessin au trait. On peut l'analyser visuellement en une simple forme tubulaire constituée de segments imbriqués, à laquelle se rattachent des pattes articulées, complexes, également composées de cylindres emboîtés les uns dans les autres et dans le tube principal. La plume est adaptée au dessin au trait, mais certains artistes lui préfèrent le pinceau. Votre choix sera déterminé tant par le sujet que par l'effet souhaité.

Crayon 3B

Le rendu de la forme

Le volume de la forme est traditionnellement représenté par des gradations de ton, comme dans cette interprétation au trait et au lavis. C'est précisément cet effet tridimensionnel que doit exprimer le dessin au trait.

1 *Au crayon 3B, commencez par dessiner légèrement les formes. La forme générale doit correspondre aux dimensions de la feuille de papier et bénéficier d'un espace suffisant.*

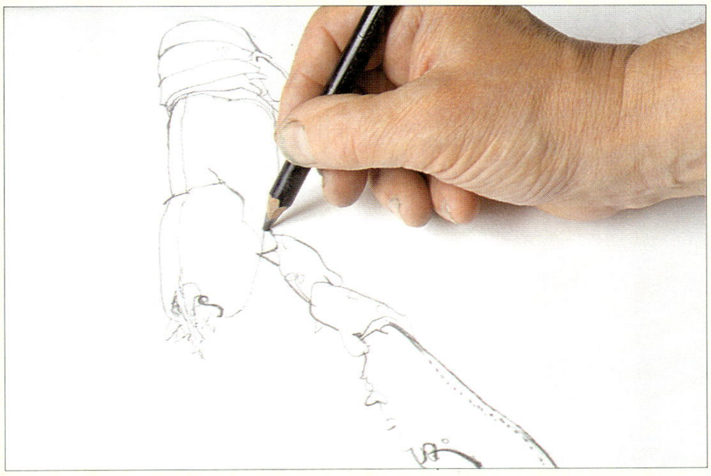

2 *Analysez chaque forme en son équivalent géométrique élémentaire et imbriquez les segments. Le corps doit paraître cylindrique et massif. Variez la pression sur le trait pour obtenir un ton plus clair ou plus sombre.*

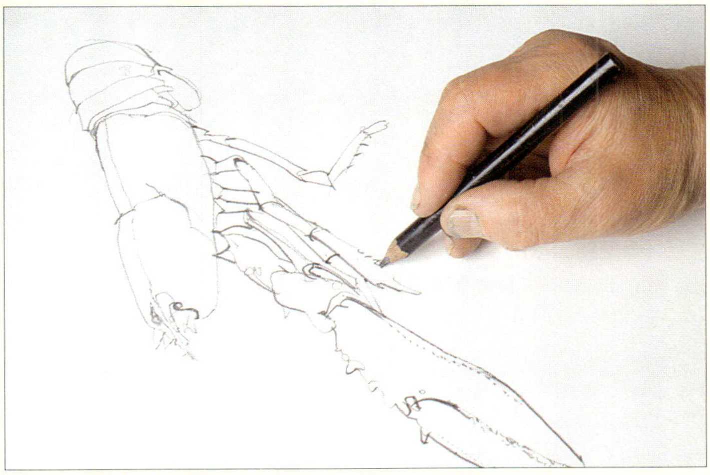

3 *Continuez à travailler les détails. L'observation attentive est ici fondamentale : le trait décrit les pattes et crée l'aspect massif et tridimensionnel du homard qui doit paraître surgir hors de la feuille.*

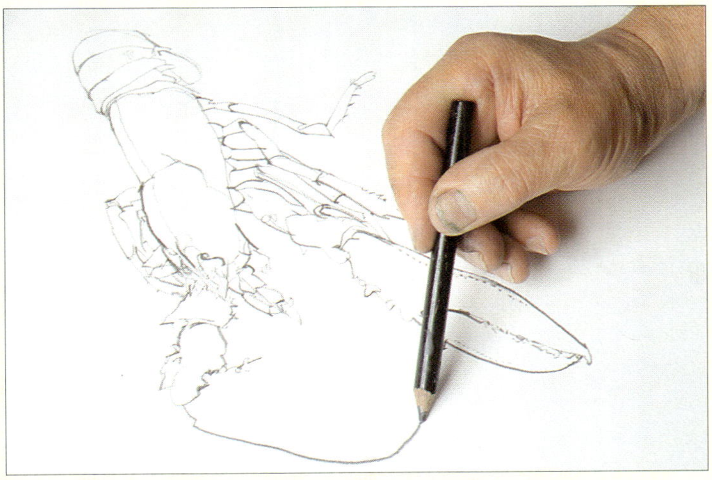

4 *Ici, la ligne présente deux caractéristiques principales : la description du sujet en tant que segments imbriqués, osseux et anguleux, et le jeu d'une série de traits sur la surface du papier. La carapace dure et cassante se prête aux traits descriptifs.*

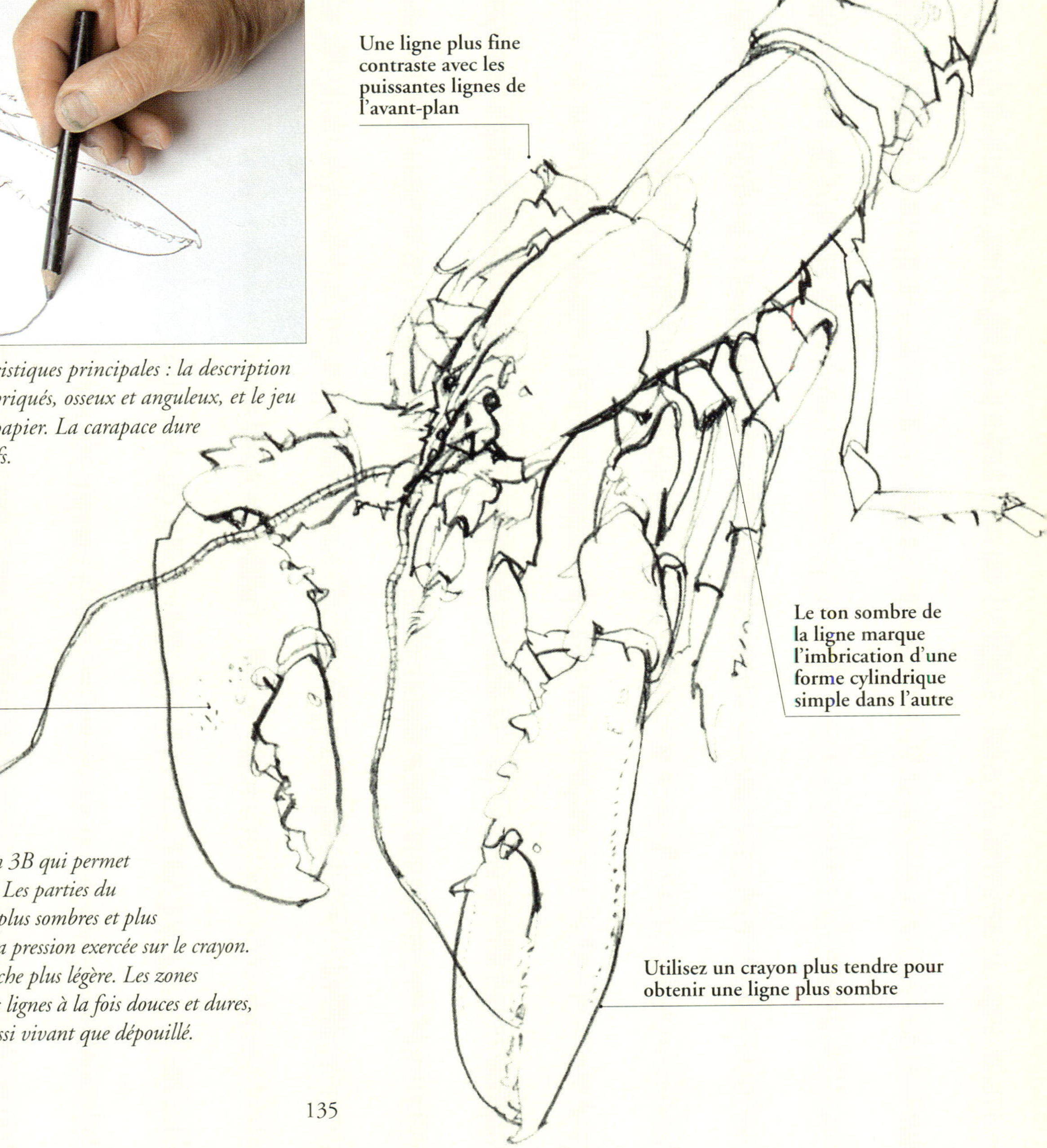

Le dessin achevé

Ce dessin montre la souplesse du crayon 3B qui permet de tracer une ligne de densité variable. Les parties du homard les plus proches du spectateur, plus sombres et plus grossières, sont tracées en augmentant la pression exercée sur le crayon. Les lignes plus fines requièrent une touche plus légère. Les zones complexes associent à ces techniques des lignes à la fois douces et dures, subtiles et puissantes. Le résultat est aussi vivant que dépouillé.

Les monotypes simples

LE MONOTYPE EST UNE TECHNIQUE qui permet d'obtenir par impression un exemplaire unique d'un dessin. On en distingue trois procédés principaux (voir également p. 138-139), qui tous supposent l'impression de l'image dessinée sur un autre support. L'on utilise le plus souvent des encres d'imprimerie à base d'huile, généralement noires, mais rien ne vous interdit d'expérimenter des encres de couleur.

Le monotype offre la possibilité, par le transfert de l'image sur un support autre que celui sur lequel elle a été dessinée, d'y incorporer de nouvelles textures et qualités, un flou fait de lignes brisées, par exemple, impossible à obtenir avec les procédés traditionnels du dessin.

La technique de monotype la plus simple peut se comparer à la méthode du papier carbone. Frottez un carré Conté sur toute la surface d'une feuille de papier – la poudre de graphite ou la craie conviennent également, pourvu que l'instrument de dessin produise un trait pulvérulent – puis posez cette feuille, face enduite vers le bas, sur une feuille vierge, et dessinez l'image sur le dos de la feuille enduite. Par le truchement de la pression du crayon ou de la plume, les marques sont transférées sur la feuille vierge. Retirez la feuille enduite : les lignes du dessin d'origine sont reproduites en tons plus tendres sur la feuille vierge.

La seconde méthode, illustrée dans cette double page, fait apparaître des différences plus importantes entre le dessin d'origine et son empreinte, car la seconde est l'image inversée du premier. Couvrez un support lisse et dur, tel qu'une plaque de verre ou de plastique laminé, d'une couche d'encre à base d'huile étalée au rouleau. (À la différence des encres à base d'eau, l'encre à base d'huile sèche moins vite : vous n'aurez donc pas à travailler dans l'urgence. En outre, elle ne s'imprègne pas dans le papier de la même manière qu'une encre à base d'eau, et présente une texture agréablement poisseuse.) Placez une feuille de papier sur le support encré, puis dessinez au dos de la feuille avec une pointe dure, une mine bien taillée ou un stylo à bille. L'encre est transférée sur le papier aux endroits où la pointe aura été appuyée. Outre des lignes relativement dures, vous pourrez créer des zones de tons adoucis en frottant délicatement le dos de la feuille avec le doigt ou un objet lisse. Retirez souplement la feuille en évitant de la maculer.

Il est difficile de prévoir l'aspect final du monotype : cela fait partie de l'intérêt de ce type de travail. L'encre peut baver, ou des traces de doigts apparaître aux endroits où vous aurez involontairement appuyé sur la feuille tout en dessinant. Sachez apprendre à exploiter au profit du dessin ce qui semble ne constituer qu'un malencontreux accident.

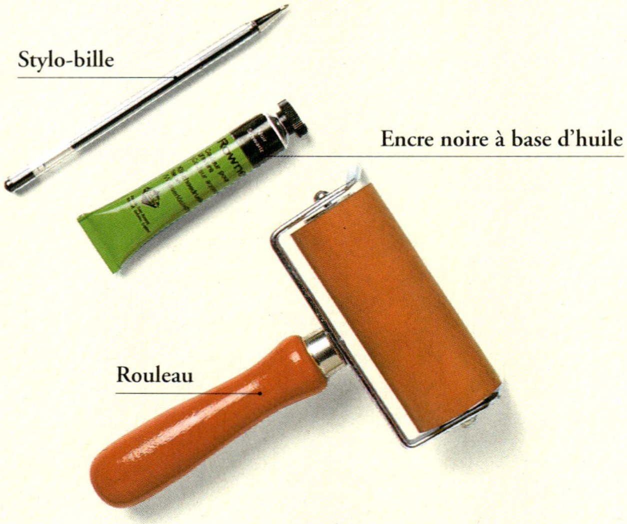

Chimpanzé
Le chimpanzé mange si consciencieusement sa banane qu'il pose suffisamment longtemps pour vous permettre de le dessiner. La technique de base est la même que celle utilisée pour les esquisses de lion (voir p. 112-113), mais l'on a rajouté des lignes à la plume et à l'encre qui renforcent les détails ainsi que l'effet de relief du dessin.

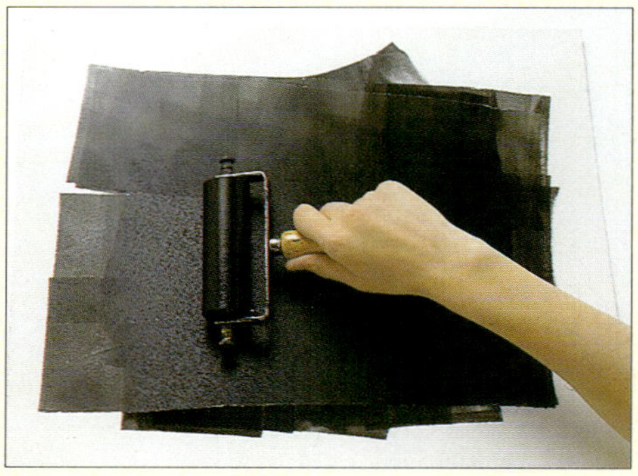

1 *Déposez une généreuse dose d'encre à base d'huile sur une plaque de plastique. Avec un rouleau propre, étalez uniformément, verticalement et horizontalement, l'encre en couche fine.*

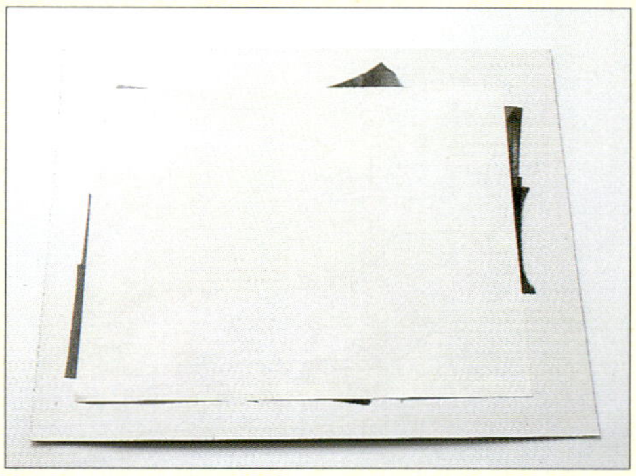

2 *Placez délicatement une feuille de papier à plat sur le support encré. Veillez à poser la feuille en un seul mouvement, sans la déplacer latéralement, pour ne pas la maculer.*

3 *Au stylo à bille, commencez par recopier l'esquisse, en appuyant le moins possible pour ne pas tracer des marques accidentelles.*

4 *Détaillez le dessin, en tenant le stylo verticalement et en évitant de toucher la feuille avec les doigts, pour ne pas marquer accidentellement l'empreinte finale.*

5 *Reculez-vous pour évaluer le dessin et voir si vous devez ou non rajouter des détails. Veillez à ne pas surcharger le dessin, car le résultat final sera bien plus riche en tonalités.*

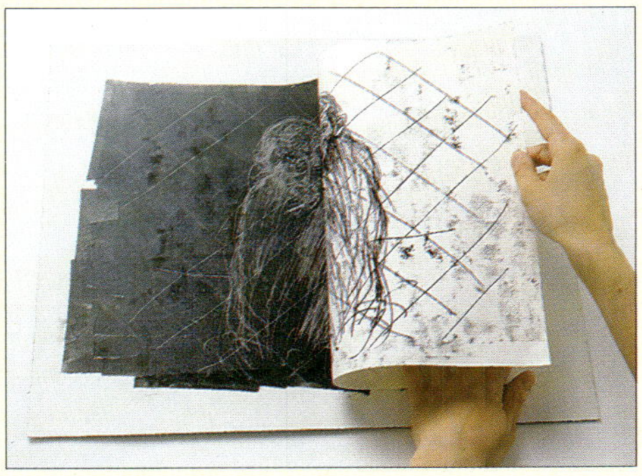

6 *Lorsque le dessin vous convient, soulevez délicatement la feuille de papier, en veillant à ne pas la maculer.*

La vigueur des lignes de la grille de clôture offre un aspect comparable à la fraîcheur de l'ensemble du dessin.

Les marques résultant de la pression des doigts agrémentent la surface de tons doux : l'inattendu peut également contribuer au rendu de l'image finale. Une pression trop importante se serait traduite par des marques perturbant la lisibilité du dessin.

Le dessin achevé

La force de ce monotype réside dans la richesse du flou des lignes ainsi obtenues. L'intérêt de la texture traduit une vivacité adaptée à l'impression de mouvement imminent qu'exprime ce dessin de chimpanzé. Remarquez les variations d'aspect des lignes ainsi que les textures que créent les macules résultant de la pression des doigts. Ces taches se révèlent intéressantes, mais évitez-les, car elles peuvent aisément prévaloir sur la composition.

Les monotypes complexes

En ce qui concerne les monotypes complexes, l'image est exécutée directement sur la surface encrée, et non sur le dos de la feuille de papier. Au lieu de dessiner une ligne sombre sur un fond mi-teinte ou clair, comme c'est le plus souvent le cas en dessin, le travail consiste à effacer du fond sombre certaines zones d'encre pour retrouver le blanc ou le gris sous-jacent.

Comme pour le monotype illustré sur la double page précédente, commencez par couvrir une surface lisse et dure d'une couche d'encre à base d'huile. « Dessinez » l'image en effaçant l'encre pour créer des zones blanches, et en laissant de l'encre là ou vous souhaitez qu'apparaissent des lignes sombres sur le monotype final. Il n'est pas toujours nécessaire d'effacer complètement l'encre dans certaines zones, mais simplement une quantité plus ou moins importante, afin que le ton de l'empreinte de cette zone soit moins dense. Vous obtiendrez également des effets intéressants en effaçant l'encre à l'aide d'outils différents. En tamponnant la surface avec un chiffon ou une éponge sèche, on obtient une texture pommelée, tandis qu'en raclant l'encre à l'aide d'une lame plate, l'on crée des zones blanches à bord franc. Vous devrez travailler rapidement, car il est impossible d'imprimer le dessin une fois l'encre sèche, aussi choisissez la technique adéquate.

Après avoir achevé le dessin, posez délicatement une feuille de papier vierge sur la surface encrée puis passez un rouleau au dos de la feuille pour transférer l'image sur le papier. Comme dans l'exemple de la double page précédente, le monotype sera l'inverse de l'image d'origine.

Plus que pour tout autre procédé de dessin, il est impossible de prévoir le résultat final d'un monotype, mais c'est cet aspect aléatoire qui lui confère tant d'intérêt. C'est Edgar Degas (1834-1917) qui a donné à cette technique pratiquée par de nombreux artistes ses véritables lettres de noblesse.

Monotype d'après photocopie

Nous utiliserons la photocopie agrandie d'une photo de vacances (médaillon) représentant un paysage urbain célèbre, le pont du Rialto à Venise. Sur la photocopie en noir et blanc, les zones sombres et claires sont déjà bien définies, ce qui facilitera la tâche. L'image inversée que produit le monotype n'est guère recommandable pour un site aussi connu que celui-ci, mais il existe un moyen simple permettant d'obtenir une image finale à l'endroit. Commencez par décalquer l'image, puis transférez-la sur une feuille de plastique. Le décalque étant une image inversée, le monotype réalisé à partir de celle-ci apparaîtra dans le bon sens.

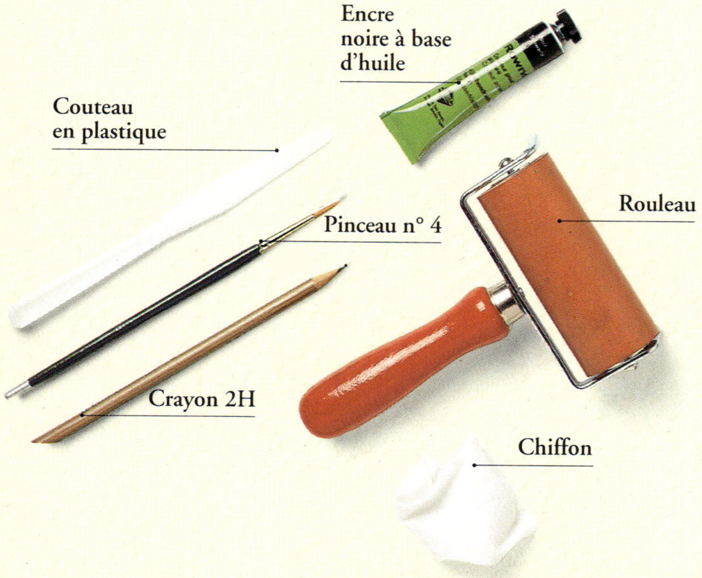

1 *Sur une feuille de plastique blanc, délimitez un rectangle avec du papier-cache adhésif. Ce rectangle permettra d'encadrer précisément l'image. Veillez à ce que les angles soient d'équerre.*

2 *Décalquez l'image, puis retournez le papier calque, face crayonnée sur le rectangle.* Médaillon : *Frottez le dos du calque au crayon 2H, pour transférer l'esquisse sur la feuille de plastique.*

3 *Après avoir décalqué l'ensemble de l'esquisse, retirez le papier calque puis peignez soigneusement les zones d'ombres au pinceau n° 4 chargé d'encre à base d'huile.*

4 *Avec un chiffon, effacez doucement l'encre aux endroits nécessaires, comme sur la façade de la superstructure du pont. Travaillez très rapidement, avant que l'encre ne sèche.*

5 *Avec le couteau, raclez toute l'encre de certaines zones et créez la texture des eaux du canal.* Médaillon : *Variez les traits en utilisant le plat comme le tranchant de la lame.*

6 *Toujours au couteau, tracez en les rayant les contours des fenêtres de l'immeuble situé au bord du canal. Remarquez comment la riche complexité des tons de l'image d'origine se réduit à un faible contour sur le monotype.*

7 *La gamme des textures, des zones sombres et des lignes d'intensité variable crée l'image. La surface du papier doit demeurer poisseuse, afin que l'encre s'imprime convenablement.*

8 *Posez une feuille de papier à dessin de bonne qualité sur le rectangle à l'intérieur duquel a été exécuté le dessin à l'encre. En exerçant une pression ferme et uniforme, passez un rouleau propre sur le dos de la feuille.*

9 *Retirez très précautionneusement la feuille, en un seul mouvement, en déroulant le papier du bas vers le haut sans marquer de pause.*

Le dessin achevé
L'exceptionnelle fraîcheur de ce monotype résulte de son exécution en une seule séance de travail, avant que l'encre ne sèche. Les zones de noir intense présentent des bords irréguliers, mais conservant la forme de l'esquisse d'origine. Les variations de ton des gris sont dues aux rayures tracées dans l'encre de même qu'aux espaces blancs ménagés entre les lignes noires. Le pinceau, le chiffon et le couteau ont renforcé la profondeur ainsi que la texture de l'image. En résulte une interprétation originale du sujet, et non la simple reproduction de la photographie d'origine.

Altérer la surface du papier

L'ALTÉRATION DE LA SURFACE DU PAPIER est un procédé qu'utilisent depuis longtemps les aquarellistes et les dessinateurs, puisque la texture du papier et les différences de surface influencent grandement l'aspect du résultat final. Une méthode couramment utilisée consiste à fatiguer le papier. Une couche d'apprêt recouvre la surface de la plupart des papiers pour les rendre moins absorbants ; en disloquant cette couche, soit de manière régulière sur toute la surface, soit de façon aléatoire, on modifie les propriétés du papier.

On peut fatiguer la surface du papier en la ponçant au papier de verre ou à l'aide d'une poudre abrasive, afin de la rendre perméable aux lavis et aux traits de plume ou de pinceau. Avec un peu d'expérience, vous serez capable de traiter certaines zones spécifiques tout en ne fatiguant pas d'autres zones, pour obtenir un effet de contraste. Des incisions effectuées au cutter peuvent également produire d'intéressantes surfaces striées, tout en offrant une grande liberté d'exécution. Un tel traitement doit être réservé aux papiers et cartons de qualité supérieure, sinon la feuille risque de se désagréger durant l'opération.

Certains procédés de masquage de la surface, appelés techniques de réserve, permettent également de superposer lavis et touches de couleur tout en laissant vierges les zones protégées par le masque. On peut obtenir des masques à bords francs à l'aide d'une gomme à masquer liquide, ou avec du papier-cache adhésif dont on corrigera l'aspect trop mécanique en en déchirant les bords. Les masques liquides sont appliqués au pinceau, puis retirés après séchage en les frottant doucement. Utilisez un vieux pinceau, car le masque liquide risque de l'endommager.

Deux sans-logis inquiets **(détail), Henry Moore**
Pour réaliser cette œuvre, Henry Moore a utilisé la technique de réserve à la cire. La peinture ou l'encre appliquée sur le papier ne couvre pas les zones protégées par la cire qui font partie intégrante du dessin.

Les techniques de réserve

Le masque liquide, appliqué au pinceau ou à la plume, permet de travailler minutieusement les rehauts, mais risque de teinter le papier si on l'y laisse trop longtemps. Le papier-cache adhésif crée des réserves à bords francs. Attendez que la peinture soit sèche avant de retirer le masque. Les pastels à l'huile permettent également d'obtenir des réserves, avec le supplément de la couleur.

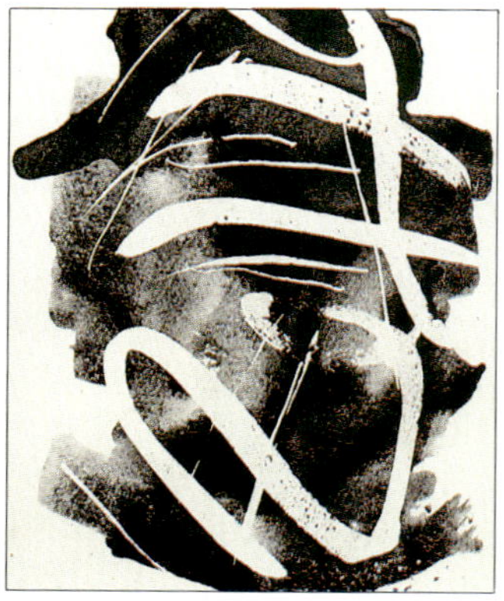

Masque liquide

Pastel à l'huile

Papier-cache adhésif

Cire de bougie

Fatiguer une surface

1 *Au papier de verre, poncez doucement une épaisse feuille de papier à dessin ou à aquarelle. Ceci fatigue la surface de sorte qu'un lavis délayé sera absorbé par le papier avant de s'évaporer. Ici, une seule zone du papier est fatiguée ainsi.*

2 *Rayez la surface avec le flanc d'une lame de cutter, instrument conçu pour être manié en toute sécurité. Vous pourrez utiliser plusieurs lames de largeurs différentes.*

3 *À la brosse 18 mm chargée d'aquarelle diluée, appliquez un lavis sur la zone fatiguée. Les rayures de la lame absorbent la peinture et créent une texture intéressante.*

4 *Fatiguez de nouveau la surface au papier de verre. Avec une vieille brosse à dents, conservée pour ce type de travail, appliquez la peinture sur la zone en mouvements circulaires. La brosse à dents permet de créer des textures, des effets de bruine et de projection de couleur ou d'encre.*

5 *Des empreintes d'intensités diverses sont créées sur la même feuille de papier. Essayez plusieurs idées et combinez les techniques : le résultat sera aussi surprenant que satisfaisant.*

Les réserves à la cire

Au cours des siècles, l'on n'a cessé de chercher des solutions permettant de représenter visuellement le monde de façon intéressante, et qui souvent dépassaient de loin la simple utilisation du pinceau, du fusain, de la craie ou du crayon. La technique de la réserve est une méthode simple, aux possibilités cependant extraordinaires, qui consiste à protéger par une substance quelconque certaines zones de la feuille afin que l'outil utilisé n'y laisse pas de marque. Cette technique permet d'obtenir une richesse de texture impossible à réaliser par d'autres moyens.

La réserve à la cire, effectuée en appliquant sur la feuille une fine couche de cire de bougie, a été pratiquée avec bonheur notamment par Turner et d'autres maîtres de l'aquarelle au XIXe siècle. Puisque l'eau et la cire ne se mélangent pas, une encre ou une peinture à base d'eau ne pourra couvrir une zone de la feuille protégée par la cire. Pour travailler avec cette technique, vous devrez vous exercer à penser « en négatif », car à la différence de la plupart des procédés de dessin, où l'on trace d'abord en traits sombres le contour de l'objet, il est nécessaire, avec la réserve à la cire, de déterminer en premier lieu quelles seront les zones de rehauts à protéger avant de commencer le dessin.

La cire de bougie blanche est la plus communément utilisée, mais les bougies de couleurs peuvent produire des résultats intéressants. En augmentant la pression exercée sur la bougie, vous obtiendrez des textures plus importantes et des rehauts plus clairs.

1 *Après avoir disposé les fruits et légumes pour obtenir une composition satisfaisante, esquissez légèrement à la plume et à l'encre de Chine le contour des formes principales.*

2 *L'esquisse étant achevée, commencez à appliquer la cire de bougie en travaillant « en négatif » : déterminez les zones de rehaut ou de texture puis tracez-les sur le papier à l'aide d'un petit morceau de cire.*

La composition
Il s'agit ici de créer un contraste visuel, plutôt que de construire un groupe d'objet aux associations évidentes. Choisissez des fruits et des légumes exotiques présentant des contrastes de formes, de couleurs et de textures.

3 *Avec la brosse n° 6, appliquez soigneusement l'encre de Chine diluée sur les réserves à la cire et sur leurs rebords pour décrire le contour des brocolis. L'encre glisse sur la cire et prend un aspect pommelé.*

4 *Travaillez le reste du dessin à l'encre de Chine diluée, en utilisant une dilution plus sombre pour les zones d'ombre. N'achevez jamais complètement un élément de la composition avant les autres.*

5 *Après avoir construit les petites zones de lumière et d'ombre au pinceau n° 3 chargé d'encre, la description en valeurs et en textures est quasiment achevée. Si vous souhaitez que l'encre couvre certaines réserves protégées par une couche de cire trop épaisse, mélangez un savon liquide dans l'encre.*

6 *À la plume et à l'encre, renforcez les contours et les séparations. Enfin, toujours à la plume et à l'encre, enrichissez le dessin en rajoutant par exemple des détails sur les fruits. Vous pouvez créer des zones ou des lignes blanches en raturant l'encre sur la cire.*

Le dessin achevé
Ce dessin est bien davantage qu'une simple description visuelle ; les textures contrastées des éléments sont tout aussi importantes. Notez comment les lavis d'encre diluée suggèrent les ombres sous les fruits et légumes, et montrent qu'ils sont posés sur une même surface. Les modulations du ton, qui suggèrent également les couleurs, sont obtenues en variant les dilutions d'encre ainsi que la pression sur la plume dont on a utilisé la pointe ou le dos du bec.

Utiliser une surface usagée

On peut obtenir une texture ou un ton intéressant en fatiguant de diverses manières la surface du papier, en la ponçant avec une gomme, de la laine de verre ou du papier de verre, ou bien en la rayant avec le tranchant d'une lame (voir p. 140-141). Une méthode plus aléatoire consiste à froisser dans les mains la feuille de papier, ce qui brise sa couche d'apprêt et rend le papier plus absorbant le long des plis : la peinture y pénètre en créant des effets imprévisibles. Exploitez le hasard en teintant le papier froissé puis en laissant les textures colorées de la feuille vous suggérer d'elles-mêmes un sujet.

Utilisez de préférence un papier de faible grammage, facile à froisser, mais pas trop mince, car il risquerait de se désagréger dans le lavis de couleur. Froissez la feuille en boule, plongez-la dans un lavis de couleur puis retirez-la délicatement, pour ne pas déchirer le papier alourdi par la peinture. Posez la feuille à plat sur des serviettes de papier absorbant, en la lissant doucement pour éliminer l'excès de peinture. Posez ensuite la feuille sur une planche à dessin, tendez-la sur les bords avec un ruban adhésif, et non un papier-cache adhésif qui risquerait d'adhérer définitivement au papier humide (voir p. 22-23), puis laissez-la sécher. Si d'aventure la feuille se déchirait au moment où vous la sortez du lavis, ne désespérez pas : quand elle sera sèche, vous pourrez la monter sur une feuille de papier fort ou cartonné, puis achever normalement votre dessin, sans que les déchirures soit visibles.

On peut utiliser plusieurs couleurs à la fois, comme dans l'exemple figuré page suivante : versez plusieurs gouttes d'aquarelle de couleurs différentes dans un plat rempli d'eau, puis remuez très doucement le récipient afin que les couleurs se fondent sur les bords. (Ne les mélangez pas trop, car vous obtiendriez alors une teinte bourbeuse.) Avec de l'expérience, vous parviendrez à fatiguer précisément des zones particulières de la feuille. En général, il vaudra mieux fatiguer et teindre plusieurs feuilles de papier à la fois, en variant le type et le grammage du papier pour obtenir différents résultats.

Melon coupé

Le papier
Froissez grossièrement la feuille de papier, puis plongez-la dans un bain d'aquarelle terre de Sienne naturelle. Le coloris brun orangé qui en résulte ainsi que la texture inégale suggèrent la peau d'un melon.

Le dessin achevé
À la plume et à l'encre de Chine noire, définissez les formes générales des deux moitiés de melon. Couvrez le papier à l'encre jaune et vert émeraude, jusqu'au bord des formes du melon, en veillant à ne pas remplir les plis du papier froissé. Dessinez les côtes du melon à la plume et à l'encre de Chine noire. Peignez les ombres à l'encre pourpre, jaune et noire, jusqu'aux bords du fruit, ce qui créera un effet de volume. Sur la tranche du demi-melon, mélangez encres et gouache pour opacifier la texture et obtenir un contraste intéressant.

Découverte impressionniste

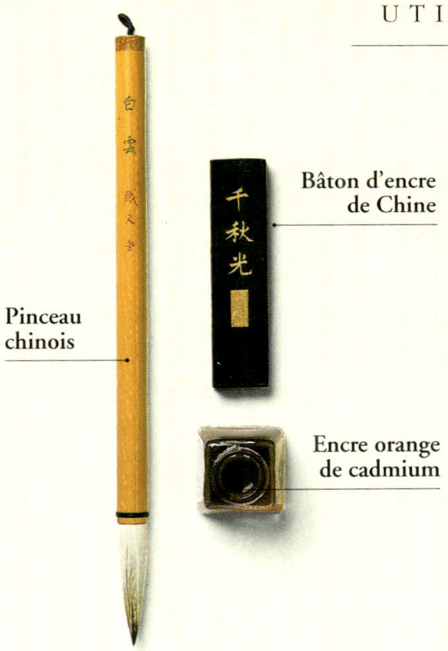

Le papier
Froissez la feuille et versez dans un plat une quantité d'eau suffisante pour la recouvrir. Ajoutez des gouttes d'aquarelle gris de Payne, cramoisi d'alizarine et jaune de cadmium.

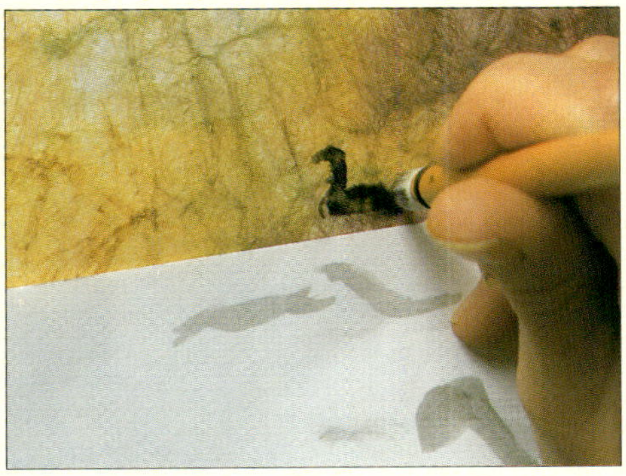

1 *Protégez la feuille par un papier buvard, afin de ne pas maculer les couleurs en les touchant accidentellement. Au pinceau chinois et à l'encre, dessinez une silhouette de canard dans la zone la plus claire.*

2 *En tenant le pinceau chinois verticalement et en ne touchant pas le papier avec les doigts, dessinez le reflet du canard. Tournez la feuille vers vous pour vous faciliter la tâche.*

3 *Retournez la feuille à l'endroit puis ajoutez un groupe d'oiseau vers l'angle supérieur gauche, pour équilibrer la composition.*

4 *Au pinceau et à l'encre orange de cadmium, dessinez le soleil couchant ainsi que son reflet.*

Le dessin achevé
L'ensemble de la scène a été suggéré par l'aspect du papier fatigué, par ses coloris chauds évoquant l'éclat du soleil couchant, et par la transparence des aquarelles utilisées pour teinter la feuille de papier.

Le raccourci

La magie d'un dessin bien exécuté réside dans sa capacité à traduire de manière convaincante l'illusion de la réalité. La technique du raccourci crée une telle illusion, en donnant l'impression que certaines parties du dessin sont plus proches du spectateur que d'autres : les deux dimensions de la feuille de papier deviennent trois dimensions pour l'œil. Le raccourci offre d'innombrables possibilités de composition aussi efficaces qu'astucieuses.

Avant tout, n'oubliez jamais que vous devez vous fier exclusivement aux mesures du sujet, et non à votre connaissance générale de ses proportions.

Construisez des tons plus intenses sur l'avant-plan et des tons plus clairs sur l'arrière-plan, les tons les plus sombres étant réservés aux éléments les plus proches de l'œil du spectateur. Les ombres, au crayon ou au lavis d'encre, contribuent également à créer cette illusion d'optique : les éléments finement détaillés de l'avant-plan attirent le regard, tandis que des lignes simplifiées décrivant les éléments lointains participent à l'effet souhaité. La couleur, comme le jeu de la lumière et de l'ombre, renforce le caractère spectaculaire du travail achevé, mais seul le dessin en tant que tel crée la beauté et la sensation qu'éprouve le spectateur de contempler en intrus une scène de la vie réelle.

Les Pèlerins d'Emmaüs
Le Caravage a utilisé un admirable raccourci pour exprimer l'incident dramatique que figure cette puissante composition.

Les proportions relatives
La partie du sujet la plus proche du spectateur semble toujours plus grande que le reste du dessin. Dans la photographie ci-dessous, la main s'avançant vers le spectateur paraît énorme et disproportionnée par rapport à la tête située derrière elle, et par rapport à l'autre main en arrière-plan.

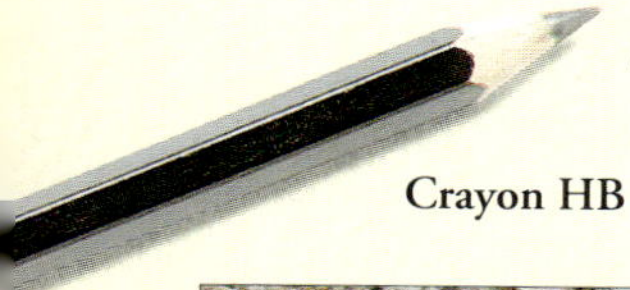

Crayon HB

1 *Commencez par relier les parties les unes aux autres en choisissant un point de départ (ici, l'œil gauche). Tracez une horizontale pour déterminer quels sont les traits de l'autre moitié du visage qui recoupent cette ligne.*

2 *Esquissez quelques verticales pour créer une grille simple. La grille (voir p. 38-39) permet d'établir les dimensions relatives, les formes et les angles du sujet. Tracez les formes générales et les proportions.*

3 *Construisez des zones d'ombre pour créer l'illusion de volume. Vérifiez avec le système de la grille le bon emplacement des tons sombres et intermédiaires.*

4 *La technique ne doit pas prendre le pas sur le dessin : laissez s'exprimer votre personnalité. Les tons, les lignes légères et des traits appuyés commencent à donner au dessin ses particularités individuelles.*

5 *Esquissez le bras le plus proche en traits plus sombres, pour accentuer l'effet de relief.*

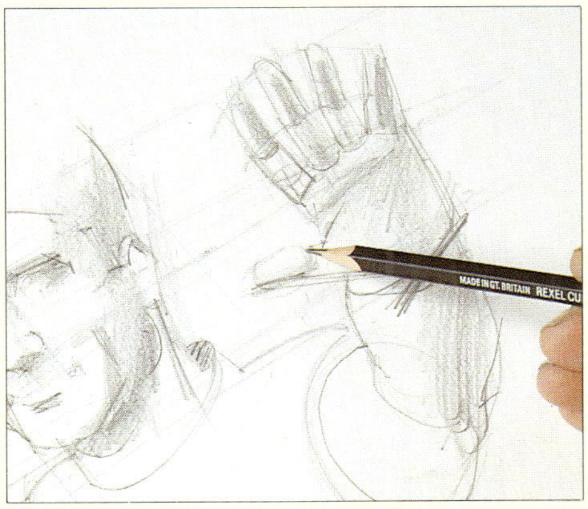

6 *Renforcez les tons afin que les éléments les plus proches de l'avant-plan soient plus sombres et plus contrastés. Le sujet est principalement éclairé d'en haut : les ombres se trouvent sous les yeux et le menton.*

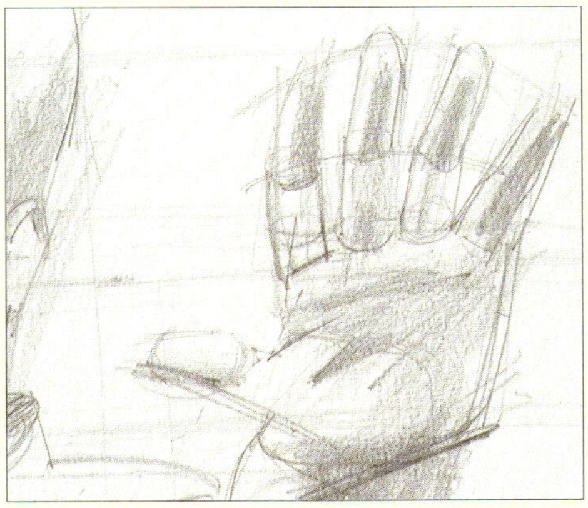

7 *Ce détail de la main et du bras montre comment les formes naturelles peuvent être analysées en formes géométriques simples – une série de cylindres en l'occurrence.*

8 *Observez fréquemment l'image inversée du dessin dans un miroir, pour vérifier l'emplacement relatif des formes.*

Le dessin achevé

L'esquisse achevée montre l'œil traité en tant que forme dense. Remarquez les plis du tee-shirt qui, comme tout vêtement, doit contribuer à suggérer la forme du corps qu'il recouvre.

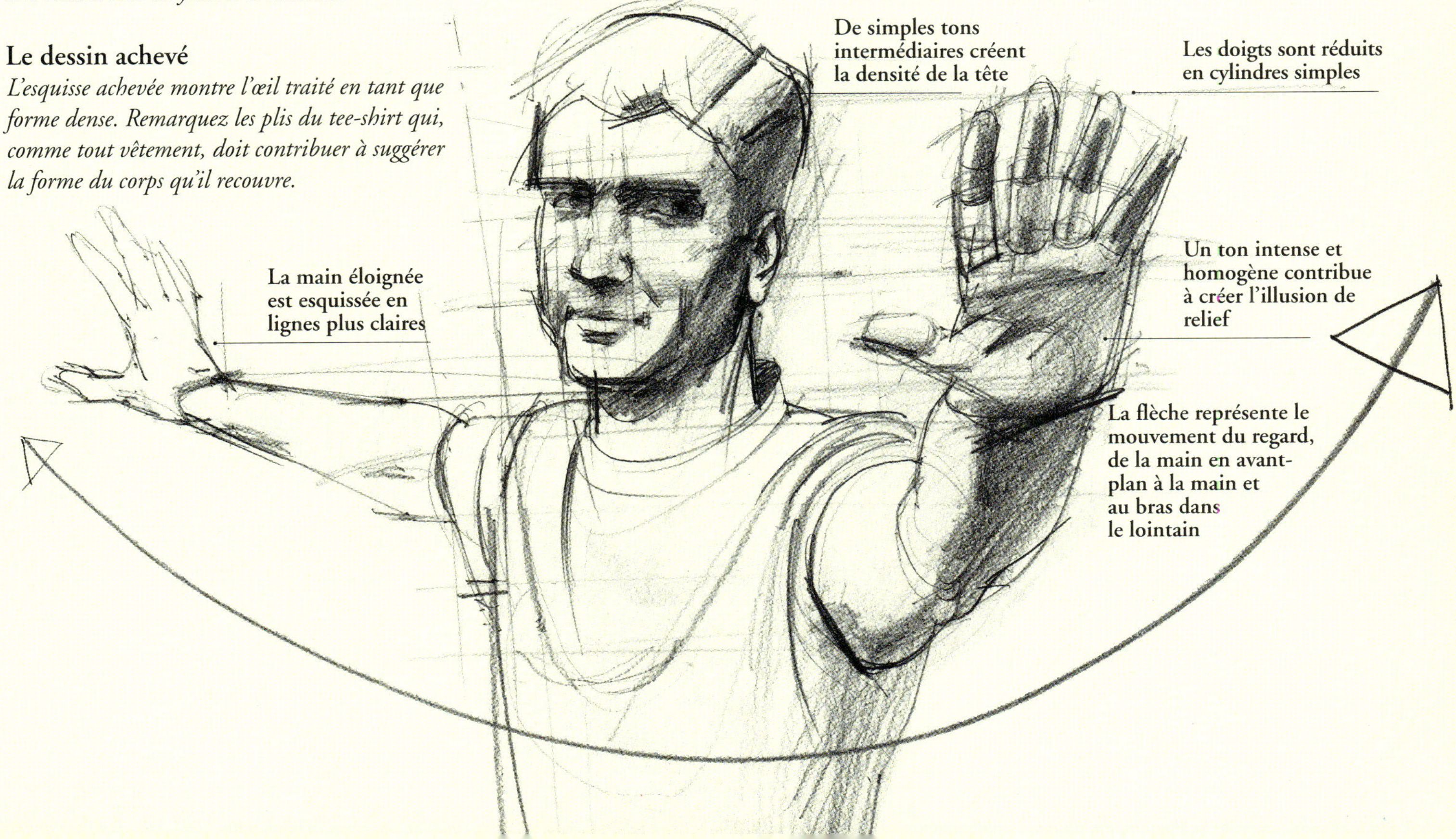

Le sauvetage des causes perdues

Un dessin réussi représente un dur labeur qui peut se révéler très frustrant si quelque chose ne va pas. Les défauts, souvent mineurs, peuvent être corrigés en cours de travail, mais si pour quelque raison que ce soit cela n'est pas possible, ne vous contentez pas de prendre une nouvelle feuille de papier et de recommencer le dessin : essayez d'opter pour une technique ou une méthode différente. Parfois, vous pourrez masquer la zone incriminée avec un lavis d'encre ou d'aquarelle, ou une couche de peinture acrylique plus épaisse, puis dessiner sur celle-ci une fois sèche. Faites preuve de souplesse d'esprit : si vous constatez que votre première intention ne mène à rien, choisissez une autre technique et cherchez une nouvelle approche, même non conventionnelle.

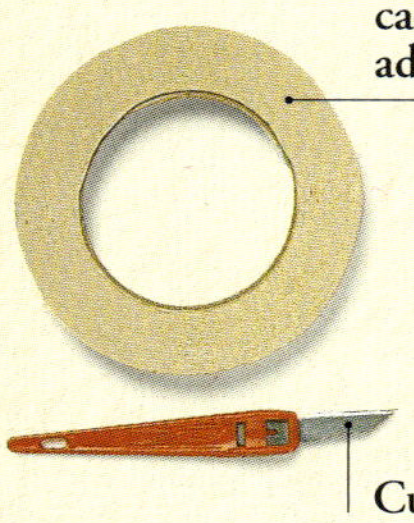
Papier-cache adhésif
Cutter

Il arrive fréquemment que l'on manque d'espace sur la feuille pour achever la composition : vous avez commencé le dessin trop près de l'un des bords du support, ou n'avez pas évalué correctement les dimensions relatives des éléments de la composition ni esquissé d'abord les parties principales du sujet. Le manque d'espace n'est pas un problème insurmontable : vous pourrez prolonger le dessin sur une autre feuille montée avec la première (voir ci-dessous) ; veillez cependant à achever votre dessin sur-le-champ, afin d'en conserver la continuité en termes de ligne et de composition.

Parfois, les dessins sont endommagés lors d'un transport ou d'un rangement. Si, par exemple, vous ne fixez pas immé-

Augmenter la surface du support

Le problème
La composition prévue à l'origine était un buste, mais réflexion faite, il eût été dommage de ne pas inclure la longue robe du modèle. Malheureusement, la feuille n'est pas assez grande pour que l'on puisse compléter le dessin.

1 *Retournez la feuille sur la planche à dessin. Fixez au dos du dessin une autre feuille de papier identique, en veillant à joindre très précisément les bords du raccord.*

2 *Retournez le dessin à l'endroit et fixez-le solidement sur la planche à dessin. Vous disposez désormais d'un espace suffisant ; achevez le dessin sur-le-champ, afin de conserver une continuité de ligne et de composition.*

Le dessin achevé
La composition tronquée et déséquilibrée s'est métamorphosée en dessin convenablement exécuté. La séparation entre les deux feuilles de papier ne gâche pas l'effet d'ensemble, et sera à peine visible après le montage et l'encadrement du dessin.

La réparation d'un dessin déchiré

Le problème
Ce dessin a été gravement endommagé lors d'un transport : une déchirure aux bords irréguliers traverse la feuille à droite de la tête, sans heureusement atteindre le dessin lui-même.

1 *Fixez solidement une feuille de papier identique sur une planche à découper. La feuille doit être parfaitement tendue, sans plis. Par-dessus celle-ci, fixez votre dessin.*

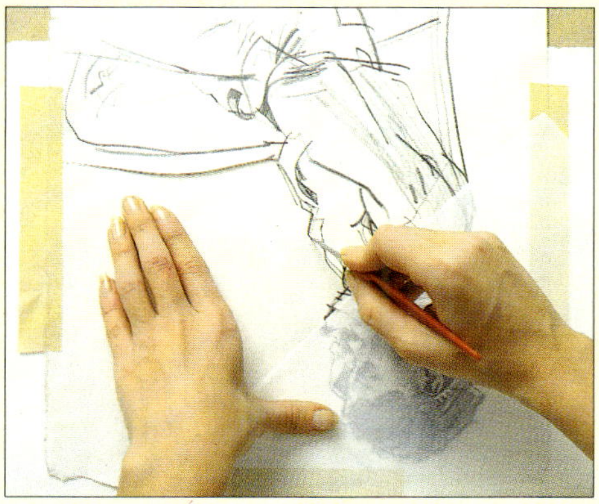

2 *Avec un cutter ou une lame bien aiguisée, découpez le dessin en suivant soigneusement son contour. Découpez à la fois le dessin et la feuille de papier vierge en dessous.*

3 *Détachez avec précaution les deux découpages. Vous disposez ainsi d'une feuille de papier non déchirée dans laquelle insérer le dessin, comme une pièce de puzzle.*

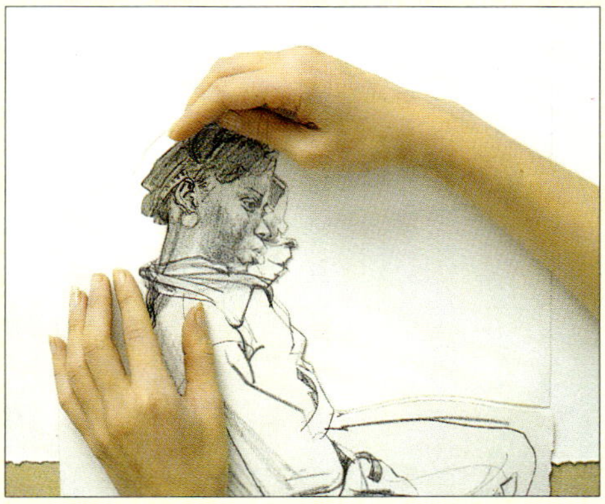

4 *Insérez soigneusement le dessin dans la partie évidée. Retournez la feuille et maintenez le dessin en place avec du papier-cache adhésif, ou bien étalez une couche de mastic au caoutchouc sur une feuille de papier mince et posez-y la feuille découpée ainsi que le dessin.*

Le dessin achevé
Le dessin est prêt à être monté et encadré. Cette technique est essentiellement adaptée aux dessins montrant un contour parfaitement linéaire autorisant la découpe. Cette méthode permet également de coller des zones de papier vierge sur lesquelles on pourra redessiner des éléments médiocrement exécutés *(voir p. 151).*

diatement le dessin (voir p. 152), les traits de crayon ou de fusain risquent de s'effacer ou de maculer votre travail. Vous pourrez gommer les pires salissures, mais aussi adopter des mesures plus efficaces pour retrouver l'aspect immaculé de la feuille d'origine (voir p. 150). Ces techniques impliquent parfois la reprise de certains éléments de l'image après correction des plus graves défauts : dans ce cas, plutôt que de le retravailler de mémoire, il vaudra mieux décalquer le dessin d'origine avant de le nettoyer pour le redessiner, ou bien en faire une photocopie qui vous servira de référence.

Souvent, la circonstance ayant inspiré le dessin - un événement particulier, un souvenir de vacances exceptionnel, ou le portrait d'un enfant à un âge précis - ne peut se répéter. Il est navrant de découvrir qu'un tel dessin a été endommagé d'une façon ou d'une autre. La technique de réparation d'une déchirure, illustrée page 149, peut également s'appliquer à un dessin froissé.

Que faire lorsqu'une petite zone du dessin ne vous convient pas, mais qu'il est impossible de l'effacer ? La solution est élémentaire : découpez la zone incriminée, remplacez-la par un morceau de papier vierge de même type, grammage et coloris, puis redessinez sur celui-ci la zone manquante. Vous devrez découper très soigneusement le dessin, ce qui implique des nerfs solides et une main sûre ! Cette solution pourra sembler radicale, mais si seul un élément gâche un dessin par ailleurs satisfaisant, pourquoi ne pas l'essayer ? Et si le cœur vous en dit, vous pourrez utiliser la même technique pour associer dans un collage des éléments issus de plusieurs dessins.

D'aucuns estiment que de telles techniques ne sont que tricheries. Rien n'est plus faux ! Tous les artistes professionnels, dont les grands maîtres du dessin et de la peinture, les ont utilisées à un moment ou à un autre de leur carrière. Vous découvrirez également que la résolution de ce type de questions vous contraindra à adopter des techniques auxquelles vous n'auriez pas songé sans cela. N'oubliez pas cette règle d'or : ne jetez jamais un dessin sans avoir au moins essayé de l'amender.

Le nettoyage d'un dessin non fixé

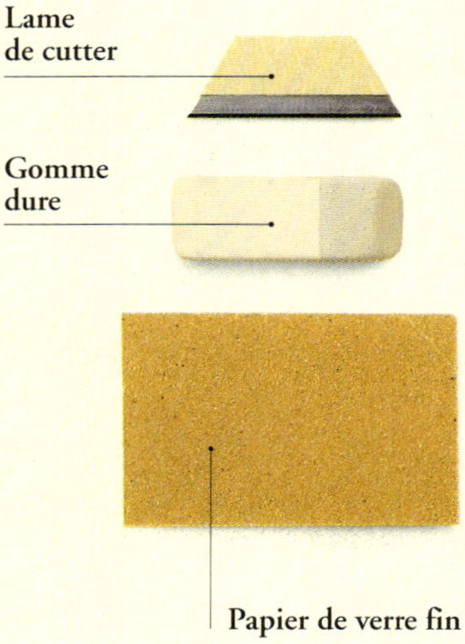

Le problème
Ce dessin au fusain non fixé est maculé. Plusieurs solutions sont envisageables. Appliquez l'une ou plusieurs des méthodes suivantes, en fonction des salissures du dessin.

1 *Nettoyez les bords du sujet à la gomme dure, en effaçant doucement à petites touches. Époussetez les débris de papier et de gomme.*

2 *Poncez légèrement la surface au papier de verre extra-fin pour retrouver la blancheur du papier, sur une zone plus grande que nécessaire, afin d'éviter un contraste trop marqué.*

3 *Raclez légèrement la lame de cutter sur la feuille pour enlever la couche superficielle et, avec elle, toute marque indésirable. Protégez vos doigts en recouvrant la lame d'une bande adhésive.*

Le dessin achevé
Le sujet a été redessiné. Nettoyés de toute tache, les gratte-ciel et la grue ont retrouvé une silhouette nette et propre.

Supprimer les éléments importuns

Le problème
Le fond du dessin est encombré d'un trop grand nombre de détails et de couleurs : le brun chaud de la table ainsi que la petite assiette bleue détournent l'attention des coloris relativement clairs du sujet principal.

1 *Avec un cutter, découpez le sujet principal en suivant soigneusement ses contours et jetez la partie inférieure incriminée.*

2 *Encollez le dos du dessin avec de la colle à papier peint (en haut).* Ci-dessus : *Collez une feuille de papier identique, puis placez une feuille de protection sur le dessin. Lissez l'assemblage pour chasser les bulles d'air.*

3 *La colle étant sèche, retournez le dessin à l'endroit, et redessinez-en la partie inférieure sur la nouvelle feuille.*

Le dessin achevé
La table, dessinée cette fois-ci au crayon 2B, à la plume et à l'encre, offre à la composition une base solide, mais suffisamment discrète pour ne pas détourner l'attention du sujet principal.

La conservation des dessins

Un dessin réussi représente une telle somme de travail qu'il vaut la peine d'apprendre à en prendre soin.

Si vous dessinez avec des instruments au trait crayeux ou pulvérulent - fusain, crayon Conté, poudre de graphite, crayon graphite ou crayon de couleur - vous devrez fixer le dessin le plus tôt possible, pour éviter tout effacement ou maculage. Les fixatifs sont disponibles dans les magasins de fournitures d'art sous forme de bombe aérosol (choisissez une marque respectant l'environnement) ou de bouteille avec vaporisateur. Tenez la bombe ou la bouteille à 40 cm environ du dessin à fixer ; si vous vaporisez le fixatif à trop courte distance, vous risquez de tremper le papier. En commençant par l'angle supérieur gauche, vaporisez modérément de gauche à droite et du haut vers le bas, de manière uniforme et sans vous arrêter, pour éviter les coulures. Vaporisez de préférence deux ou trois fines couches de fixatif plutôt qu'une seule couche épaisse, et attendez que la première couche soit sèche avant d'appliquer la seconde.

La bonne conservation du dessin ne s'arrête pas au fixatif : ne laissez jamais vos dessins en plein soleil, car ils risqueraient vite de se défraîchir, ce qui est plus particulièrement vrai pour les dessins en couleur ; rangez toujours vos dessins à plat, afin qu'ils ne se déforment pas.

Il est très satisfaisant d'avoir exécuté un dessin que l'on juge suffisamment réussi pour l'exposer, d'où l'importance d'une bonne présentation. Les marchands de fourniture d'art et les encadreurs ne seront que trop heureux de guider votre choix dans la vaste gamme de cartons de montage et de cadres qu'ils pourront vous proposer.

Fixatifs et rangement

L'application du fixatif

En commençant par l'angle supérieur gauche du dessin, vaporisez modérément de gauche à droite et vers le bas, afin de couvrir la feuille d'une fine couche de fixatif. Il vaut mieux vaporiser deux ou trois fines couches de fixatif plutôt qu'une seule couche épaisse. Laissez sécher la première couche avant d'appliquer la seconde.

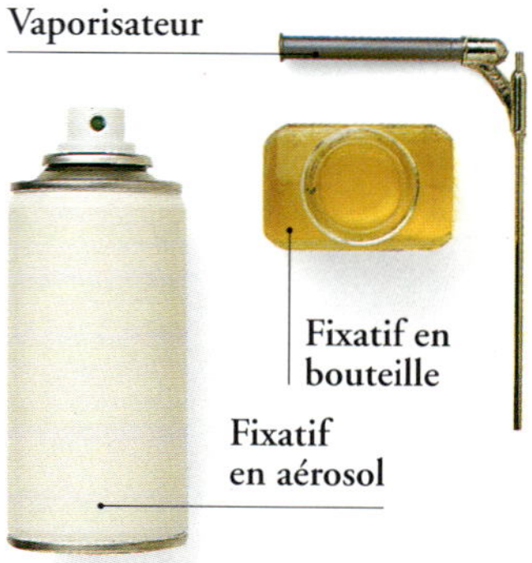

Rangement

Rangez toujours vos dessins à plat, pour ne pas les plier ni les déformer. Si vous ne possédez pas de carton à dessins ni de classeur plat, entreposez-les sur une armoire ou sous un lit. Pour renforcer leur protection, intercalez entre les dessins des feuilles de papier mince – le papier calque est idéal.

Les types de cadres

Le choix d'un cadre

Le cadre met en valeur le dessin tout en le protégeant. Choisissez un cadre qui complète l'œuvre : un cadre mince et délicat conviendra par exemple à un beau dessin à la plume, un cadre plus lourd à une esquisse au fusain. La couleur est également importante : un cadre aux coloris vifs pourra écraser une esquisse au crayon. Emportez si possible le dessin avec vous lorsque vous achetez un carton de montage ou un cadre, ce qui permettra de mieux visualiser le résultat final et de choisir un style d'encadrement approprié.

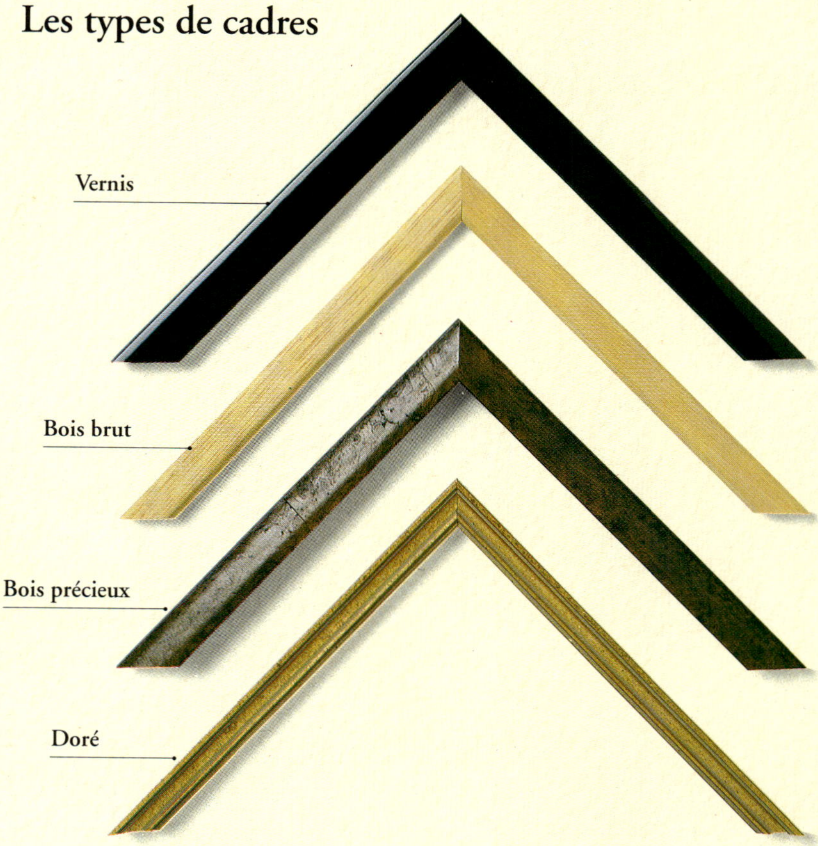

Les cartons de montage

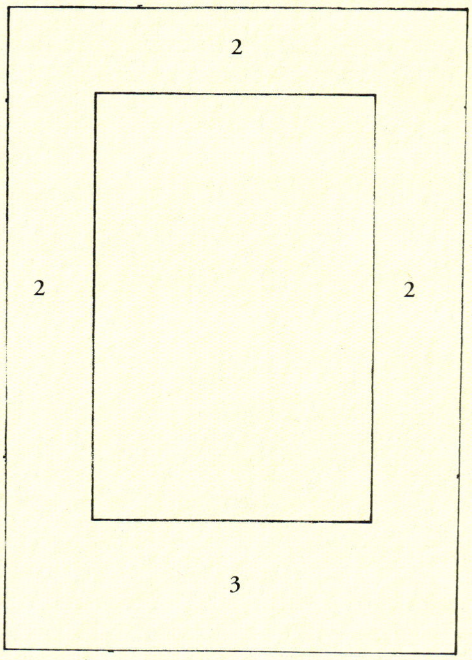

Le rapport des proportions est traditionnellement de 1/2 ou de 2/3, c'est-à-dire de 1 en haut et sur les côtés et de 2 en bas, ou de 2 en haut et sur les côtés et de 3 en bas.

Proportions

En général, on donne à la partie inférieure du carton de montage une surface plus importante que celle de la partie supérieure, afin d'équilibrer l'image encadrée : en raison d'une illusion d'optique, l'image paraîtra plus proche du bas du cadre que du haut si elle est parfaitement centrée.

Le coloris des cartons de montage

Les cartons de montage sont choisis en fonction des couleurs du dessin et du coloris du papier. Un carton de montage blanc cassé ou crème ne sera pas adapté à un dessin exécuté sur un papier d'un blanc éclatant.

Passe-partout à bord droit ou biseauté

Le bord interne de la fenêtre du passe-partout peut être découpé de deux manières : en angle droit ou en angle biseauté. Le passe-partout à angle droit est de loin le plus facile à réaliser. Marquez les quatre coins de la fenêtre puis tracez légèrement le rectangle à découper, en utilisant une équerre pour vérifier que les coins sont à angle droit. Percez chaque coin avec une punaise. Avec un cutter, et en vous guidant avec une règle d'acier, découpez le rectangle le long des lignes, en vous arrêtant précisément à la limite des trous de punaise. Un couteau spécial, au maniement parfois difficile, est nécessaire pour découper une fenêtre à angles biseautés. Effectuez d'abord des essais sur une chute de carton. On pourra se procurer dans le commerce des passe-partout à angle droit ou biseauté prêts à l'emploi.

Les cartons de montage à liseré

Un ou plusieurs liserés de largeurs et de coloris divers peuvent agrémenter le pourtour de la fenêtre du passe-partout. On trouve dans le commerce des cartons ornés de liserés prêts à l'emploi ou réalisés par l'encadreur. Si vous souhaitez en réaliser vous-même, suivez les instructions pour la découpe de la fenêtre du passe-partout (ci-dessus). Choisissez un coloris qui complète le dessin et le carton de montage, puis déterminez l'épaisseur du liseré : un liseré trop voyant risque d'écraser un dessin délicat à la plume et à l'encre. Tracez le liseré à proximité de la fenêtre du passe-partout, et non du rebord extérieur.

Unique liseré tracé à l'encre de Chine noire diluée.

De l'extérieur vers l'intérieur : mince liseré à l'encre brune et liseré plus épais à l'encre de Chine noire diluée ; lavis d'aquarelle gris clair ; mince liseré à l'encre noire et liseré plus épais à l'encre brune.

De l'extérieur vers l'intérieur : épais liseré à l'encre de Chine noire entre deux liserés minces à l'encre brune ; deux minces liserés bruns d'intensité différente.

De l'extérieur vers l'intérieur : mince liseré à l'encre de Chine noire ; deux liserés minces à l'encre de Chine noire séparés par un liseré d'or (bande adhésive).

Lexique

Carton de montage : feuille de carton sur laquelle l'on place le dessin à encadrer. En général, on laisse un espace plus important en bas qu'en haut, afin d'équilibrer l'image.

Passe-partout : feuille de carton de montage dans laquelle est découpée une fenêtre encadrant le dessin. Le bord interne de la fenêtre peut être découpé en angle droit ou en angle biseauté.

Composition : disposition des différents éléments d'un dessin créant une impression d'équilibre et d'harmonie.

Conté : instrument de dessin dur, fait d'argile et de graphite, disponible sous forme de crayon ou de carré, portant le nom de son inventeur, N. J. Conté, chimiste français du XVIIIe siècle.

Contour : ligne définissant le pourtour d'un objet.

Dessin au trait : technique de représentation linéaire des contours et des formes de l'objet permettant de créer une illusion de volume.

Dessin de contour : représentation d'objets à l'aide de lignes dépourvues d'ombre. Le dessin de contour se compose souvent de lignes traversant ou entourant l'objet qu'elles contribuent à représenter, et figurant les bords internes et externes du sujet.

Dessin de contour à l'aveugle : méthode qui consiste à dessiner sans regarder le dessin. Le regard demeure fixé sur le sujet tandis que la main trace son contour sur la feuille.

Dessin estompé : méthode qui consiste à utiliser une gomme, ou de la mie de pain roulée en boule tendre, en tant qu'instrument de dessin à part entière, pour éclaircir les zones sombres, et créer ainsi des rehauts et des gradations de ton.

Détourage : à ne pas confondre avec le dessin au trait. Le détourage décrit la forme des objets de la composition, sans créer d'effet de volume.

Ébauche : esquisse préliminaire d'un dessin.

Échelle : représentation de l'ensemble des éléments d'un dessin selon leurs proportions relatives exactes.

Ellipse : cercle aplati de section conique. Un cercle vu en perspective devient une ellipse.

Encre de Chine : traditionnellement appliquée à la plume d'acier, elle devient légèrement brillante en séchant. On peut la diluer à l'eau pour la rendre moins intense et plus fluide.

Fatiguer un support : dégrader la surface du papier pour obtenir une texture ou des tons intéressants, notamment en ponçant la feuille avec une gomme ou du papier de verre, en la rayant avec une lame ou en la froissant dans les mains.

Fond : surface apprêtée pour recevoir le dessin.

Formes géométriques simples : la plupart des objets peuvent s'analyser en formes élémentaires – cylindres, sphères ou cônes – qui permettent de juger plus aisément la façon dont ils sont éclairés et facilitent leur rendu en volume.

Formes négatives : espaces situés entre les objets d'un dessin, suggérant souvent la conformation de l'arrière-plan. Voir également Formes positives.

Formes positives : éléments d'un dessin ou d'une peinture englobant le sujet ou le point de convergence de l'œuvre. Voir également Formes négatives.

Fusain : fabriqué par carbonisation du bois chauffé à l'abri de l'air, il produit un trait noir.

Gomme : permet d'effacer les marques tracées par un instrument de dessin à trait tendre comme le crayon ou le fusain.

Gomme mie de pain : gomme malléable se modelant en diverses formes, en pointe par exemple, pour effectuer des corrections précises sur des zones très détaillées.

Gomme plastique : gomme dure permettant d'obtenir un contour net ou de créer des rehauts.

Gouache : peinture aquarelle opaque.

Graphite : variété de carbone cristallisé. Mélangé à de l'argile et de l'eau, il est moulé en baguettes puis chauffé au four avant d'être lié à la cire et à la colle dans une enveloppe pour former un crayon. Les proportions de graphite et d'argile déterminent la dureté du crayon.

Grille portative : grille fixée sur un support vertical et placée devant le sujet, constituant l'un des nombreux systèmes de mesure. Les verticales et les horizontales de la grille servent de points de référence grâce auxquels l'artiste détermine les proportions relatives et l'emplacement des éléments du dessin dans l'espace pictural.

Hachures : voir Ombrage.

Lumière réfléchie : lumière provenant de la source lumineuse principale et se prolongeant au-delà de l'objet. Elle est réfléchie par d'autres objets et crée une raie plus claire sur le bord de la face la plus sombre de l'objet principal.

Masque : substance servant à recouvrir certaines zones du papier afin qu'aucun instrument de dessin n'y laisse de marque. Voir également Réserve.

Mesure en grandeur à la vue : méthode de mesure directe du sujet avant l'exécution d'un portrait, consistant à marquer sur la feuille, au crayon, l'emplacement exact des principaux traits du visage – yeux, nez, bouche, naissance des cheveux – et permettant d'obtenir des proportions conformes au modèle.

Mise au carreau : méthode permettant de représenter avec précision les proportions et la perspective au moyen d'une grille tracée au préalable sur la feuille de papier. En dessinant, l'artiste superpose mentalement la même grille sur son sujet.

Mise en valeurs : méthode permettant de créer une illusion de relief ; la plus élémentaire consiste à varier la pression exercée sur le crayon ou le fusain pour modifier la densité du trait.

Contre-hachures : traits rectilignes entrecroisés.

Hachures : série de traits parallèles, inclinés selon un angle quelconque, décrivant les zones d'ombre. En variant la longueur des traits, leur rectitude ou leur sinuosité, ainsi que leur espacement, on obtient différents effets d'ombrage.

Ombré classique : consiste à tracer une série de lignes parallèles inclinées à environ 45° sur la zone à ombrer. Plus les lignes sont rapprochées, plus dense est l'ombre.

Modelé : utilisation du ton ou de la couleur pour accentuer les zones de lumière et d'ombre, et créer ainsi une impression de volume.

Monochrome : dessin en noir et blanc. Le fusain est un instrument monochrome offrant une vaste gamme de tracés, de l'aplat noir, intense et velouté, au trait le plus détaillé.

Monotype : procédé simple permettant par impression d'obtenir un exemplaire unique d'une image, créée à l'encre ou à la peinture appliquée au rouleau sur un support.

Niveau du regard : les différents niveaux du regard créent chacun des atmosphères et des effets particuliers. Un niveau du regard « normal », celui d'une personne de taille moyenne, permet d'obtenir des images simplement descriptives. Un point de vue en hauteur isole les uns des autres les différents éléments d'une scène, tandis que dans le cas d'un point de vue bas, les éléments tendent à se chevaucher.

Palette : objet plat, généralement en bois, en plastique ou en carton, sur lequel l'artiste mélange ses couleurs. Ce terme désigne également le choix des couleurs utilisées dans tel travail, ou la gamme des couleurs caractéristiques d'un artiste particulier.

Peinture acrylique : peinture mate, à séchage rapide, constituée de pigments en suspension dans une résine synthétique, généralement du polyacétate de vinyle (PVA), et émulsionnée dans l'eau. Souvent utilisée à la place de la peinture à l'huile, elle peut présenter, délayée à l'eau ou avec d'autres médiums, la consistance de l'aquarelle. On peut ajouter un adjuvant retardateur pour rallonger son temps de séchage.

Perspective : systèmes permettant de créer une illusion de profondeur sur une surface à deux dimensions. Trois points fondamentaux sont à rappeler : plus les objets sont éloignés, plus ils semblent rapetisser et s'éclaircir ; les lignes parallèles semblent converger dans le lointain ; les formes et les angles d'un même objet varient en fonction de l'emplacement de l'observateur.

Perspective atmosphérique : dans un paysage, le ton des objets s'éclaircit, du plus sombre au plus clair, de l'avant-plan vers le lointain. Les couleurs se modifient également, des teintes chaudes et éclatantes du premier plan, aux teintes plus ternes et froides à l'horizon. Ce phénomène résulte de la vapeur d'eau contenue dans l'atmosphère, qui atténue couleurs et formes en fonction de l'éloignement. La gradation des tons permet de créer une impression de distance.

Perspective à un point de fuite : intervient dans le cas d'éléments parallèles au plan de l'image. Plus les objets sont éloignés, plus ils semblent rapetisser ; les parallèles perpendiculaires au plan de l'image convergent entre elles, tandis que les parallèles au plan de l'image demeurent parallèles.

Perspective à deux points de fuite : si deux faces d'un même objet sont visibles, il est nécessaire d'utiliser un système de perspective à deux points de fuite. Chaque face est vue sous un angle différent et possède son propre point de fuite. Les lignes parallèles, qui convergent au point de fuite, sont inclinées selon des angles différents sur les deux faces.

Plan de l'image : la surface plate de l'image.

Point de vue : emplacement ou angle de vue choisi par l'artiste, à partir duquel est figuré le sujet du dessin. En changeant de place, on peut obtenir plusieurs compositions différentes d'un même sujet.

Poudre de graphite : sous-produit du graphite utilisé pour créer un fond teinté ou pour construire des zones d'ombre.

Raccourci : par l'effet de la perspective sur un objet ou un personnage, les proportions normales de la forme semblent se modifier considérablement en fonction de son éloignement par rapport au point de vue de l'artiste.

Rehaut : zone claire, généralement créée en laissant blanches certaines zones de la feuille, ou en effaçant la couleur à la gomme.

Réserve : zone du dessin laissée en blanc. Voir également Masque.

Ton : effet général des valeurs de la couleur ainsi que des gradations de la lumière et de l'ombre dans une image.

Visée au crayon : méthode consistant à mesurer la longueur des objets et des distances entre les éléments, en tenant un crayon à bout de bras et en marquant avec le pouce les mesures sur le crayon avant de les reporter sur le papier.

Index

Les numéros de page en *italique* renvoient aux œuvres d'art reproduites dans cet ouvrage.

S

T

V

W

Y

Crédits photographiques

L'éditeur souhaite remercier les organismes suivants grâce auxquels il a pu reproduire les photographies illustrant cet ouvrage :

Page 7 (en haut) : Chester Dale Collection, National Gallery of Art, Washington ; page 46 (en bas à gauche) : Ermitage, Saint-Pétersbourg (Bridgeman Art Library) ; page 52 (en haut) : Dayton Art Institute, Ohio ; page 66 (en haut) : Van Gogh Museum, Amsterdam ; page 66 (en bas) : Musée d'Orsay, Paris (Giraudon/Bridgeman Art Library) ; page 84 (en haut) : Tate Gallery, Londres ; page 88 (en haut à gauche) : Christie's, Londres (Bridgeman Art Library) ; page 90 (en bas à gauche) : Andrew Buttler ; page 94 (en haut) : National Gallery, Londres ; page 106 (en haut) : Baltimore Museum of Art © DACS ; page 108 (en haut) : Teylers Museum, Haarlem ; page 130 (en haut) : Metropolitan Museum of Art, New York (Bridgeman Art Library) ; page 140 (à gauche) : Henry Moore Foundation, Perry Green ; page 146 (en haut) : National Gallery, Londres.

Toutes les autres photographies sont de Stan Smith.

Remerciements

L'auteur souhaiterait remercier ici Kate Gwynn pour ses recherches et son aide, Ian Howes pour ses photographies, Patricia Monahan pour son fructueux concours et Jasper Smith pour son aide. Puissent être plus particulièrement remerciés Stuart Stevenson pour ses généreux conseils et pour avoir fourni une grande part du matériel artistique, ainsi que Green and Stone pour les cartons de montage et les cadres illustrés page 153.